财经法治

中证中小投资者服务中心
CHINA SECURITIES
INVESTOR SERVICES CENTER

投资者
INVESTOR

第11辑
（2020年8月）

郭文英　主编

法律出版社
LAW PRESS · CHINA

卷首语

新《证券法》最大的亮点在于设立"投资者保护"专章，首次明确了投资者保护机构的法律地位，创立了证券代表人诉讼、强制调解、先行赔付、股东权利代为征集等一系列新法律制度，为投资者提供了更加便捷的维权途径，为资本市场长期稳定健康发展奠定了坚实的法制基础。本辑投资者围绕新《证券法》投资者保护专章以及投资者主体进行了探讨研究，共设 5 个栏目，收录专家学者、市场实务人士 14 篇文章，与读者共享。

【政策解读】收录 3 篇文章

董登新的《新证券法下投资者保护再思考》一文认为，投资者保护绝不是单一的行政保护，更不是被动、消极地依赖行政保护。投资者保护的最好办法，首先是培养投资者的风险意识，使其善于"用脚投票"及主动维权索赔；其次才是有效的市场监管及严苛的依法治市。

叶锦的《用时代新利器维权——"证券集体诉讼"制定实施细则的思考》一文讨论，中证中小投资者服务中心作为可以为中小投资者维权的"法定代表人"，在新《证券法》第 95 条第 3 款的规定下应如何才能更准确、更公平、更高效地为中小投资者服务。该文从"诉权的稳定性""接受委托的标准""证券集体诉讼案件的受理与诉讼费承担""诉讼实体权利的处理""裁决的扩张适用"等六个方面展开了研究。

何海锋、庄欣欣的《中国特色证券民事诉讼制度的填空与留白——评〈上海金融法院关于证券纠纷代表人诉讼机制的规定（试行）〉》一文认为，上海金融法院发布的代表人诉讼规定作为证券纠纷中代表人诉讼制度的具体实施规范，细化了《民事诉讼法》和《证券法》的原则性规定，在原告的确立与登记、代表人的产生与权限、法院的审理与裁判以及信息化平台的运用等方面作出了明确指引，起到了填补空白的作用。

但是,该规定在不同诉讼模式的选择与适用、权利登记公告前法院的审查程度、普通代表人的推选标准、诉讼费用的负担主体等方面仍存在可进一步探讨的空间。

【理论探究】收录4篇文章

李明良、卢熠的《场外衍生品纳入期货法调整范围问题研究》一文认为,近年来,期货市场具备了一定的立法基础,条件也相对较成熟,考虑场外衍生品与场内衍生品联系密切,内在属性上具有一致性,且场外衍生品市场的风险控制制度还不够完善,存在一定的风险隐患,可综合借鉴成熟市场的经验、做法,将场外衍生品纳入期货法调整范围。

吴伟央的《退市公司重新上市制度与投资者保护》一文认为,上市公司重新上市制度是退市制度中的一项重要配套制度,有利于疏通退市渠道,保护中小投资者利益。我国退市公司重新上市制度从2004年开始提出并进行了多年的充实完善,在2018年年底完成了长油航运重新上市的首单案例实践。在我国上市资源相对稀缺的大环境下,退市公司重新上市还要审慎推动,结合实际情况不断完善制度,避免恶意炒作,确保平稳运行。

李有星、潘枝峰的《上市公司控股股东、实际控制人信息披露法律责任制度完善》一文认为,控股股东、实际控制人信息披露违规的法律责任,直接关系广大投资者的原告资格、胜诉可能性和损失赔偿等权益。我国《证券法》设定了控股股东、实际控制人的范围界定标准,信息披露制度之原则、标准以及法律责任与豁免等制度,但也存在一些不足。在此基础上,该文对控股股东、实际控制人信息披露制度的完善提出了建议。

李文莉、陈晓曼的《做空机制的法理基础与监管建议》一文认为,从法律角度探寻做空机制运行机理与现实功能、考量做空机制滥用的风险,建议我国资本市场引进做空机制,并可以借鉴域外做空机制运行的经验,提出"培育长线做空""预防交付风险""禁止信息型市场操纵""规制做空金融机构"的监管建议,为我国注册制下证券市场的平稳健康发展提供智力支持。

【市场实务】收录2篇文章

刘丹冰的《我国金融衍生市场构建与发展中行业自律的演进考察》一文认为,随着我国金融衍生市场经历三个发展阶段,行业自律也从无到有,极具转型、政府主导特点。回顾以往,就会发现我国金融衍生市场行业自律存在法律依据不足、自律组织属性职能不清等问题。因此,应在制定金融衍生产品法的基础上,通过实行负面清单制度,明晰金融衍生市场“他律”与“自律”的界限,明确行业自律组织在金融衍生市场发挥着政府监管不可替代的作用。

耿中华、胡家琪的《2019 年 A 股个人投资者知权、行权、维权现状调查报告》一文认为,保护投资者的合法权益是资本市场健康稳定发展的重要基础,为反映 2019 年 A 股个人投资者知权、行权、维权现状,促进投资者保护工作的提升,中证中小投资者服务中心在全国范围内开展问卷调查。结果显示,A 股个人投资者行权和维权意识较去年有所提升,但股东意识仍相对薄弱,并且维权时间成本和资金成本较高的问题突出。建议加大对权益类投资者教育活动的投入,推进对 A 股特色股权文化的培育。

【投教园地】收录 2 篇文章

江西证监局机构处的《统筹协调　多方协作　不断开创投资者教育与保护工作新局面——江西辖区投资者教育保护工作实践》一文认为,投资者保护工作涉及自律监管、行政监管、司法救济等各个方面,是一个系统性、专业性的工程,需要集合社会各方力量,形成充分覆盖和有机联系的工作体系。江西证监局充分协调多方资源,形成工作合力,构建上下联动、左右协调、依托基层、多方参与的多层次、全方位行业调解协作体系,多措并举提升辖区投资者保护工作水平,助力资产市场改革稳定发展。

王沥平、张震宇、洪苗的《新时期私募维权现状评述》一文认为,私募产品管理人如果确实存在严重不规范行为,能否利用合同解除规则脱离投资关系受到关注。该文以有限合伙型基金为原型进行实证研究,以类型化的方式对法院判决要旨予以总结评析并进一步提出私募基金风险投资建议。

【域外视野】收录 3 篇文章

肖赞、刘菲菲的《德国投资者保护体系初探及启示》一文试图通过介绍德国金融领域主要的市场主体,包括欧盟、德国联邦及地方金融监管部门、中介机构、投资者、行业协会等主体在投资者保护方面的做法,探讨德国资本市场投资者保护体系的经验和特点,尝试提出相关建议,供我国资本市场参考。

曾思的《公司法的公共执行模式:域外经验及其启示》一文认为,我国 2020 年《证券法》第 94 条豁免了投资者保护机构提起诉讼时持股比例与期限的要求,允许其为了公共利益而非私人利益提起股东诉讼。相对而言,域外公司法的公共执行的手段更为宽泛,公共执行机构享有更大的调查权,同时,法院提供的救济措施较为丰富,包括罚金与剥夺董事任职资格等制度。投资者保护机构要在上市公司治理中发挥更大作用,离不开我国法律下对于执法手段与救济措施等相应制度的完善。

张异冉的《美国〈"获准投资者"定义审查报告〉介评——兼论对我国的启示》一文认为,美国各界关于获准投资者定义的讨论主要围绕财务门槛的设置、财务门槛是否能够衡量自然人金融成熟性与自然人金融成熟性的其他方案等议题。该审查报告建议修订获准投资者定义——调整当前财务门槛并引入新的定义方式。该审查报告对我国的启示是,建构多层次的证券发行制度,要明确筛选发行对象的有关制度的功能定位,增强制度之中概念与定义的统一性,丰富定义方式并提高定义精准度,通过定义的适当设置维持市场流动性。

目　　录

CONTENTS

I 政策解读

INVESTOR

新证券法下投资者保护再思考

董登新*

摘　要：投资者保护绝不是单一的行政保护，更不是被动、消极地依赖行政保护。投资者保护的最好办法，首先是培养投资者的风险意识，使其善于“用脚投票”及主动维权索赔，其次才是有效的市场监管及严苛的依法治市。

关键词：新《证券法》　投资者保护

投资者保护一直都是A股市场十分关注而高度敏感的话题。2020年3月1日，新《证券法》落地实施，投资者保护的理念与路径发生了根本性改变。新《证券法》开宗明义在第1条规定：“为了规范证券发行和交易行为，保护投资者的合法权益，维护社会经济秩序和社会公共利益，促进社会主义市场经济的发展，制定本法。”在新《证券法》下，何谓投资者保护？谁来保护投资者？怎样保护投资者？本文将与大家共同探讨这一现实话题。

众所周知，由于我国A股市场是典型的“散户市”和“政策市”格局，为了保护投资者，我们过去更多的时候过度依赖或单纯依赖行政管制，很少出现投资者自主维权索赔的案例。由于缺乏证券集体诉讼制度，单个散户维权成本高，导致个体投资者维权难，因此，一直以来A股投资者自我维权意识比较淡漠，自我维权被动、消极，客观上纵容了证券违法犯罪行为。

一、投资者保护的三大误区

何谓“投资者保护”？一直以来，人们对这一问题的理解存在较多的误解或误会，

* 武汉科技大学教授，武汉科技大学金融证券研究所所长，中国养老金融50人论坛核心成员。

主要有以下三个方面的误区。

(一)误区一:上市公司退市必须赔偿投资者

在过去,许多股评家和投资者都认为,公司退市必须赔偿,甚至有人还主张将投资者保护(退市赔偿)写入退市制度。这是十分直白而错误的观点。

众所周知,投资者保护是新《证券法》最重要的内容之一,它与退市制度本身毫不相关。按照国际惯例,退市制度非常简单,它只是规定退市标准以及退市流程,而不会涉及投资者保护的专门内容。

在新《证券法》的"投资者保护"条款下,如果上市公司因重大违法而导致退市的,投资者可以通过民事诉讼依法赔偿,而不是通过行政命令来索赔。当然,投资者维权索赔的对象可以包括发行人、上市公司、控股股东、实际控制人、保荐人、审计机构及其他证券服务中介,甚至包括责任主管及直接责任人。但是,如果公司退市并不是因为违法犯罪,而是经营失败所导致的,那么投资者则无权索赔,因为股票投资者的身份不是债权人,而是股东,其不仅不能向公司索赔,而且还应该以其购买股票时的出资来承担公司倒闭破产的"有限责任"。

更何况,我国债券市场与资管产品早已打破"刚性兑付",股票市场更不可能存在所谓的"刚性兑付"。2014年3月4日,A股上市公司*ST超日(后来其股票更名为协鑫集成)发布公告,"11超日债"第二期利息8980万元,将无法按原定付息日,即周五按期全额支付,只能支付400万元。这是我国国内首例实质性债券违约行为。2016年3月28日,东北特钢发布了到期债务违约公告,这是我国地方国企债券首次打破刚性兑付。2016年4月11日,中国铁路物资股份有限公司发布公告168亿元到期债务违约,这是我国首例中央企业债券打破刚性兑付。2018年资管新规①颁布,首次明确规定资管产品必须打破刚性兑付,并对刚性兑付行为要进行惩处。

因此,作为股东身份的股票投资者,更不可能要求一家并未违法犯罪,只是经营失败而退市的公司"刚性兑付",其只能是"买者自负"。

(二)误区二:投资者保护只能依靠"行政保护"

过去在投资者维权难、维权成本高昂的条件下,依法维权只是一种美好的奢望,在此情形下,人们将投资者保护寄希望于"行政保护",而不是法律保护,这是完全可以理解的。事实上,行政手段的力量是有限的,例如,它对证券违法犯罪的最高行政

① 即中国人民银行、中国银行保险监督管理委员会、中国证券监督管理委员会、国家外汇管理局于2018年4月联合印发的《关于规范金融机构资产管理业务的指导意见》(银发〔2018〕106号)。

处罚,过去只有 60 万元,[1]因此,单一地依赖行政手段保护投资者是极不现实的。

即便在新《证券法》大幅提高了证券违法处罚力度的今天,仅仅依靠行政手段保护投资者,仍然是行不通的。投资者保护应该是全方位、全市场、全主体共同参与的立体保护体系。

在新《证券法》下,法律保护尤其应该成为 A 股投资者保护的利器与根本,其威慑力也应该是最大的。在依法治市的环境下,投资者应该学会拿起法律的武器,主动维权索赔,充分体现法律的威严与威慑。除此之外,来自市场力量的做空机制也是一种监督与威慑。

不过,最好的投资者保护,却是投资者学会"自我保护"。这一问题笔者将放在最后部分来讨论。

(三)误区三:股市是赌场,投资者就是赌徒

许多人认为股市就是赌场。谁的运气好,谁就能赚钱,因此,他们主张"愿赌服输"。正因如此,有的人炒股热衷于打听庄家消息、捕捉涨停板,高频率换手,不停地买卖,他们从不让钱"休息",也不让自己休息,他们希望通过短炒、赚快钱来实现一夜暴富的梦想。这样的炒股,发财很难,但赔钱很快。

事实上,投资不是赌博。股市不是赌场,投资者也不该是赌徒。对股民来说,投资应该是一种理性的家庭理财行为,人们不应该把全部家当当作赌博的筹码。相反,炒股应该服从家庭理财的长远目标和基本原则。

以上三大误区,正是在旧《证券法》的市场环境下,人们对投资者保护的错误理解与认识,其不仅扭曲了投资者保护的含义与边界,而且也纵容了证券违法犯罪的行为。

二、新《证券法》改变 A 股市场生态

自 1999 年颁布以来,2020 年是《证券法》最重大的一次修订,它具有里程碑式的划时代意义。新《证券法》将从以下四个方面改变 A 股市场的生态环境。

(一)全面推行 IPO 注册制,A 股市场包容性、韧性将会显著提升

新《证券法》最大突破,就是赋予首次公开募股(Initial Public Offering,IPO)注册

---

① 参见 2006 年《证券法》第十一章法律责任第 189 条至第 225 条。

制合法地位,[①]并在 A 股市场全面实施注册制。

注册制的意义是革命性的,它遵从市场化、法治化改革理念,尊重市场决定,淡化行政管制,对高科技、新业态企业的 IPO 更包容,极大地提升了 A 股的包容性和韧性,这是 A 股市场的重大进步,也是中国资本市场双向开放的必然要求。

市场的包容性就是投资者的包容性。一个包容的市场,其投资者也是具有包容精神的,比如,包容亏损高科技公司 IPO,包容创新失败,包容经营失败。越包容的市场,意味着投资者对风险的态度也越包容,投资者的风险意识及管理风险的能力也越强。只有这样的市场,才更有韧性、更有弹性、更有胸怀。

(二)大幅提高证券违法犯罪成本,市场参与者将更加诚信守法

新《证券法》首次大幅提高了证券违法犯罪的成本,并将行政处罚从过去 60 万元封顶改为大幅提高至二三十倍,[②]此外,民事索赔及刑事追责是不封顶的。与此同时,新《证券法》还加大了对直接责任人(经手人)及其负责的主管人员的行政处罚力度。

证券违法成本的显著提升,将有效威慑法人及自然人证券违法犯罪。尤其是公司财务总监及会计人员一旦参与财务造假,其可能会倾家荡产。这对财务造假的具体经办人可以起到足够的威慑作用,反之,他们甚至可能成为公司财务造假的监督者和举报者。

营造一个公平、公正、公开、干净的市场环境,既是监管层做好投资者保护的基础性工作,也是监管层最重要的任务和使命。

(三)建设中国特色集体诉讼制度,投资者将学会主动维权索赔

在 A 股"散户市"环境里,如果没有集体诉讼制度,投资者主动维权的概率就会大大降低,因为中小投资者的诉讼维权成本太高,只能被迫放弃,这在一定程度上纵容了证券违法犯罪行为。

新《证券法》建立中国特色集体诉讼制度——代表人诉讼,[③]将有效激发 A 股投资者主动维权索赔的积极性和自信心。集体诉讼制度在美国股市的作用与威慑力,我国中国概念股都有刻骨铭心的记忆与切身体验。我们有足够的理由相信,中国特色的集体诉讼制度一定会受到 A 股"散户市"的重视与欢迎,这才是对证券违法犯罪的最大震慑与打击。

---

① 参见 2020 年新《证券法》第二章证券发行第 9 条。

② 参见 2020 年新《证券法》第十三章法律责任第 180 条至第 214 条。

③ 参见 2020 年新《证券法》第六章投资者保护第 95 条。

(四)淡化行政管制,强化市场监管、依法治市

以 IPO 注册制为基石的新《证券法》,充分尊重市场决定,更加强化市场监管,同时,也会不断淡化行政管制,这是新《证券法》的立法精神与基本理念。

市场管制不能替代市场监管,更不能替代依法治市。市场越包容,监管越严厉,依法治市就会越受重视。

在新《证券法》下,证监会的职责与职能将会转型升级,其不再将大量的人力、物力、财力耗费在 IPO 审核上,而是专注于信息披露监管,专注于对证券违法犯罪的严查严打,同时,进一步强化市场监管、制度完善与顶层设计。

在 2019 年《证券法》修订之前,A 股市场的证券违法犯罪成本较低,比如,只有重大欺诈发行,才能启动强制退市;如果是上市后发生的重大财务造假,则无法直接退市,而且行政处罚最多也只有 60 万元,因此,少数上市公司敢于公然违法,甚至践踏法律。正如证监会指出的,证券违法案件具有一些共性特点:一是造假周期长、金额巨大,往往持续数年时间,虚增利润动辄几十亿乃至上百亿元;二是出现系统性、规模性造假现象,有的公司虚构业务,搞“两本账”;三是造假的同时往往还伴生违规占用、违规担保、内幕交易、操纵股价等违法犯罪行为。证监会表示,财务造假、内幕交易、操纵市场等恶性违法违规屡有发生,这不仅破坏了市场生态,还影响了投资者信心。对此,必须出重拳、用重典,坚决清除害群之马,切实保护投资者合法权益。

在 2020 年“5·15 全国投资者保护宣传日”活动上,证监会主席易会满表示,证监会集中力量查办康得新、康美药业等一批市场高度关注、影响恶劣的重大财务造假案件,对这类案件,证监会将紧抓不放、一查到底。

2019 年 7 月 5 日,中国证监会发布消息:康得新(股票代码 002450)“涉嫌在 2015 年至 2018 年虚增利润总额达 119 亿元”。中国证监会特别指出,康得新所涉及的信息披露违法行为持续时间长、涉案金额巨大、手段极其恶劣、违法情节特别严重。康得新 2015 年虚增利润总额 23.81 亿元,占年报披露利润总额的 144.65%。2016 年虚增利润总额 30.89 亿元,占年报披露利润总额的 134.19%。2017 年虚增利润总额 39.74 亿元,占年报披露利润总额的 136.47%。2018 年虚增利润总额 23.81 亿元,占年报披露利润总额的 722.16%。合计 4 年虚增利润 119 亿元,成为 A 股史上最大利润造假案。实际控制人钟某,因涉嫌犯罪被执行逮捕。* ST 康得自 2019 年 7 月 5 日之后,一直停牌至今,仍未复牌。

2019 年 8 月 16 日,证监会公布了关于康美药业(股票代码:600518)的调查结果,

经证监会查明,康美药业《2016年年度报告》虚增货币资金225.8亿元,占公司披露总资产的41.13%和净资产的76.74%;《2017年年度报告》虚增货币资金299.4亿元,占公司披露总资产的43.57%和净资产的93.18%;《2018年半年度报告》虚增货币资金361.9亿元,占公司披露总资产的45.96%和净资产的108.24%。影响极为恶劣,后果特别严重。虽然措辞很严厉,但依照法律,罚单上的数字仅有60万元。康美药业的实控人马某某和许某某被判证券市场终身禁入,并被开出90万元的罚单。目前,ST康美已沦为2元股,它正在步入“一元退市”通道。

在2019年《证券法》修订之前,2019年*ST康得亏损58亿元;2019年ST康美亏损约为46亿元。尽管*ST康得与ST康美两家上市公司存在重大财务造假,但因它们不属于“欺诈发行”,也不满足连续3年亏损的“暂停上市”要求,更不满足连续4年亏损的“终止上市”要求,因此,两家公司毫发未损、依旧挂牌,无法退市。

尽管如此,*ST康得与ST康美重大财务造假丑闻的滞后效应,必然会进一步发酵,例如,其企业商誉及融资便利受损是不可避免的,对财务造假企业来讲,其后果与产品造假没有不同,结果只能是雪上加霜!

但是,如果按照新《证券法》条款执行,康得新与康美药业两家公司不仅会承担巨额赔偿,而且其公司法人代表以及经手财务造假的财务总监,包括相关文件签字人,还有提供审计报告的会计师事务所以及保荐券商也均要付出惨重代价,一部分人要以个人身份承担赔偿责任,另一部分人可能要锒铛入狱。这就是新旧《证券法》的本质不同。如此重大财务造假的上市公司,即便不能直接判罚强制退市,但投资者“用脚投票”的“一元退市标准”,同样能让其快速退市,而且不需要任何理由和解释!

三、投资者保护的三个主要层面

新《证券法》首次设专章规定投资者保护制度,并作出了诸多创新制度安排,其中包括区分普通投资者和专业投资者,有针对性地作出投资者权益保护安排;建立上市公司股东权利代为行使征集制度;明确规定债券持有人会议和债券受托管理人制度;建立普通投资者与证券公司纠纷的强制调解制度;完善上市公司现金分红制度。尤其值得关注的是,为适应IPO注册制改革的需要,新《证券法》探索了适应我国国情的证券民事诉讼制度,规定投资者保护机构可以作为诉讼代表人,按照“明示退出”“默示加入”的诉讼原则,为受害投资者依法提起民事损害赔偿诉讼提供法律支持。

投资者保护是一张立体防护网,从行政保护、法律保护到自我保护,三者缺一不可。

(一)行政保护(行政处罚)

诚信守法,是企业的生存之道,更是上市公司应该坚守的道德底线与法律底线。信息欺诈与财务造假是对投资者最大的伤害。保护投资者,从制度源头来讲,就是要严打财务造假,给投资者提供一份真实、详尽的财务报告,这样才能让投资者“买者自负”。

2020 年 4 月 7 日,国务院金融稳定发展委员会(以下简称金融委)第二十五次会议召开,会议特别强调,要发挥好资本市场的枢纽作用,不断强化基础性制度建设,坚决打击各种造假和欺诈行为,放松和取消不适应发展需要的管制,提升市场活跃度。

2020 年 4 月 15 日,金融委第二十六次会议召开,会议专题研究了加强资本市场投资者保护问题。金融委第二十六次会议指出,最近一段时间,一些上市企业无视法律和规则,涉嫌财务造假等侵害投资者利益的恶劣行为。监管部门要依法加强投资者保护,提高上市公司质量,确保真实、准确、完整、及时的信息披露,压实中介机构责任,对造假、欺诈等行为从重处理,坚决维护良好的市场环境,更好发挥资本市场服务实体经济和投资者的功能。

在新《证券法》中,所有证券违法犯罪都必须首先接受行政处罚。[①]

(1)对欺诈发行与信披违法的行政处罚。处罚对象不仅包括发行人、上市公司、大股东、实际控制人、保荐人、审计机构,而且还包括直接责任人(经手人)及负责的主管人员。对公司的最高罚款为 2000 万元(过去是 60 万元),或违法所得的 1 倍(过去是 5%);对个人的最高罚款为 1000 万元(过去是 30 万元)。

(2)对内幕交易,市场操纵的行政处罚。在内幕交易中,对内幕消息知情人及非法获得内幕消息的人同时处罚,除没收全部违法所得外,并处 1 倍至 10 倍行政处罚(过去是 1 倍至 5 倍);没有违法所得或违法所得不足 50 万元的,行政处罚为 50 万元至 500 万元(过去为 30 万元至 60 万元)。

对市场操纵的行政处罚是没收全部违法所得,并处 1 倍至 10 倍罚款(过去是 1 倍至 5 倍);没有违法所得或违法所得不足 100 万元的,处以罚款 100 万元至 1000 万元(过去为 30 万元至 300 万元)。

(3)A 股庄托、不良媒体人、虚假消息编造者及传播者,没收全部违法所得,并处

① 参见 2020 年《证券法》第十三章法律责任。

1 倍至 10 倍行政罚款;没有违法所得或违法所得不足 20 万元的,处以罚款 20 万元至 200 万元。此外,出借个人账户或借他人个人账户,行政处罚的罚款上限为 50 万元。

(4)证券投资咨询公司无照经营或超范围经营的,没收全部违法所得,并处 1 倍至 10 倍行政罚款;没有违法所得或违法所得不足 50 万元的,处以罚款 50 万元至 500 万元;直接责任人及其主管则处以罚款 20 万元至 200 万元。

(5)证券服务中介(包括会计师事务所、律师事务所、资产评估机构、资信评级机构、财务顾问等)违法经营所得全部没收,并处 1 倍至 10 倍行政罚款;没有违法所得或违法所得不足 50 万元的,处以罚款 50 万元至 500 万元;对直接责任人及其主管处以罚款 20 万元至 200 万元。

(二)法律保护(民事索赔与刑事追责)

随着新《证券法》正式生效实施,证券违法犯罪成本已然大幅提升,尤其是加大了对财务造假的惩处力度,包括发行人、控股股东及实际控制人,保荐人、承销商、会计师事务所、律师事务所、资产评估事务所以及财务造假的经手人、签字人都将承担连带的民事和刑事责任,犯罪成本已大幅提升。

过去,少数上市公司财务造假不择手段,欺骗投资者,任意妄为。比如,操纵存货及应收应付款,操纵商誉估值,操纵并购估值,伪造购销合同,通过大额关联交易虚增营收,通过非经常性损益来调节利润,通过大量的研发费用资本化来调减费用、虚增利润;还有一些大股东长期无偿占用上市公司资金而不披露,有些大股东以资产置换之名掏空上市公司。此外,还有少数大股东无底线"清仓式"质押,然后一走了之。在新《证券法》下,这一切都属于违法犯罪行为。

但过去由于散户维权成本太高,个体投资者维权意识淡漠而消极,罚款上限也只有 60 万元,这在一定程度上纵容了证券违法犯罪行为。如今,新《证券法》授权构建中国特色证券集体诉讼制度,其中,代表人诉讼作为一种全新的证券民事诉讼方式,简化了诉讼程序,便利了共同诉讼人,尤其是"明示退出"及"默示加入"的诉讼原则,为未来构建中国特色的证券集体诉讼制度奠定了重要的法制基础。代表人诉讼方式,不仅对证券违法犯罪将产生足够的威慑力,而且也会有效引导投资者主动维权、积极维权,这将有利于投资者的成长与成熟。

新《证券法》的集体诉讼制度将极大地简化诉讼程序,降低诉讼成本,提高诉讼效率,其会有效激发中小投资者依法维权索赔的积极性及自信心,同时,对证券违法犯罪产生巨大的威慑作用。

培养依法维权意识不仅要让投资者知法、懂法、守法，而且要使其善用法律武器自我保护、维权索赔，这是投资者成长、成熟最关键的一步，也是对证券违法犯罪行为的重大威慑。

2020 年 3 月 24 日，上海金融法院发布《上海金融法院关于证券纠纷代表人诉讼机制的规定（试行）》，这是全国首个关于证券纠纷代表人诉讼制度实施的具体规定，其将代表人诉讼分为普通代表人诉讼和投保机构作为代表人的特殊代表人诉讼，对代表人诉讼制度的适用范围、登记公告、代表人选定、案件审理、调解和判决及其适用等方面作了较为全面的规定。

2020 年 5 月 8 日，南京市中级人民法院发布《证券纠纷代表人诉讼程序操作规则（试行）》，并同时生效实施，并对代表人诉讼制度进行了较为简洁凝练的总结性规定。

2020 年 4 月 20 日，深圳市中级人民法院发布《关于依法化解群体性证券侵权民事纠纷的程序指引（试行）》，其从合并审理、示范判决及平行案件处理、送达和财产保全等方面系统地提出了解决群体性证券民事纠纷的方案。

2020 年 3 月中旬，杭州市中级人民法院发布《“15 五洋债”“15 五洋 02”债券自然人投资者诉五洋建设集团股份有限公司等人证券虚假陈述责任纠纷系列案件公告》，宣布采取人数不确定的代表人诉讼方式审理该案，通知相关权利人在规定期限内向法院登记。这是新《证券法》生效后首例证券民事赔偿代表人诉讼制度的司法实践。

2020 年 5 月中旬，南京市中级人民法院对外发布 4 则公告，就 4 家上市公司被诉承担证券虚假陈述民事侵权责任案件，告知有关投资者将适用代表人诉讼审理方式。这也是全国范围内第一次批量启动适用该方式审理证券虚假陈述民事侵权案件。

（三）自我保护（投资者理性）

一直以来，由于 A 股市场缺乏足够的长期资金和长期机构投资者，“短炒、赚快钱”成为我国 A 股“散户市”的显著特征之一。

当我国股市交易量的 90% 由散户完成时，美国股市 90% 的交易量却是由机构来完成的。与此相对应，我国股市是典型的“散户市”，“牛市”往往一哄而上、一步到位，一年半载就结束；“熊市”则一哄而散，最终形成“牛短熊长”的市场格局。相反，美国股市是典型的“机构市”，“牛市”缓慢上涨，牛市长度一般可达 10 年左右；美国“熊市”短而快，其“熊市”长度与中国牛市长度相差无几。

目前，我国家庭理财模式仍以“短炒、赚快钱”为特色，有的人甚至有些急功近利、急不可耐。针对这一现状,我国各类金融机构争相开发出了大量同质化的短期、超短期投机类理财产品,而中长期理财产品却严重匮乏,尤其是缺乏与全生命周期相匹配的个人养老储蓄产品及长期股权类投资品种。这在一定程度上误导并扭曲了家庭理财的本质或本源。金融机构无力开发出满足家庭理财需要的中长期产品,这也是导致“资产荒”和“理财慌”的根本原因。

为了实现家庭财富保值增值,一些家庭大量囤房,也有一些家庭被迫进入股市。此外,还有一些家庭被骗购买了一些年化“预期”收益率高达百分之一二十的所谓金融产品。这样的家庭资产配置,要么结构单一,要么风险太大,很容易导致投资失败、损失惨重,因为这是不符合家庭理财的基本原则的。

事实上,专业人做专业事,既是十分必要的,也是十分重要的。这是社会分工的基本逻辑。A 股“去散户化”已大势所趋。2020 年我国将全面建成小康社会,在人口老龄化背景下,家庭理财模式必须转型升级。近年来,我国监管层开始鼓励金融机构大力开发中长期权益类金融产品,以满足长期资金和长期投资者的理财需求。

我国金融机构有责任、有义务、有能力正确引导家庭理财,应尽快让老百姓从“囤房”“炒股”(短炒)的极端理财模式转向购买金融机构的长期理财产品和资管产品,尤其是要鼓励家庭购买个人养老金产品,包括其他补充养老及补充医保。

在 2020 年年初,中国银保监会发文称,①鼓励居民储蓄有效转化为资本市场长期资金,并要求银行保险机构在优化融资结构中发挥重要作用。有效发挥理财、保险、信托等产品的直接融资功能,培育价值投资和长期投资理念,改善资本市场投资者结构。大力发展企业年金、职业年金、各类健康和养老保险业务,多渠道促进居民储蓄有效转化为资本市场长期资金。很显然,一方面,它要求多渠道引导家庭理财走向长期投资,增加养老财富储备;另一方面,它要求银行和保险公司开发出多样化中长期产品,将家庭“短炒、赚快钱”的资金导入资本市场或实体经济,为资本市场和实体经济提供足够规模的长期资金来源。

事实上,现在越来越多的家庭主动放弃亲自进入股市,他们更理性地选购股票型基金或股权类资管产品,以替代自己炒股,并将家庭财富交由公募基金之类的“投资专家”去打理,以获取稳定的“长期投资收益率”。从“散户市”转换到“机构市”,这是中国股市开门 30 年后必经的过程,也是中国在基本解决温饱问题之后家庭理财模式

① 2020 年 1 月 4 日,中国银保监会官网发布《关于推动银行业和保险业高质量发展的指导意见》(银保监发〔2019〕52 号)。

的转型升级。

不过,这一切仍有赖于金融机构开发出多样化的个人养老金产品及中长期理财产品,主动“招安”散户,让散户主动放弃进股市“搏杀”;另外,我们的家庭理财也到了放弃“短炒、赚快钱”模式的时候了。我们可以借鉴西方国家的做法,将养老作为家庭理财的最高目标,倡导为养老而投资,为养老而理财,这样的家庭理财将更加从容淡定,注重长期投资。只有以养老为目标的家庭理财,才能更长远、更从容、更理性、更快乐!可以预想,私人养老金储备将成为中国家庭财富在资产配置上的最重要选项。

总而言之,家庭理财不是赌博。只要投资者自我强化风险意识,主动改变理财观念及投资心态,学会自我保护就是最好的“投资者保护”。

用时代新利器维权

——“证券集体诉讼”制定实施细则的思考

叶　锦*

摘　要:2020 年 3 月 1 日,新《证券法》正式实施,并首次将“证券集体诉讼制度”引入中小投资者维权舞台,而作为中小投资者保护机构的投服中心亦迎来了新的使命。投服中心作为可以为中小投资者维权的“法定代表人”,在新《证券法》第 95 条第 3 款的规定下如何才能更准确、更公平、更高效地为中小投资者服务呢?本文在“诉权的稳定性”“接受委托的标准”“证券集体诉讼案件的受理与诉讼费承担”“诉讼实体权利的处理”“裁决的扩张适用”等六个方面展开了研究。

关键词:新《证券法》　证券集体诉讼　投服中心

前　言

2019 年 12 月 28 日,第十三届全国人大常委会第十五次会议审议通过了修订后的《证券法》。新《证券法》的颁布为全面推行证券发行注册制提供了直接法律基础,并同时增加了信息披露章节和投资者保护章节,明确了投资者保护机构参与证券侵权民事赔偿纠纷案件的调解机制和代表人诉讼机制。

新《证券法》关于代表人诉讼的规定主要体现在第六章第 95 条,并包含 3 款内容,第 1 款规定:“投资者提起虚假陈述等证券民事赔偿诉讼时,诉讼标的是同一种类,且当事人一方人数众多的,可以依法推选代表人进行诉讼。”

第 2 款规定:“对按照前款规定提起的诉讼,可能存在有相同诉讼请求的其他众

* 北京市隆安律师事务所上海分所律师、合伙人。

多投资者的，人民法院可以发出公告，说明该诉讼请求的案件情况，通知投资者在一定期间向人民法院登记。人民法院作出的判决、裁定，对参加登记的投资者发生效力。”

第3款则规定：“投资者保护机构受五十名以上投资者委托，可以作为代表人参加诉讼，并为经证券登记结算机构确认的权利人依照前款规定向人民法院登记，但投资者明确表示不愿意参加该诉讼的除外。”分析上述3款条文的内容，第1款及第2款分别规定了人数确定及人数不确定的代表人诉讼。代表人诉讼在《民事诉讼法》第54条[①]已有规定，并在消费者维权等领域展开了较好的实践，但基于证券侵权民事赔偿纠纷案件具有标的额偏小、投资人数偏多且分散等特点，所以代表人诉讼在证券侵权民事赔偿纠纷案件中较为稀少。

第95条第3款则可谓是中国版“证券集体诉讼”，是证券投资者维权的一件划时代利器，当投资者因证券侵权行为受损时，可委托投资者保护机构为代表人进行诉讼，并对投资者采取“默示加入、明示退出”的方式参与诉讼，在适格投资者没有明确表示退出诉讼前，均由投资者保护机构代表其进行诉讼。

此处的投资者保护机构即为中证中小投资者服务中心有限责任公司（以下简称投服中心）。投服中心系依据《国务院办公厅关于进一步加强资本市场中小投资者合法权益保护工作的意见》于2014年成立的公益性中小投资者维权服务机构，截至2019年12月底，投服中心共登记纠纷12,258件，受理8275件，成功5715件，投资者获赔金额人民币20.33亿元。[②] 投服中心帮助中小投资者维权的使命已得到实际展现。

但在新《证券法》实施之前，证券侵权民事赔偿诉讼主要以单独诉讼或共同诉讼的形式提出，对于判决结果也只能适用于该案当事人本身，不能直接延伸运用到未参与诉讼的同案其他投资人，因此，证券侵权民事赔偿诉讼审理尚未达到高速批量运转状态，为解决此问题，上海金融法院和投服中心研究和实践了示范判决机制及证券虚

① 《民事诉讼法》第54条规定：“诉讼标的是同一种类、当事人一方人数众多在起诉时人数尚未确定的，人民法院可以发出公告，说明案件情况和诉讼请求，通知权利人在一定期间向人民法院登记。向人民法院登记的权利人可以推选代表人进行诉讼；推选不出代表人的，人民法院可以与参加登记的权利人商定代表人。代表人的诉讼行为对其所代表的当事人发生效力，但代表人变更、放弃诉讼请求或者承认对方当事人的诉讼请求，进行和解，必须经被代表的当事人同意。人民法院作出的判决、裁定，对参加登记的全体权利人发生效力。未参加登记的权利人在诉讼时效期间提起诉讼的，适用该判决、裁定。”

② 参见《投服中心：以新证券法为指引，助力多元化解机制再上新台阶》，载中证中小投资者服务中心官网：http://www.isc.com.cn/html/zxxw/20191231/1640.html，最后访问日期：2020年6月20日。

假陈述侵权损害赔偿损失计算软件来提高证券虚假陈述侵权案件的审理效率。

2020 年 3 月 1 日,新《证券法》正式实施,我国资本市场建设进入新时代,期盼资本市场有序发展的同时,相信投服中心作为投资者保护机构为广大中小投资者维权的作用将得到更大的发挥。

那么在新《证券法》的“大框架”下如何落实各项新规定在实践中的实体和程序细节将是需要切实思考的问题,笔者主要针对新《证券法》第 95 条第 3 款“证券集体诉讼”的规定,在与该条款相关实施细则的制定上提出一点想法,或许与日后正式发布的实施细则意见相左或不尽严谨,但仍希望能够建言献策。

一、投资者保护机构诉权的稳定性

新《证券法》第 95 条第 3 款赋予了投资者保护机构作为代表人参加诉讼的权利,当有 50 名以上投资者出具委托时,投资者保护机构即可作为全体适格投资者的代表人向证券侵权方提起诉讼,除非投资者明确表示不愿意参加诉讼。该条规定实现了证券集体诉讼“默示加入、明示退出”的效果。

目前,沪深两市每一家上市公司的中小投资者数量均远超 50 人,投资者保护机构获得授权的可能性较大,但若已经出具授权书的投资者在提起诉讼前、诉讼审理中或诉讼判决前表示不愿意参加诉讼,从而退出诉讼,导致出具授权书的投资者人数低于 50 人,那么投资者保护机构还能继续作为投资者的代表人参加诉讼吗?

我国台湾地区“财团法人证券投资人及期货交易人保护中心”(以下简称台湾地区“投保中心”)系在我国台湾地区“证券投资人及期货交易人保护法”(以下简称台湾地区“投保法”)的框架下设立起来的投资者保护机构。根据我国台湾地区“投保法”第 28 条[①]

① 我国台湾地区“证券投资人及期货交易人保护法”第 28 条规定:保护机构为保护公益,于本规定及其捐助章程所定目的范围内,对于造成多数证券投资人或期货交易人受损害之同一原因所引起之证券、期货事件,得由 20 人以上证券投资人或期货交易人授予仲裁或诉讼实施权后,以自己之名义,提付仲裁或起诉。证券投资人或期货交易人得于言词辩论终结前或询问终结前,撤回仲裁或诉讼实施权之授予,并通知仲裁庭或法院。保护机构依前项规定提付仲裁或起诉后,得由其他因同一原因所引起之证券或期货事件受损害之证券投资人或期货交易人授予仲裁或诉讼实施权,于第一审言词辩论终结前或询问终结前,扩张应受仲裁或判决事项之声明。前二项仲裁或诉讼实施权之授予,包含因同一原因所引起之证券或期货事件而为强制执行、假扣押、假处分、参与重整或破产程序及其他为实现权利所必要之权限。第 1 项及第 2 项仲裁或诉讼实施权之授予,应以书面为之。仲裁规则第 4 条及证券交易规则第 167 条规定,于保护机构依第 1 项或第 2 项规定起诉或扩张应受判决事项之声明时,不适用之。

和第29条①的规定,在台湾地区"投保中心"提起团体诉讼后,因同一事件受损害,但尚未参与提起诉讼的证券投资人或期货交易人,可以在第一审言词辩论终结前或询问终结前,以书面形式授予台湾地区"投保中心"以仲裁或诉讼实施权,从而加入诉讼;并且已参与诉讼的证券投资人或期货交易人也可以在第一审言词辩论终结前或询问终结前,撤回仲裁或诉讼实施权的授予,并通知仲裁庭或法院,从而退出诉讼。若因此种退出,导致授权人数不足20人的,已发起的团体诉讼仍将继续。

台湾地区"投保中心"团体诉讼虽然适用投资者"加入制",但亦明确了投资人在案件审理过程中可以退出诉讼的权利,而投资人退出诉讼的行为若导致台湾地区"投保中心"获团体诉讼授权的投资人人数不满20人的,团体诉讼仍然继续审理。

据此,新《证券法》第95条第3款规定下的证券集体诉讼在人民法院正式受理至裁决作出之前,若面临因投资人"退出"导致向投资者保护机构出具委托的投资者人数少于50人时,可以考虑在实施细则中规定该件诉讼仍然继续审理,以维护投资者保护机构诉权的稳定性。

二、投资者保护机构接受委托的标准

新《证券法》第95条第3款规定:"投资者保护机构受五十名以上投资者委托,可以作为代表人参加诉讼……"本条规定投资者保护机构"可以"作为代表人参加诉讼,而非"应当"。据此,投资者保护机构是否接受一件证券集体诉讼的决定权应掌握在自己手里,并且需要至少考虑以下两方面情况。

(一)可以向投资者保护机构出具委托的投资者范围

投服中心设立的目的是为中小投资者提供维权服务,那么何为中小投资者呢?

① 我国台湾地区"证券投资人及期货交易人保护法"第29条规定:证券投资人或期货交易人依第28条第1项撤回诉讼或仲裁实施权之授予者,该部分诉讼或仲裁程序当然停止,该证券投资人或期货交易人应即声明承受诉讼或仲裁,法院或仲裁庭亦得依职权命该证券投资人或期货交易人承受诉讼或仲裁。保护机构依第28条规定起诉或提付仲裁后,因部分证券投资人或期货交易人撤回诉讼或仲裁实施权之授予,致其余部分不足20人者,仍得就其余部分继续进行诉讼或仲裁。

经过检索,《深圳证券交易所上市公司规范运作指引》(2020 年修订)第 2.2.7 条①第 2 款规定:“……中小投资者是指除公司董事、监事、高级管理人员以及单独或者合计持有公司 5% 以上股份的股东以外的其他股东。”

以此为参考,尽管新《证券法》未对“投资者”的范围作出界定,证券发行人的实际控制人、控股股东、董监高等其他相关人员和单位虽然可能亦为证券结算登记机构登记的投资者,但倘若他们对发行人的证券侵权行为存在过错,则不应当为新《证券法》规范下可向投资者保护机构提出代表人诉讼申请的投资者。

另外,若中小投资者中存在机构投资者,是否也可以参与代表人诉讼呢?

2020 年 3 月 13 日,作为新《证券法》实施后的第一起代表人诉讼案件,浙江省杭州市中级人民法院就“15 五洋债”证券虚假陈述责任纠纷案发出公告,通知相关自然人投资者(不含机构投资者)自公告发出之日起 30 日内向人民法院进行登记的期限。

在上述案例中,机构投资者被排除在代表人诉讼之外。

(二)受托案件的选择

新《证券法》第 2 条规定:“在中华人民共和国境内,股票、公司债券、存托凭证和国务院依法认定的其他证券的发行和交易,适用本法;本法未规定的,适用《中华人民共和国公司法》和其他法律、行政法规的规定。政府债券、证券投资基金份额的上市交易,适用本法;其他法律、行政法规另有规定的,适用其规定。资产支持证券、资产管理产品发行、交易的管理办法,由国务院依照本法的原则规定。在中华人民共和国境外的证券发行和交易活动,扰乱中华人民共和国境内市场秩序,损害境内投资者合法权益的,依照本法有关规定处理并追究法律责任。”

新《证券法》第 5 条规定:“证券的发行、交易活动,必须遵守法律、行政法规;禁止欺诈、内幕交易和操纵证券市场的行为。”

证券侵权行为已不局限于股票市场,亦不局限于虚假陈述行为,发行人对股票、债券等证券以及与该等证券发行与交易相关的虚假陈述、内幕交易、欺诈发行、操作股价等违规违法行为均需要承担民事赔偿责任。

最近 2 ~ 3 年,证监会对证券违规违法行为所作出的行政处罚决定均在百件左

① 《深圳证券交易所上市公司规范运作指引》(2020 年修订)第 2.2.7 条规定:股东大会审议影响中小投资者利益的重大事项时,对中小投资者的表决应当单独计票。单独计票结果应当及时公开披露。前款所称影响中小投资者利益的重大事项是指依据本指引第 3.5.3 条应当由独立董事发表独立意见的事项,中小投资者是指除公司董事、监事、高级管理人员以及单独或者合计持有公司 5% 以上股份的股东以外的其他股东。

右，数量不小，而新《证券法》第93条、[1]第94条[2]亦规定了除代表人诉讼之外的，先行赔付、纠纷调解、支持诉讼等多元化纠纷解决路径。据此，可考虑从损害赔偿因果关系是否明确、诉讼成本与赔付比、违法行为对社会的负面影响力等角度制定一些量化标准，当投资者向投资者保护机构申请代表人诉讼时，可由投资者保护机构从这些角度进行自主审查，以作出是否接受代表人诉讼委托的决定。未予以接受委托的，投资者保护机构可以建议投资者采取其他维权路径以获得损害赔偿。

三、人民法院对证券集体诉讼案件的受理

（一）关于权利人登记问题

新《证券法》第94条第3款规定，投资者保护机构作为代表人参加证券集体诉讼时，须为经证券登记结算机构确认的权利人依照前款规定向人民法院登记。

以上登记是否能够完成有赖于人民法院向投资者发出公告通知，而根据最高人民法院发布的《全国法院民商事审判工作会议纪要》（法〔2019〕254号）第82条之规定，人民法院决定采用《民事诉讼法》第54条规定的方式审理案件的，在发出公告前，应当先行就被告的行为是否构成虚假陈述，投资者的交易方向与诱多、诱空的虚假陈述是否一致，以及虚假陈述的实施日、揭露日或者更正日等案件基本事实进行审查。

这可能会形成一个情况：若在立案前不能确定虚假陈述行为的实施日和揭露日，就不能确定可以获得侵权赔偿的投资者范围而发出公告；但倘若在立案前就需要确定前述两个日期，就可能涉及案件在立案阶段进行了实体审理。为解决这个潜在矛盾，可能需要在《证券法》配套的司法解释或实施细则中加以细化规定。

除权利人登记范围需要确定之外，人民法院向投资者发出公告的期限亦需要明确。

再次参考“15五洋债”案件，浙江省杭州市中级人民法院在“15五洋债”案件所

---

① 《证券法》第93条规定：发行人因欺诈发行、虚假陈述或者其他重大违法行为给投资者造成损失的，发行人的控股股东、实际控制人、相关的证券公司可以委托投资者保护机构，就赔偿事宜与受到损失的投资者达成协议，予以先行赔付。先行赔付后，可以依法向发行人以及其他连带责任人追偿。

② 《证券法》第94条规定：投资者与发行人、证券公司等发生纠纷的，双方可以向投资者保护机构申请调解。普通投资者与证券公司发生证券业务纠纷，普通投资者提出调解请求的，证券公司不得拒绝。投资者保护机构对损害投资者利益的行为，可以依法支持投资者向人民法院提起诉讼。发行人的董事、监事、高级管理人员执行公司职务时违反法律、行政法规或者公司章程的规定给公司造成损失，发行人的控股股东、实际控制人等侵犯公司合法权益给公司造成损失，投资者保护机构持有该公司股份的，可以为公司的利益以自己的名义向人民法院提起诉讼，持股比例和持股期限不受《中华人民共和国公司法》规定的限制。

发出的公告中载明:相关自然人投资者自公告发出之日起 30 日内向人民法院进行登记。

据此,在“15 五洋债”案件中,人民法院给投资人参与代表人诉讼的公告期为 30 日。

(二)关于行政处罚前置问题

最高人民法院《关于审理证券市场因虚假陈述引发的民事赔偿案件的若干规定》(法释〔2003〕2 号)第 6 条第 1 款规定:“投资人以自己受到虚假陈述侵害为由,依据有关机关的行政处罚决定或者人民法院的刑事裁判文书,对虚假陈述行为人提起的民事赔偿诉讼,符合民事诉讼法第一百零八条规定的,人民法院应当受理。”

在新《证券法》实施之前的证券虚假陈诉侵权民事纠纷案件的审理中,行政处罚通常被视为提起民事诉讼的前提条件,但新《证券法》并未对行政处罚前置予以规定,据此,新《证券法》实施后的证券侵权民事赔偿纠纷案件中,是否以行政处罚作为提起民事案件的前置条件有待明确。

四、诉讼费的承担

证券侵权民事赔偿纠纷通常涉及的投资者人数众多,再加之证券集体诉讼为“默示加入”模式,诉讼费的缴纳是亟待解决的一个问题。

投资者保护机构作为公益性机构,为保护中小投资者合法权益,建立了公益调解员及公益律师群体,但为投资者减免诉讼费需要法律法规的规定做支撑,根据《民事诉讼法》相关规定,证券侵权民事赔偿纠纷案件不属于可以获得诉讼费减免的案由,据此,建议从以下两个方面考虑诉讼费缴纳问题。

(1)建立诉讼费“缓交为主、减免为辅”的诉讼费缴纳制度,待投资者获得赔付后,从赔偿金额中先行扣除自身应承担的诉讼费。

(2)参考我国台湾地区“投保中心”的经验,进一步拓宽公益经费的来源,由券商、交易所等单位或社会团体、个人进行捐赠,共同支持证券市场的良好健康发展。

五、投资者保护机构对诉讼实体权利的承认、变更或放弃权限

《民事诉讼法》第 54 条第 3 款规定:“代表人的诉讼行为对其所代表的当事人发

生效力，但代表人变更、放弃诉讼请求或者承认对方当事人的诉讼请求，进行和解，必须经被代表的当事人同意。”

作为证券侵权民事赔偿纠纷案件的直接权利人，投资者对自身的诉讼请求和诉讼权利当然拥有承认、变更或放弃的权利，但证券集体诉讼的诉讼参与方众多，且“默示加入”的特殊性亦限制了投资者保护机构不可能获得每一位投资者的特别授权，或为了提高诉讼效率，亦不可能在调解时与每一位投资者进行沟通，这时则需要进一步明确投资者保护机构作为代表人参与诉讼时，代替投资者处分上述诉讼权利的权限，或法定授予投资者保护机构特别授权，或在一定的尺度范围内授予投资者保护机构自主作出决定的权利。

六、裁决的扩张适用

在证券集体诉讼中，投资者“明示退出”后，根据《民事诉讼法》的相关规定，其可以自行另案起诉，虽然投资者另案起诉获得超额收益的概率不大，但这是投资者的权利，亦存在发生的可能性，为防止投资者滥用“退出”权，从而浪费司法资源，可以考虑细化一些制度加以约束。例如，对投资者在退出集体诉讼后另行提起的单个诉讼中止审理，待集体诉讼审结后再重启审理，并对原集体诉讼中审理认定过的共同事实部分不再审理。

若投资者在集体诉讼审结后才提起诉讼的，建议参考《上海金融法院关于证券纠纷示范判决机制的规定》中第 39 条、①第 40 条②等条款的内容，对上述投资者另案起诉的情况制定细则，先行使用调解程序，并结合诉讼费调整等方式来保护司法资源的合理使用。

---

① 《上海金融法院关于证券纠纷示范判决机制的规定》第 39 条规定：示范判决生效后，根据示范判决所认定的共通事实和法律适用标准，平行案件原则上应先行委托调解。

② 《上海金融法院关于证券纠纷示范判决机制的规定》第 40 条规定：在法庭审理前委托调解，当事人因达成和解协议而申请撤诉，本院予以准许的，案件受理费可以免予收取；当事人达成调解协议，本院制作民事调解书结案的，案件受理费可以按照规定标准的 1/4 收取。经法庭审理后委托调解，当事人因达成和解协议而申请撤诉，本院予以准许的，案件受理费可以按照规定标准的 1/4 收取；当事人达成调解协议，本院制作民事调解书结案的，案件受理费可以按照规定标准减半收取。

结　　语

时代在发展,中国的法治建设也越来越成熟,新《证券法》第六章对保护投资者合法权益有着划时代的意义,期待新《证券法》实施细则的出台为实践中的问题答疑解惑。相信在不久的将来,投资者维权新模式的成果将会逐步展现。

中国特色证券民事诉讼制度的填空与留白

——评《上海金融法院关于证券纠纷代表人诉讼机制的规定(试行)》

何海锋[*]　庄欣欣[**]

摘　要:我国《民事诉讼法》构建的代表人诉讼制度在证券领域长期以来处于休眠状态,新《证券法》复苏了这一制度并有所突破。上海金融法院发布的《关于证券纠纷代表人诉讼机制的规定(试行)》作为证券纠纷中代表人诉讼制度的具体实施规范,细化了《民事诉讼法》和《证券法》的原则性规定,在原告的确立与登记、代表人的产生与权限、法院的审理与裁判以及信息化平台的运用等方面作出了明确的指引,起到了填补空白的作用。但是,该规定在不同诉讼模式的选择与适用、权利登记公告前法院的审查程度、普通代表人的推选标准、诉讼费用的负担主体等方面仍存在可进一步探讨的空间。

关键词:证券纠纷　代表人诉讼　金融法院

2020年4月9日,新华社受权发布《中共中央、国务院关于构建更加完善的要素市场化配置体制机制的意见》。该意见提出,要完善投资者保护制度,推动完善具有中国特色的证券民事诉讼制度。这表明中央对新《证券法》构建起来的具有中国特色的证券民事诉讼制度予以肯定,这是对立法的高度正面评价;同时也说明,未来我国将在新《证券法》的基础上完善这一制度。而上海金融法院发布的《关于证券纠纷代表人诉讼机制的规定(试行)》(以下简称《代表人诉讼规定》),作为全国法院首个关于证券纠纷代表人诉讼制度的具体实施规定,正是积极探索符合我国国情和证券市场司法需求的民事诉讼机制的一大重要举措。该规定填补了中国证券民事代表人诉

* 北京市天同律师事务所顾问,法学博士。

** 中国政法大学民商经济法学院2019级研究生。

讼制度的空白,但亦存在探讨的空间。

一、我国证券纠纷代表人诉讼制度的路径探索

(一)代表人诉讼制度在证券民事诉讼中的长期休眠

1991 年我国《民事诉讼法》第 53 条、第 54 条针对当事人人数众多的群体性纠纷作出了代表人诉讼制度的专门规定,立法原意在于通过群体的拟制性和裁判的扩张力来解决诉讼中因人数众多而带来的各种问题,但受限于具体实施细则的缺乏及司法条件的不成熟,导致其在司法实践中长期处于休眠状态,尤其在证券民事诉讼中更是如此。

2001 年 9 月 21 日,最高人民法院《关于涉证券民事赔偿案件暂不予受理的通知》规定,对于证券民事赔偿案件暂不予受理。2002 年 1 月 15 日,最高人民法院《关于受理证券市场因虚假陈述引发的民事侵权纠纷案件有关问题的通知》[①]明确排除了证券纠纷适用集团诉讼形式的可能性。2003 年 1 月 9 日,最高人民法院《关于审理证券市场因虚假陈述引发的民事赔偿案件的若干规定》[②]并未将"共同诉讼"明确限制为起诉时人数确定的代表人诉讼,但也没有明确放开诉讼的形式,导致长期以来在证券民事诉讼案件中仍然以投资者分别单独起诉为主。人数不确定的代表人诉讼在证券纠纷实践领域的运用情况十分不理想。

(二)证券纠纷代表人诉讼制度的探索与创新

上海金融法院于 2019 年 1 月颁布了《关于证券纠纷示范判决机制的规定》,引进了示范诉讼机制,核心在于选取具有代表性的案件先行审理、先行判决,充分发挥示范案件的引领作用,促使其他平行案件当事人通过调解或快速审理解决纠纷。[③] 在方正科技虚假陈述案中,近千名投资者在得知方正科技存在信息披露违规行为后向法院提起诉讼。上海金融法院依照相关规定依职权将卢某等 4 位股民的案件选定为示范案件,并向示范案件和平行案件当事人发送《示范案件选定告知书》。该告知书中

---

① 最高人民法院《关于受理证券市场因虚假陈述引发的民事侵权纠纷案件有关问题的通知》第 4 条规定:"对于虚假陈述民事赔偿案件,人民法院应当采取单独或者共同诉讼的形式予以受理,不宜以集团诉讼的形式受理。"

② 最高人民法院《关于审理证券市场因虚假陈述引发的民事赔偿案件的若干规定》第 12 条规定:"证券民事赔偿案件的原告可以选择单独诉讼或者共同诉讼方式提起诉讼。"

③ 参见《上海金融法院关于证券纠纷示范判决机制的规定》第 2 条。

明确了平行案件的范围、共通的事实和法律争点以及平行案件当事人的权利义务。[①]该案系国内首例证券纠纷示范判决案，在证券民事诉讼的案件管理、群体性案件的繁简分流、法院审判能力和司法救济力度的提升、司法公信力的增强等各个方面都作出了有益尝试。

在事实认定方面，除有相反证据推翻外，对示范判决认定的具有共性的事实，平行案件的双方当事人均无须另行举证；在法律适用方面，对已由示范判决认定的法律适用标准，平行案件的原告主张直接适用的，可予以支持。示范判决生效后，平行案件原则上应先行委托调解，并通过运用诉讼费用经济杠杆，引导当事人通过证券纠纷多元化解机制解决纠纷。示范判决制度为代表人诉讼制度的复苏与实践奠定了坚实的基础。

（三）证券纠纷代表人诉讼制度的复苏与突破

最高人民法院在 2019 年 11 月 14 日颁布的《全国法院民商事审判工作会议纪要》中，鼓励有条件的地方人民法院选择个案以代表人诉讼方式进行审理，逐步展开试点工作，并且就立案登记、案件甄别及程序决定、选定代表人进行了明确规定。其中第 83 条规定："国家设立的投资者保护机构以自己的名义提起诉讼，或者接受投资者的委托指派工作人员或者委托诉讼代理人参与案件审理活动的，人民法院可以商定该机构或者其代理的当事人作为代表人"，使中国特色证券集体诉讼制度呼之欲出。

2020 年 3 月新《证券法》实施，正式将"中国式集体诉讼制度"上升至法律层面。该法第 95 条进行了精巧的设计。一方面，前两款的规定仍在《民事诉讼法》的框架之内，其意义在于复苏了证券领域沉睡已久的代表人诉讼。"明示加入，默示退出"使判决效力只及于参加登记的原告，但也有适度的扩张性，未参加登记的权利人在诉讼时效期间提起诉讼的，亦适用该生效判决。另一方面，第 3 款的规定突破了《民事诉讼法》下代表人诉讼的相关规定，正式在法律上确立了"中国式集体诉讼制度"。"明示退出，默示加入"的制度设计使判决效力仅及于明示退出外的所有权利人，具有主动的扩张性。此外，投资者保护机构系"中国式集体诉讼制度"的另一个核心，更加权威与专业。投资者保护机构作为中国式集体诉讼的代表人，以接受 50 名以上的投资者委托为前提，但需要经过登记，并由法院进行审查确立。从此，证券集体诉讼的实施

① 参见《上海金融法院首次适用示范判决机制》，载人民网：http://sh.people.com.cn/n2/2019/0322/c134768-32767406.html，最后访问日期：2020 年 4 月 17 日。

路径不再是单一模式,投资者保护的路径愈加宽广。

(四)证券纠纷代表人诉讼制度的落地与实践

2020年3月13日,杭州市中级人民法院发布公告称"五洋债系列案件的诉讼标的为同一种类、原告人数众多且起诉时人数尚未确定",通知相关权利人在规定期限内进行登记。"五洋债"系列案件作为新《证券法》生效后首例启动的人数不确定的代表人诉讼案,具有标志性意义,是对长期以来代表人诉讼在证券纠纷领域遭遇的尴尬和最新立法司法动向的积极回应。值得一提的是,本案依托"浙江证券期货纠纷智能化解平台"作为登记通道,系推动我国信息技术审判辅助平台和常态化、可持续工作机制建设的一次十分有益的尝试。[①]

在同一时期,上海金融法院经过长期调研和反复论证,于2020年3月24日召开新闻发布会,在全国范围内率先推出《代表人诉讼规定》。该规定既可为后续案件的规范审理提供规则指引,又能为将来立法或司法解释的制定提供有益经验,在许多方面起到了填空作用。此后,深圳市中级人民法院与南京市中级人民法院也相继出台了相关指引性文件,使代表人诉讼在实践探索方面更加丰富。

二、《代表人诉讼规定》的填空作用

《代表人诉讼规定》囊括了《民事诉讼法》的普通代表人诉讼和新《证券法》中以"默示加入,明示退出"为基础、以投资者保护机构作为代表人的符合中国国情的"集体诉讼制度"——"特别代表人诉讼"。其细致规定相比《民事诉讼法》和新《证券法》,起到了填空的作用并体现出全面性、可操作性和创新性的特点——全面覆盖了普通代表人诉讼和特别代表人诉讼的规则,既强调二者的共同点,又突出存在的不同点;系统规定了各类代表人诉讼的具体规范化流程,并对其中的难点问题进行回应,弥补了法律在司法实践操作所需细则方面的留白;充分利用信息技术解决传统诉讼模式存在的操作难题,创新代表人诉讼机制以提高诉讼效率。《代表人诉讼规定》从立案与权利登记到代表人的确定、权限,再到代表人诉讼的审理、判决与执行进行了全过程的详细规定,并且着重明确和细化了相关热点及争议问题,为代表人诉讼的司法实践提供了具体指引。

---

① 参见何海锋:《我国证券民事赔偿代表人诉讼第一案的示范意义和特征》,载天同诉讼圈网:https://mp.weixin.qq.com/s/PSR_4i4GqaAzeM9O4tvDaw,最后访问日期:2020年4月17日。

(一)原告的确定与登记

依照《民事诉讼法》第119条的规定,原告是与本案有直接利害关系的公民、法人和其他组织。在证券集体诉讼中,如何确立原告的资格以及对符合条件的原告予以列明是集体诉讼能否有效推进的前提条件,但《民事诉讼法》与新《证券法》中并没有可操作的规定。《代表人诉讼规定》对此予以了详细说明,尤其针对人数不确定的原告登记明确了具体的操作规程。

对于普通代表人诉讼,当事人人数确定的,作为共同原告统一立案登记。当事人人数不确定的,首先,应对被诉证券侵权行为的性质、诉请的基础侵权事实等进行审查,以确定权利登记的范围;其次,则是发出权利登记公告,对基础事实、被告情况、登记期限等予以公示,通知相关投资者到法院进行登记;再次,是投资者通过在线平台进行登记,填写相关必要信息;最后,法院对登记人员予以审查,将符合条件的投资者列入代表人诉讼原告名单,自此原告身份得以确定。

对于特别代表人诉讼,原告的确定程序则相对简单。事先得到50名以上投资者授权的投资者保护机构可直接在法院发出权利登记的公告后,依据公告确定的权利登记范围向证券登记结算机构调取权利人名单,并据此向法院申请登记。投资者在未明确表示退出的情况下视为加入诉讼。由此可见,在原告身份的确定上,普通代表人诉讼以"加入制"为核心,而特别代表人诉讼以"退出制"为核心。不愿意参加诉讼的投资者应在公告期间向投资者保护机构声明退出,否则视为默示加入,此举有利于增加经济规模效应。

(二)代表人的产生与权限

代表人的推选方面,《民事诉讼法》及其司法解释仅对普通代表人的产生方式进行了原则性的规定,但并未提及如何推选代表人以及代表人应具备的条件,《代表人诉讼规定》对此进行了细化。当事人人数确定的,由全体或部分当事人推选出代表人;当事人人数不确定的,代表人产生方式依照以推选方式确定、以协商方式确定、以法院依职权指定的顺序进行。代表人按照得票数排名确定,被推选成功的代表人的得票数不得少于参与投票人数的50%。该项要求是以推选方式及以协商方式确立代表人的前提条件,不满足该项条件的,则视为推选不出或协商不成,由法院依职权指定代表人。法院推荐或指定代表人的,代表人应满足自愿担任、具有诉讼能力和诉讼知识、诉讼请求典型和占据一定利益诉求份额4个条件。而特别代表人的产生则主要对其主体资格进行了限制,仅有依法依规成立的投资者保护机构在取得50人以上投资者特别授权的基础上才能作为特别代表人参加诉讼,天然成为全体原告的代表人。特别代表人无须推选、协商、指定,其权利基础来自法律的特别规定,此举有利于加快诉讼的进程。

代表人的权限方面,《民事诉讼法》第53条及第54条规定,“代表人变更、放弃诉讼请求或者承认对方当事人的诉讼请求,进行和解,必须经被代表的当事人同意”。即出于充分保障被代表人权利的考虑,代表人仅拥有一般授权,其处分被代表人的实体权利时需要经过被代表人同意,导致诉讼程序变得烦琐而冗长,甚至陷入僵局。《代表人诉讼规定》对此明确了统一的特别授权模式,无论是普通代表人诉讼还是特别代表人诉讼,代表人均具有特别授权,可代表原告参加庭审,增加、变更或者放弃诉讼请求,进行和解或调解,提起或者申请撤回上诉,申请执行等。特别授权模式系对诉讼效率与权利保障两种价值重新进行权衡后的结果。此外,为切实保障投资者的合法权益,在赋予了当事人选择退出权利的同时,强化了法院审查监督的职权。投资者不同意对代表人进行特别授权的可另行起诉。原告对代表人达成的和解、调解协议不认同的,亦可向法院声明退出,和解或调解协议的效力不及于声明退出的原告。同时,法院对代表人行使权利进行监督,包括对和解、调解协议的严格审查等。

(三)法院的审理与裁判

代表人诉讼案件除前期的程序事项外,法院对该类案件的审理与普通单独诉讼案件并无太大差别。出于保护集体利益的考量,《代表人诉讼规定》明确代表人诉讼案件优先于其他单独诉讼案件审理。在法院作出裁判后,代表人诉讼的上诉程序方面,《民事诉讼法》以及新《证券法》并未作出规定。基于证券侵权纠纷属于非必要的共同诉讼及各当事人之间的权利义务关系并不同一的考虑,《代表人诉讼规定》明确是否上诉应以代表人的主张为准,除非被代表的当事人明确提出异议。特别代表人诉讼中的处理程序亦是如此,在代表人选择不上诉且有原告仍坚持上诉的情况下,投资者保护机构仍应作为代表人参加二审程序。该规则弥补了法律上的空白,充分保障了当事人的自主选择权。

(四)信息化的发展与运用

除上述诉讼程序外,《代表人诉讼规定》中在线平台的作用也不可小觑。证券侵权纠纷大多呈现人数众多、跨时空的特点。受损害的投资者不仅数量庞大,而且由于跨时空交易往往分布在不同的区域。因此,传统证券民事诉讼案件面临着送达通知、登记信息等难题,法院需要不断地进行大量重复性的工作,既增加了司法成本,又降低了司法效率。而异地投资者亦存在许多不便,其成本可能远远大于收益,导致很多受害投资者丧失维权的动力。

上海金融法院吸取了过往实践中相关法院的探索经验,依托信息化手段建立起一系列配套机制,缓解了传统证券民事诉讼给司法机关和当事人带来的不便。一是通过设立代表人诉讼在线平台,投资者通过在线身份核验后即可登录该平台进行登记,实现权利登记、代表人推选、公告通知、电子送达等诉讼程序的便利化,大大便利了异地投资者进行维权;二是通过与证券登记结算机构建立电子交易数据对接机制,以获得相应交易记录,为适格投资者范围的核验和损失计算提供技术支持,有利于缓解信息不对称;三是通过简化投资者权利登记材料,投资者不再需要填写复杂的起诉事实与理由和准备交易记录等材料,而只需要简单登记原被告信息及诉请金额即可完成登记,大大减少了登记所需成本;四是通过法院提存后由投资者保护机构通过证券交易结算系统向胜诉原告进行二次分配,解决了索赔投资人最关心的执行款项分配问题,大大提升了分配效率。

三、《代表人诉讼规定》的留白

《代表人诉讼规定》虽然来自地方法院的探索,但由于上海独特的金融中心地位和上海金融法院在金融司法领域的示范引领作用,这一规定为证券集体诉讼的真正落地铺平了道路。《代表人诉讼规定》虽然对许多实践中的争议焦点及法律空缺部分进行了填补,但仍存在部分有待明确的问题。

(一)诉讼模式的选择与适用边界不清

依照《民事诉讼法》的规定,当事人一方人数在二人以上、诉讼标的是共同或同一种类时,即存在共同诉讼的适用空间。而诉讼标的是同一种类、当事人一方人数众多时,则可选择适用代表人诉讼制度。代表人诉讼又分为普通代表人诉讼与特别代表人诉讼。代表人诉讼制度复苏之前的示范判决制度将何去何从?共同诉讼与代表人诉讼的边界为何?达到人数众多的标准是否就必然启动代表人诉讼程序?普通代表人诉讼与特别代表人诉讼的适用顺序如何?《民事诉讼法》、新《证券法》以及《代表人诉讼规定》中对此均未有明确的规定。

诉讼模式的多样并不必然带来我国投资者保护制度的完善,只有协调好各个制度之间的关系以及明确制度的适用边界,才能使法律规范真正起到应有的作用。代表人诉讼、共同诉讼以及示范判决机制应各有其适用的情形,共同作用于司法实践中,可以取得优势互补的效果。比如,代表人诉讼要求人数众多,依照最高人民法院《关于适用〈中华人民共和国民事诉讼法〉的解释》第 75 条的规定,人数众多,一般指 10 人以上。当事人一方 10 人以上的案件,既可以在共同诉讼中解决,亦可在代表人诉讼中解决,法院可根据案件的具体情况做出选择。而对示范判决机制而言,在当事人能够推选出代表人的情况下,适用普通代表人诉讼远比示范判决机制更有效率;但在当事人之间无法达成一致意见抑或不愿意加入代表人诉讼的人数过多的情况下,则更适合适用示范判决机制,以此明确共同争点的法律适用意见,为投资者提供稳定的诉讼预期。而以投资者保护机构作为代表人的特别代表人诉讼,由于投资者保护机构资源的有限性,应主要应用于典型、重大、社会影响面广、关注度高、具有示范意义的案件。多种诉讼模式互惠共生,为投资者提供了多元化的证券纠纷解决方式。

(二)法院受理后的审查程度不明

《代表人诉讼规定》第 9 条规定:"发出权利登记公告前,应当对被诉证券侵权行为的性质、诉请的基础侵权事实等进行审查,确定权利登记范围。具体审查方式包括阅卷、调查和询问当事人等,并应当组织双方当事人听证。"权利登记范围解决的是人数不确定的代表人诉讼中哪些投资者系适格原告的问题。该条款要求法院在发出权利登记公告前对基础侵权事实进行审查,但并未明确法院审查的程度,即该种审查为形式审查抑或实质审查。如在证券虚假陈述的案件中,只有在虚假陈述实施日之后买入股票,在揭露日或更正日之前未卖出股票的投资者,才可能获得赔偿。[①] 换言之,揭露日的确定决定了权利登记范围,但在多数虚假陈述的诉讼案件中,揭露日的认定往往是主要争议焦点。即使是在内幕交易和操纵市场行为所引发的民事赔偿群体性纠纷案件中,亦存在这一问题。倘若在发出公告前,法院仅对基础侵权事实进行形式审查,恐怕难以正确界定适格原告的范围,可能会对后续的案件审理产生不利影响。但若是进行实质审查,则法院须审查到何种地步仍需明确。

(三)普通代表人推选标准存在不足

在当事人自行推选代表人的表决方式上,《代表人诉讼规定》采取的是一人一票

---

① 最高人民法院《关于审理证券市场因虚假陈述引发的民事赔偿案件的若干规定》(法释〔2003〕2 号)第 18 条规定:"投资人具有以下情形的,人民法院应当认定虚假陈述与损害结果之间存在因果关系:(一)投资人所投资的是与虚假陈述直接关联的证券;(二)投资人在虚假陈述实施日及以后,至揭露日或者更正日之前买入该证券;(三)投资人在虚假陈述揭露日或者更正日及以后,因卖出该证券发生亏损,或者因持续持有该证券而产生亏损。"

的表决方式，得票数不少于参与投票人数的50%，即实行“人头多数决”。[1] 一人一票的表决机制虽然有利于保护中小投资者的权利，但诉讼结果更多影响的是蒙受了较大损失的投资者，因此，宜结合当事人所占份额的大小共同作为代表人的推选标准。

在当事人自行推选代表人不成时，将由法院提供候选人名单与原告协商或法院依职权指定代表人。《代表人诉讼规定》要求法院将当事人的主观意愿、诉讼能力与诉讼知识、诉讼请求是否具有典型性、是否占据了一定的利益诉求份额作为考虑要素。但这些因素未能进行具体量化，司法实践中更多还是取决于法官的自由裁量。按照美国《私人证券诉讼改革法》的规定，法庭要从原告集团中选取与诉讼存在巨大经济利益联系、能够妥善选任、监督集团律师的最能充分代表集团成员利益者作为原告，类似我国的诉讼代表人。从美国具体选任的情况来看，法庭通常将所购股份总数、所购股份净数、花费的净资金、净损失等四个因素作为选任的主要标准。[2] 这四个因素具有很强的客观性，笔者建议法院在提出代表人候选人或指定代表人时可以进行参考，将有利于统一司法实践的标准。

（四）诉讼费用负担主体存疑

证券民事诉讼案件由于人数众多，标的数额庞大，往往会面临数额巨大的诉讼费用。《代表人诉讼规定》第11条规定：“权利登记公告的费用由原告先行垫付，并作为诉讼费用根据裁判结果由败诉方承担。”第19条规定，“依照本规定审理的人数不确定的代表人诉讼案件不预交案件受理费，结案后按照诉讼标的额由败诉方交纳”。在特别代表人诉讼中，倘若投资者保护机构胜诉，相关合理的诉讼费用自然可以要求败诉被告承担，但倘若投资者保护机构败诉，相关费用如何负担、由谁负担并未进行规定。

若由被代表的投资者进行分摊，既与“默示加入”的原则相悖，又不具有可操作性。因此，在原告败诉的情况下，该笔费用由投资者保护机构承担更合适。由于投资者保护机构具有一定的“官方性”和“公益性”，不乏要求法院为该类诉讼案件减少、免除诉讼费用的声音。我们认为，该种做法并不具有法律上的正当性，其原因在于证券民事诉讼案件的受害人是投资者，并不符合扶危济困的情形，而且也会造成司法制度对其他正常寻求司法救济主体的不公平。笔者建议，可以借鉴我国台湾地区的做

---

① 《代表人诉讼规定》第21条第1款规定：“代表人的推选与协商均于本院指定的在线平台以网络投票的方式进行，实行一人一票。”第23条规定：“每位代表人的得票数应当不少于参与投票人数的50%。代表人人数为二至五名，按得票数排名确定。代表人投票结果未满足前款条件的，视为推选不出或协商不成。”

② 参见章武生：《我国证券集团诉讼的模式选择与制度重构》，载《中国法学》2017年第2期。

法,即投资者保护机构设立自己的保护基金,并用以支付相关的诉讼费用,若胜诉则可以从所得赔偿中抵扣。[1] 该保护基金具体的资金来源可参考我国台湾地区的做法,[2]具体操作宜由投资者保护机构进行研究。

四、小　结

《代表人诉讼规定》遵循依法合规与机制创新相协调原则、诉讼效率与权利保障相平衡原则,为中国特色证券集体诉讼制度的落地进行了有益探索,全面覆盖了普通代表人诉讼和特别代表人诉讼,系统规定了各类代表人诉讼的规范化流程并回应了其中的难点问题,大力依托信息技术创新代表人诉讼机制。但该规定仍然存在完善的空间,如未厘清代表人诉讼制度与其他共同诉讼制度、示范判决机制的关系,法院确定权利登记范围前进行基础事实审查的程度不明,普通代表人推选及法院指定代表人的标准有待商榷,特别代表人诉讼中诉讼费用的负担亟须明确等。此外,证券纠纷代表人诉讼制度发挥出应有的作用,不仅需要完备的制度设计,还需要法院、投资者保护机构、证券登记结算机构等各方的紧密配合协作,从而真正实现保护投资者合法权益、促进纠纷多元化解、维护证券市场秩序的目的。目前,实务中虽已有法院尝试在证券纠纷中启动人数不确定的普通代表人诉讼,但还没有真正走完所有程序的案例,中国特色证券集体诉讼更是阙如,证券纠纷代表人诉讼在中国证券市场上生根发芽和枝繁叶茂还任重道远。

---

① 参见我国台湾地区"证券投资人及期货交易人保护法"第20条规定:"保护基金之动用,以下列各款为限……三、依本法规定提起之诉讼或提付仲裁所需之费用。"

② 参见我国台湾地区"证券投资人及期货交易人保护法"第18条规定:保护机构为利业务之推动,应设置保护基金;保护基金除第7条第2项之捐助财产外,其来源如下:第一,各证券商应于每月10日前按其前月份受托买卖有价证券成交金额之0.0285‰提拨之款项。第二,各期货商应于每月10日前按其前月份受托买卖成交契约数各提拨新台币1.88元之款项。第三,证券交易所、期货交易所及柜台买卖中心应于每月10日前按其前月份经手费收入之5%提拨之款项。第四,保护基金之孳息及运用收益。第五,公司机关(构)、团体或个人捐赠之财产。前项第1款至第3款之提拨比率或金额,主管机关得视市场状况或个别证券商或期货商之财务业务状况及风险控管绩效调整之。但增加之比率或金额以50%为上限。保护基金净额超过新台币50亿元时,主管机关得命令暂时停止提拨已提拨超过10年之证券商、期货商第1项第1款及第2款之款项。保护基金不足以支应第20条第1项规定之用途时,保护机构得经主管机关核准后,向金融机构借款。未依第1项前3款规定缴纳提拨款者,保护机构得报请主管机关命其限期缴纳;届期仍未缴纳者,主管机关并得依规定移送强制执行。

I 理论探究
INVESTOR

场外衍生品纳入期货法调整范围问题研究

李明良[*]　卢　熠[**]

摘　要：场外衍生品市场是风险管理市场的重要组成部分，与场内衍生品市场关系密切、相互促进、共同发展。我国场外衍生品市场发展迅速，场外衍生品包括标的资产为利率、汇率、信用等的远期、互换和期权，有利于丰富套期保值的手段，满足市场个性化风险管理需求，降低市场风险管理的成本，帮助市场参与者有效管理风险，提高市场竞争力。但现阶段，我国场外衍生品在法律基础层面和实践过程中也面临一些问题与挑战，需要进一步完善对场外衍生品市场的监管。近年来，期货市场具备了一定的立法基础，条件也相对较为成熟，考虑场外衍生品与场内衍生品联系密切，内在属性上具有一致性，且场外衍生品市场的风险控制制度还不够完善，存在一定的风险隐患，可综合借鉴成熟市场的经验、做法，将场外衍生品纳入期货法调整范围。

关键词：场外衍生品　期货法　调整范围

我国对于场外衍生品是否纳入期货法调整范围的争论由来已久。有部分意见认为，场外衍生品不同于场内衍生品，不需要被纳入期货法调整范围。有部分意见认为，应当将场外衍生品纳入期货法调整范围。2013 年时任全国人大财经委员会副主任委员吴晓灵提出，期货法应是一部统一调整商品期货、金融期货以及其他商品衍生品、金融衍生品市场的基本法，既调整场内衍生品市场，也调整场外衍生品市场。①2014 年，时任中国证监会副主席姜洋撰文指出，期货法统一规范期货、期权及其他衍

---

* 中国金融期货交易所法律事务资深专家。

** 中国金融期货交易所法律部员工。

本文仅代表作者个人观点，与单位无关。

① 详见全国人大财经委员会原副主任委员吴晓灵在第九届中国（深圳）期货大会上的讲话。

生品。场内和场外衍生品具有许多共同的基本特征,对市场主体管理风险都具有重要作用,均应当纳入期货法调整范围,以明确规则,实施统一监管,避免监管套利,更好地防范系统性风险。[①] 2015 年全国人大财经委员会副主任委员尹中卿指出,期货法不能仅仅局限于场内期货市场,也应该将其他一些符合条件的场外相关衍生品纳入调整范围。[②] 笔者认为,在期货市场法制化进程不断发展的过程中,应当将场外衍生品纳入期货法调整范围。

一、场外衍生品基本情况概述及发展现状

(一)场外衍生品的内涵与外延

场外衍生品,通常是指在法定的期货交易场所以外的市场进行交易的衍生品,但对于场外衍生品的内涵,目前还没有较为统一的表述。参考相关法律文件的规定,可以明确场外衍生品的外延。

中国银行间市场交易商协会(National Association of Financial Market Institutional Investors,NAFMII)的《中国银行间市场金融衍生产品交易主协议》(以下简称 NAFMII 主协议)规定,金融衍生产品交易是指交易双方以一对一方式达成的,根据中国法律要求应适应主协议的、按照交易双方的具体要求拟定交易条款的金融衍生合约,以及交易双方约定适用主协议的其他金融合约。NAFMII 主协议将金融衍生品交易的范围解释为,包括但不限于利率衍生产品交易、汇率衍生产品交易、债券衍生产品交易、信用衍生产品交易、黄金衍生产品交易以及前述衍生产品交易的组合。[③] 同时,在 NAFMII 的交易定义文件中,规定了利率衍生产品交易、汇率衍生产品交易、债券衍生产品交易、信用衍生产品等的具体范围。其中,信用衍生产品包括但不限于信用违约互换(Credit Default Swap,CDS)、总收益互换(Total Return Swap,TRS),[④] 利率衍生产品交易包括但不限于利率互换交易(Interest Rate Swap,IRS)、远期利率协议交易(Forward Rate Agreement,FRA)、利率互换期权交易(Swaption)及其组合而

---

① 详见姜洋:《加快制定期货法 推进期货及衍生品市场法治化进程》,载《人民日报》2014 年 7 月 21 日,第 13 版。

② 参见尹中卿:《我国期货立法的八大难点问题——第十一届上海衍生品市场论坛上的致辞》,载胡政总编、曹越主编:《期货及衍生品法律评论》(第 1 卷),法律出版社 2018 年版,第 324 页。

③ 参见《中国银行间市场金融衍生产品交易主协议》(2009 年版),载中国银行间市场交易商协会官网:http://www.nafmii.org.cn/zlgz/201202/t20120226_1647.html,最后访问日期:2020 年 6 月 1 日。

④ 同上。

成的交易;[①]汇率衍生产品交易包括但不限于外汇远期交易、外汇掉期交易、外汇期权交易、货币掉期交易及其组合而成的交易;[②]债券衍生产品交易包括但不限于债券远期交易、债券期权交易。[③]

中国证券业协会、中国期货业协会、中国证券投资基金业协会三家共同在权益类衍生品定义文件中明确,权益类衍生品交易包括但不限于权益类远期交易、权益类互换交易、权益类期权交易及其组合而成的交易,基础资产为权益类标的。[④] 在商品衍生品定义文件中明确,商品衍生品交易包括商品远期交易、商品互换交易、商品期权交易及其组合而成的交易,基础资产为商品标的。[⑤]

综上来看,场外衍生品是与场内衍生品(期货、期权)相对的一个概念。从标的资产角度来看,场外衍生品标的资产涵盖利率、汇率、信用等,在产品形式上包括远期,即交易双方约定在未来的某一确定时间,以确定的价格买卖一定数量的资产;互换,即双方约定在未来某一期间内相互交换具有等价经济价值的现金流;期权,即一种能在未来某一特定时间以特定价格买入或卖出一定数量的某种特定商品的权利等,其法律属性表现为非标准化合约而非标准化合约。从交易方式来看,场外衍生品采用协商议价方式而不是集中交易方式。从产品上市程序来看,场外衍生品上市依据交易者个性化需求而不是经过复杂的法定程序。从监管角度来看,场外衍生品市场监管以自律监管为主而不是行政监管为主。

(二)我国场外衍生品的发展情况

1. 市场结构与交易规模

我国场外衍生品市场虽然起步较晚,但近年来的发展较为迅速。目前,场外衍生品市场主要由两个部分组成,包括由中国人民银行监管的银行间场外衍生品市场、由中国证监会监管的证券期货场外衍生品市场。银行间场外衍生品市场兴起于20世纪90年代,主要以债券和外汇远期、利率互换、外汇互换等产品为主。证券期货场外衍生品市场起步更晚,与证券公司、期货公司风险管理子公司场外衍生品柜台业务的

---

① 参见《中国银行间市场利率衍生品交易定义文件》(2012年版),载中国银行间市场交易商协会官网:http://www.nafmii.org.cn/zlgz/201209/t20120905_17142.html,最后访问日期:2020年6月1日。

② 同上。

③ 同上。

④ 参见《中国证券期货市场场外衍生品交易权益类衍生品定义文件》(2014年版),载中国证券业协会官网:https://www.sac.net.cn/flgz/zlgz/201408/t20140827_102736.html,最后访问日期:2020年6月1日。

⑤ 参见《中国证券期货市场场外衍生品交易商品衍生品定义文件》(2015年版),载中国证券业协会官网:https://www.sac.net.cn/flgz/zlgz/201508/t20150812_125208.html,最后访问日期:2020年6月1日。

发展相伴而行。

银行间场外衍生品市场规模较大,交易品种主要为利率、外汇和信用场外衍生品。2019 年 1 ~10 月银行间场外衍生品累计成交 116.1 万亿元,其中,外汇类衍生品占比 86.74%,利率类衍生品占比 13.26%。[①] 在市场结构方面,银行间场外衍生品市场的参与主体以银行和证券公司为主。截至 2020 年 3 月共有 407 家境内机构和 17 家境外机构已签署并备案 NAFMII 主协议。境内机构中,银行占比 65.36%,证券公司占比 20.88%,农村信用合作联社占比 3.44%,其余 10.32% 包括基金公司、保险公司、金融租赁公司等。

证券期货场外衍生品标的主要包括权益类和商品类,还有少量利率类和外汇类,主要产品为互换和期权。2019 年年末,证券公司场外衍生品名义本金规模为 5819.92 亿元,其中,权益类占比 46.40%,商品类占比 34.18%,其他类占比 19.42%。[②] 期货公司风险管理子公司场外衍生品持仓规模为 1010.78 亿元,其中,商品类占比 45.67%,利率类占比 44.73%,权益类占比 9.34%,外汇类占比 0.27%。[③] 在市场结构方面,证券期货场外衍生品市场的参与主体为证券公司和期货公司风险管理子公司。2019 年期货公司风险管理子公司场外衍生品业务的对手方中约 70% 为金融客户,其余为产业客户;[④]证券公司场外衍生品业务的对手方则主要为商业银行、证券公司及其子公司、私募基金、基金公司、期货公司或其他机构。

2. 监管体制和交易制度

目前,我国场外衍生品市场暂时缺乏统一的监管框架,处于分割式监管状态。其中,中国人民银行、国家外汇管理局、银保监会主要负责银行类金融机构以及银行间场外衍生品市场的监管;中国证监会主要负责证券公司、期货公司风险管理子公司以及证券期货场外衍生品市场的监管。

在借鉴国际场外衍生品市场有益经验的基础上,我国场外衍生品市场也构建了单一协议制度、终止净额结算制度等制度。银行间场外衍生品市场的主协议是 NAFMII 主协议;证券期货场外衍生品市场的主协议是中国证券业协会、中国期货业协会、中国证券投资基金业协会联合发布的《中国证券期货市场衍生品交易主协议》。

---

① 数据来源为外汇交易中心《银行间各市场交易数据与基准指标一览》。

② 数据来源为中国证券业协会和中证机构间报价系统《场外证券业务开展情况报告》。

③ 数据来源为中国期货市场监控中心《场外衍生品月度交易分析报告》。

④ 根据期货监控中心 2019 年各月《场外衍生品月度交易分析报告》中客户持仓占比取均值得到。

（三）场外衍生品市场发展的经济意义

场外衍生品市场是风险管理市场的重要组成部分，市场发展有利于丰富套期保值的手段，满足市场个性化风险管理需求，降低市场风险管理的成本，帮助市场参与者有效管理风险，提高市场竞争力。一般而言，与现货市场相比，衍生品市场为专业的风险管理市场；但进一步来看，与场内衍生品市场相比，场外衍生品市场的产品更为丰富，在一定程度上突破了标准化合约的限制，更易实现风险管理的多样化、个性化和差异化，提高市场参与者应对风险的能力，进而也提升了我国金融体系抵御风险的能力，维护国家金融安全。

第一，场外衍生品市场的交易场所相对灵活，业务受到空间环境的限制较小，有利于广泛活跃资本市场，落实服务实体经济的重要任务。国务院在清理整顿各类交易场所的相关文件中规定，除经国务院或者国务院期货监督管理机构批准设立从事期货交易的交易场所外，任何单位一律不得以集中竞价、电子撮合、匿名交易、做市商等集中交易方式进行标准化合约交易。[①] 场内衍生品的交易方式是公开的集中交易方式或者国务院期货监督管理机构批准的其他方式。[②] 因此，场外衍生品一般在上述规定的交易场所以外进行交易，交易场所不受地域、环境等要素的影响，在一定程度上能突破地域的限制，解决不同地区不用类型的风险管理需求，活跃各地资本市场的发展，真正落实金融服务实体经济的要求。

第二，场外衍生品市场的产品标准化程度相对较低，产品设计更为自由化、多元化，有利于解决市场参与者个性化风险管理需要。“标准化合约”一般包括两种情形：一种是由交易场所统一制定，除价格外其他条款固定，规定在将来某一时间和地点交割一定数量标的物的合约；另一种是由交易场所统一制定，规定买方有权在将来某一时间以特定价格买入或者卖出约定标的物的合约。[③] 场外衍生品不属于标准化合约，具有个性化、多样化、灵活性等特征，交易双方根据实际的风险管理需要设计相应的场外衍生品合约，以实现风险管理的现实效果。

第三，场外衍生品市场的交易方式相对非公开化，交易双方通过协商议价的方式达成交易，在一定程度上有利于降低市场风险管理的成本。一般而言，“集中交易方式”包括集合竞价、连续竞价、电子撮合、匿名交易、做市商等交易方式，但协议转让、

① 参见《国务院关于清理整顿各类交易场所，切实防范金融风险的决定》（国发〔2011〕38 号）。

② 参见《期货交易管理条例》第 2 条。

③ 参见《国务院办公厅关于清理整顿各类交易场所的实施意见》（国办发〔2012〕37 号）。

依法进行的拍卖不在此列。①场外衍生品一般采用集中交易方式以外的其他方式进行交易,多为交易双方磋商、询价报价等的交易方式,交易方式相对非公开,交易双方可以通过互相沟通达成满意的交易价格,在一定程度上有利于降低双方的交易成本,更好地实现风险管理目标。

二、现阶段我国场外衍生品市场面临的问题与挑战

(一)市场基础法律暂缺

我国衍生品市场的整体法律层级较低,目前最高层次的立法文件为国务院颁布的《期货交易管理条例》。其适用范围是期货交易及其相关活动,②其中“期货交易”指的是采用公开的集中交易方式或者国务院期货监督管理机构批准的其他方式进行的以期货合约或者期权合约为交易标的的交易活动,并未涵盖场外衍生品交易活动。

与此同时,我国场外衍生品市场的两大组成部分,银行间场外衍生品市场和证券期货场外衍生品市场的主管机构不同,处于分割式监管状态,未形成统一的监管框架,目前主要通过各自主管部门的规范性文件以及自律规则加以规制,相关规则较为分散且效力层级较低,缺乏场外衍生品市场基础法律制度。

(二)核心交易制度的法律保障不足

从目前来看,场外衍生品交易基于自身特点,已逐步形成了单一协议制度、终止净额结算制度等核心制度安排,交易双方将主协议项下的多个衍生品交易合同视为同一份合同,当发生破产等违约事件时,交易双方可按约定项下所有交易的盈亏进行金额轧差计算。此外,为更好实现合同目的,减少双方的交易成本,在场外衍生品交易的担保品业务模式中,出现了让与担保等非典型性的担保方式。但上述制度和业务模式在与《民法典》以及《企业破产法》等民商事法律衔接适用的过程中,仍面临一些问题与挑战。

第一,在单一协议制度方面,该制度指的是场外衍生品的合同双方之间通过预先签订的“一揽子”协议,约定对当事方之间的任何事后交易均具有约束力,由此合同双方的每一笔衍生品交易都将视为一个单一协议。在我国近年的司法实践中,对单一协议制度的效力得到了一定认可。2015年花旗银行诉上海金环球公司等金融衍生品

---

① 参见《国务院办公厅关于清理整顿各类交易场所的实施意见》(国办发〔2012〕37号)。

② 详见《期货交易管理条例》第2条。

交易纠纷案中,[①]法院了支持花旗银行基于单一协议制度的相关诉求。该案中双方签订主协议及相关附件,并约定按照主协议和交易确认书进行铜掉期交易,共达成5笔交易,到期时间不一致。双方主协议约定,如果上海金环球公司有任何与借款有关的债务到期未偿还或者被宣布提前到期的,构成主协议下的终止事件。当该终止事件发生后,花旗银行发出场外交易提前终止通知,提前终止所有未完成交易,并根据主协议相关规定计算了合同提前终止后的双方交易盈亏,要求上海金环球公司支付。

上述案例对单一协议制度提供了司法认可依据,但与我国法律上对单一协议制度的正式确认还存在一定的差距。《民法典》(2021年1月1日起施行)中没有对单一协议制度作具体的规定,仍未在法律上确认该制度的效力。《合同法》规定,承诺生效时合同成立,[②]因此,交易双方达成的每一笔衍生品交易应当构成一个独立的合同,不能视为一个单一协议。单一协议制度的效力未来仍需要在相关法律以及配套司法解释中进一步明确。

第二,在终止净额结算制度方面,根据国际通行的金融衍生品合约主协议,该制度一般包括两个步骤:先提前终止交易,再进行净额结算。即如果主协议的交易一方发生违约事件,守约方有权提前终止主协议下缔结的全部交易,继而计算每一笔交易在提前终止时的市场价值,然后对所有交易的市场价值予以汇总并轧差计算,得到的数额作为“净额计算金额”,由应付的一方支付给另一方。[③]

2017年银监会对全国人大代表、全国政协委员提出的立法确认终止净额结算的建议和提案作出答复,提出我国《企业破产法》原则上与终止净额结算不冲突,这在一定程度上肯定了终止净额结算制度的法律效力。[④] 但该制度在法律上仍存在一些不确定因素。

对于非因破产导致的违约事件,双方基于合同意思自治约定的提前终止权可以认为是合法有效的条款,且根据《合同法》对法定抵销权[⑤]的规定,可以完成净额结算的步骤。但对于因破产导致的违约事件,基于《企业破产法》的相关规定,该制度可能还存在一定的不确定性。一是《企业破产法》规定,破产管理人对未履行完毕的合同

---

① 参见中国裁判文书网(2015)浦民六(商)初字第S2958号,花旗银行(中国)诉上海金环球国际贸易有限公司等金融衍生品交易纠纷案。

② 参见《合同法》第25条。

③ 参见廖振璋、张晞、周颖:《终止净额计算条款对〈破产法〉的适用》,载《国际金融》2020年第1期。

④ 同上。

⑤ 详见《合同法》第99条。

拥有“挑拣权”,对于破产申请前成立而债务人和对方当事人均未履行完毕的合同,破产管理人有权决定解除或者继续履行。[①] 这将导致合同双方根据主协议约定的提前终止交易存在不确定性。二是《企业破产法》规定了破产情况下债权人的抵销权,债权人在破产受理前对债务人负有债务的,可以向管理人主张抵销。[②] 但根据最高人民法院《关于适用〈中华人民共和国企业破产法〉若干问题的规定(二)》的规定,[③]破产申请受理时,债务人对债权人负有的债务或者债权人对债务人负有的债务尚未到期的,破产管理人可以对抵销提出异议。此外,《企业破产法》还对破产案件受理前可撤销行为作出规定,[④]赋予了破产管理人主张破产前一段时间内的特定交易行为可撤销的权利,如对未到期债务提前清偿的。

第三,在场外衍生品交易实践中,还存在非典型性的担保方式,以所有权转移的方式实现担保目的,被称为让与担保。基于物权法定原则,《民法典》和《物权法》没有明确规定让与担保这一类型的物权,因此其效力在法律层面存在一定的不确定性。在司法实践层面,最高人民法院发布的《全国法院民商事审判工作会议纪要》(以下简称《九民纪要》)[⑤]的规定一定程度上肯定了让与担保的法律效力,但在处置方式上仍需要参照担保物权的规定对财产拍卖、变卖、折价优先受偿,债权人不能请求确认财产归其所有。但在衍生品市场的担保品处置业务中,由于衍生品市场价格变化较快,一般要求对担保品直接处置变现,对处置的效率要求较高,目前规定的拍卖、变卖、折价优先受偿等方式一定程度上与衍生品市场担保品处置的效率要求不相匹配。此外,《民法典》也未明确规定让与担保这一类型的物权。关于抵押权、质押权的法律后果规定“只能依法就抵押财产、质押财产优先受偿”,[⑥]一定程度上仍无法满足衍生

① 详见《企业破产法》第18条。

② 详见《企业破产法》第40条。

③ 详见最高人民法院《关于适用〈中华人民共和国企业破产法〉若干问题的规定(二)》第43条。

④ 详见《企业破产法》第31条。

⑤ 详见最高人民法院2019年11月8日印发的《全国法院民商事审判工作会议纪要》第71条关于让与担保的规定,即“债务人或者第三人与债权人订立合同,约定将财产形式上转让至债权人名下,债务人到期清偿债务,债权人将该财产返还给债务人或第三人,债务人到期没有清偿债务,债权人可以对财产拍卖、变卖、折价偿还债权的,人民法院应当认定合同有效。合同如果约定债务人到期没有清偿债务,财产归债权人所有的,人民法院应当认定该部分约定无效,但不影响合同其他部分的效力。当事人根据上述合同约定,已经完成财产权利变动的公示方式转让至债权人名下,债务人到期没有清偿债务,债权人请求确认财产归其所有的,人民法院不予支持,但债权人请求参照法律关于担保物权的规定对财产拍卖、变卖、折价优先偿还其债权的,人民法院依法予以支持。债务人因到期没有清偿债务,请求对该财产拍卖、变卖、折价偿还所欠债权人合同项下债务的,人民法院亦应依法予以支持”。

⑥ 《民法典》第401条规定,抵押权人在债务履行期限届满前,与抵押人约定债务人不履行到期债务时抵押财产归债权人所有的,只能依法就抵押财产优先受偿。其第428条规定,质权人在债务履行期限届满前,与出质人约定债务人不履行到期债务时质押财产归债权人所有的,只能依法就质押财产优先受偿。

品市场担保品处置的实际需求。

三、将场外衍生品纳入期货法调整范围的现实可能性与必要性

我国衍生品市场最高层级的立法文件为国务院颁布的《期货交易管理条例》且其主要规范场内衍生品交易。而场外衍生品市场仍以主管部门的规范性文件以及行业自律规则为主,市场基础法律制度处于缺位状态,迫切需要加快衍生品市场立法,夯实衍生品市场法律基础。专门的期货立法是适应市场发展新形势、提升市场发展层次和水平的必然要求。[①] 近年来,期货市场具备了一定的立法基础,条件也相对较为成熟。期货立法项目曾列入第八届全国人大常委会立法规划一类项目,第十届、第十一届、第十二届、第十三届全国人大常委会都将期货法列为立法规划二类项目,[②]持续推动期货立法工作。2019 年年底,《证券法》完成修订,修订后的《证券法》删除了有关证券衍生品种的相关规定,对于相关衍生产品的管理,将来可纳入期货法调整,[③]进一步显示了期货法出台的可能性和必要性。

为适应健全多层次资本市场体系、满足多层次风险管理的现实需求,期货法不能仅仅局限于场内期货市场,也应该将其他一些符合条件的场外相关衍生品纳入调整范围,以场内为主、兼顾场外,同时对涉外期货交易进行规范,致力于形成一部期货及相关衍生品基本法。[④] 考虑场外衍生品与场内衍生品的法律属性基本相同,功能也基本一致,按照相同法律关系的活动由同一部法律进行规范的法律调整原则,完善场外衍生品监管,建议统一场内、场外衍生品市场立法,考虑将场外衍生品纳入期货法调整范围。

(一)场外衍生品与场内衍生品联系密切,法律属性上具有一致性

成熟市场的经验表明,场外衍生品市场与场内衍生品市场是相互促进、共同发展的关系,二者一起构成为实体经济服务的衍生品市场。[⑤] 场外衍生品与场内衍生品存

---

① 参见姜洋:《新"国九条"推进期货市场更好服务实体经济——第十一届上海衍生品市场论坛上的讲话》,载胡政总编、曹越主编:《期货及衍生品法律评论》(第 1 卷),法律出版社 2018 年版,第 11 页。

② 参见尹中卿:《我国期货立法的八大难点问题——第十一届上海衍生品市场论坛上的致辞》,载胡政总编、曹越主编:《期货及衍生品法律评论》(第 1 卷),法律出版社 2018 年版,第 3 页。

③ 参见 2019 年 12 月 23 日《全国人民代表大会宪法和法律委员会关于〈中华人民共和国证券法(修订草案)〉审议结果的报告》。

④ 参见尹中卿:《我国期货立法的八大难点问题——第十一届上海衍生品市场论坛上的致辞》,载胡政总编、曹越主编:《期货及衍生品法律评论》(第 1 卷),法律出版社 2018 年版,第 4 页。

⑤ 参见姜洋:《发现价格·期货与金融衍生品》,中信出版集团股份有限公司 2018 年版,第 107 页。

在一定的区别,但其相互联系更为紧密,且从本质上来看法律性质具有一致性,共同构成了衍生品风险管理市场。根据一般法律调整原则,对于相同法律关系的活动应当适用统一规则,由同一部法律进行规定规范。因此,场外衍生品与场内衍生品两者应当在同一部法律中加以规范,由期货法统一调整。

第一,从场外衍生品的交易本质来看,场外衍生品交易的客体主要包括标的资产为利率、汇率、信用的远期合约、互换合约、期权合约。而从场内衍生品的范围来看,场内衍生品交易的客体主要是标准化的期货合约或者期权合约。因此,在法律属性上两者都是合约交易,场外衍生品是买卖场外衍生品合约的交易活动,场内衍生品是买卖标准化期货合约或者标准化期权合约的交易活动。

第二,从场外衍生品的产生背景来看,场内衍生品市场源于场外衍生品市场。从市场经济历史较悠久的国家情况来看,都是在现货市场较为发达的基础上,开展现货的远期交易,在此基础上进一步开展现货的远期标准化合约交易,即期货交易。[①] 以美国为例,芝加哥期货交易所(Chicago Board of Trade,CBOT)就是在当地谷物交易不断集中的情况和远期交易方式的基础上发展而来的。1848 年 82 位谷物交易商组建了该交易所,并用标准化的期货合约代替远期合约,逐步演进成为现代场内期货市场。

第三,从场外衍生品的经济功能来看,场外衍生品的功能与场内衍生品的经济功能一致,在满足市场风险定价、风险对冲、风险转移等方面联系紧密,两者共同构成了现代风险管理生态链条。场外衍生品和场内衍生品都属于重要的风险管理工具,且场外衍生品多基于场内的期货、期权进行定价与风险对冲。金融机构在向实体企业等客户提供个性化的场外衍生品交易服务时,往往会参照场内的期货、期权进行定价;金融机构达成场外衍生品交易后,会运用流动性水平更高的期货市场及时进行风险对冲。作为衍生品市场的两个组成部分,场外衍生品市场为实体经济提供量身定制的服务,再到场内衍生品市场对冲,有助于提高场内衍生品市场的流动性和价格发现功能。场内衍生品市场的发展,也为场外衍生品市场参与者提供风险转移和管理的场所,强化场外衍生品市场服务实体经济的能力。

第四,从场外衍生品的发展趋势来看,近年来场外衍生品存在“场内化”的发展趋势,在产品的标准化程、交易方式、结算方式等方面的融合趋势越来越明显。2008 年

① 参见姜洋:《发现价格·期货与金融衍生品》,中信出版集团股份有限公司 2018 年版,第 19 页。

全球金融危机后，场外衍生品市场可能存在的风险传递并引发系统性风险问题，引起各国普遍关注。2009 年 9 月在二十国集团(Group 20，G20)匹兹堡峰会上，二十国集团领导人承诺：最迟到 2012 年，所有标准化场外衍生产品合约均应在交易所或电子平台上交易，并通过中央对手方进行集中清算；场外衍生产品合约需向交易报告库报告；非通过中央对手方集中清算的，应适用更高的资本要求。基于上述监管改革承诺，国际主要市场相继出台场外衍生品监管相关法案，落实场外衍生品进入电子化平台交易、通过中央对手方集中清算，并逐步通过建立各类交易报告库，完善场外衍生品市场的信息披露制度，提高交易的透明度。场外衍生品“场内化”成为金融危机后场外衍生品市场的发展趋势。

(二)场外衍生品市场的风险控制制度还不够完善，可能存在一定的风险隐患

1. 具体风险控制制度还有待进一步完善

一方面，场外衍生品市场的集中结算制度还需进一步推进。一般而言，场外衍生品在结算方式上一般由交易双方双边逐笔结算，采用集中结算方式的还相对较少。集中结算制度的重要环节就是“中央对手方”，是期货交易达成后介入期货交易双方，成为所有买方的卖方和所有卖方的买方，以净额方式结算，为期货交易提供集中履约保障的法人。但目前场外衍生品市场通过中央对手方集中结算的还较少，目前，我国除上海清算所作为中央对手方探索推出场外衍生品的集中结算服务外，其他的集中结算安排还处于探索与发展阶段。G20 匹兹堡峰会要求所有标准化场外衍生产品合约通过中央对手方进行集中清算，但由于标准化的具体界定还未形成统一的标准，距离集中结算制度在场外衍生品市场中的全面运用还存在一定的距离。

另一方面，场外衍生品市场的交易报告库制度还不够全面。《金融市场基础设施原则》(Principles for Financial Market Infrastructures，PFMI)中指出，交易报告库(Trade Repository，TR)可在提高市场透明度中发挥基础性作用，在场外衍生品市场尤为重要。① 但目前我国尚未建立场外衍生品市场统一的交易报告库制度，交易报告库制度还不够完善。目前，我国仅有外汇交易中心、银行间市场交易商协会、中证机构间报价系统股份有限公司、期货保证金监控中心 4 家“类交易报告库”履行场外衍生品交易报告库的职责。由于不同的场外衍生品对口不用的交易报告库，在交易报告的具体要求上存在一定的差异，既不利于全面监控和评估进入机构的风险敞口，在

① 详见支付结算体系委员会(Committee on Payment and Settlement Systems，CPSS)和国际证监会组织(International Organization of Securities Commissions，IOSCO)发布的《金融市场基础设施原则》(PFMI)原则 24。

一定程度上无法全面把握场外衍生品市场的整体情况,也不利于系统性金融风险的防范。

2. 实践中场外衍生品的风险隐患——以“中行原油宝”事件为例

(1)事件情况概述

2020年4月因“新冠”肺炎疫情导致全球原油市场剧烈波动,进而引发的“中行原油宝”事件受到市场广泛关注。“中行原油宝”是挂钩在芝加哥商品交易所(Chicago Mercantile Exchange Holdings Inc.,CME)交易的美国得克萨斯州轻质原油(West Texas Intermediate,WTI)期货的一种产品。4月20日晚,5月的WTI合约在到期前1天跌至每桶-37.63美元,导致挂钩WTI 5月合约的“中行原油宝”出现负结算价。4月21日,中国银行发布公告,称正在积极联络CME,确认结算价格的有效性和相关结算安排,并暂停WTI原油合约当日交易。4月22日,中国银行再发公告确认WTI原油5月合约CME官方结算价每桶-37.63美元为有效价格,将根据客户协议参照该价格进行结算或移仓。这导致了多头客户不仅赔光了本金,还倒欠银行一大笔款项。

(2)事件反映场外衍生品市场的风险问题

第一,场外衍生产品上市管理较为宽松,可能存在一定的风险隐患。从现有公开的资料来看,“中行原油宝”产品法律性质与场外衍生品中的收益互换类似,一般是约定在未来一段期限内将挂钩金融产品的收益表现与固定利率之间进行现金流互换。目前,《期货交易管理条例》规定场内衍生品的上市需要经国务院期货监督管理机构批准,[①]但场外衍生产品在上市管理方面相对较为宽松,一般完成备案手续即可上市产品,这在一定程度上可能影响产品设计的合理性和规范化程度,也在一定程度上增加了交易过程中的风险隐患。

第二,投资者适当性管理相对不足,产品销售过程可能存在一定的风险隐患。适当性一般是指金融中介机构所提供的金融产品或服务与客户的财务状况、投资目标、风险承受水平、财务需求、知识和经验之间的契合程度。[②]我国场内衍生品市场有严格、完善的投资者适当性制度安排,其核心思想是将适当的产品提供给适当的投资者。但场外衍生品市场适当性制度相对空缺,公开资料显示“中行原油宝”产品在推

① 参见《期货交易管理条例》第13条。

② 参见国际清算银行、国际证监会组织、国际保险监管协会2008年联合发布的《金融产品和服务零售领域的客户适当性》。

介和销售的过程中,一些宣传用语可能存在误导,使投资者无法完全了解产品的性质及风险,损害了投资者合法权益,这也与《九民纪要》中关于适当性义务的相关要求存在不符。

第三,风险控制措施不足,一定程度上导致了交易过程的风险敞口控制难度较大。公开资料显示,中国银行未按照协议约定在保证金低于一定比例时进行强行平仓,导致投资者出现巨额亏损。强行平仓是场内衍生品市场常用的风险管理措施,在期货市场一般指交易所按照有关规定对会员、客户持仓试行平仓的一种强制措施。[①]但在场外衍生品市场,该类风险控制措施一般属于交易双方的约定事项,且未按照约定履行的责任追究机制相对不够完善,导致风险控制的效果受到一定程度的影响。

(三)将场外衍生品纳入期货法调整范围符合境外场外衍生品的立法实践

为落实 G20 匹兹堡峰会上对场外衍生品市场加强监管的承诺,美国和欧盟纷纷通过立法等方式对原有金融监管体系进行改革,对标场内衍生品市场的监管要求,将场外衍生品纳入场内衍生品市场的监管法律体系统一监管,进一步防范场外衍生品市场发生系统性风险。但对场外衍生品的监管也存在一定的波动和回退,特别是美国,加强场外衍生品监管的理念出现了一定的“摇摆”,但从整体来看,监管趋势仍是向着统一的规范化方向发展。

1.美国

2008 年金融危机对美国的影响是较为明显的,老牌投资银行雷曼兄弟的倒闭掀起了全球金融危机的浪潮。鉴于场外衍生品市场的潜在风险和引发系统性风险的可能性,美国对场外衍生品市场的监管体系进行了调整,取消原有的监管豁免,将场外衍生品纳入《商品交易法》进行统一监管。

2010 年美国颁布《多德 - 弗兰克华尔街改革与消费者保护法》(以下简称《多德 - 弗兰克法》),通过立法对原有金融监管体系进行调整,旨在加强监管,重新建立了美国场外衍生品监管的基本法律框架。根据《多德 - 弗兰克法》第七章“华尔街透明度与问责”的规定,以互换作为主要的监管对象,将绝大部分场外金融衍生品纳入立法监管的范围。这样一来,就废除了 2000 年《商品期货现代化法案》中的排除和豁免场外衍生品监管的条款,修订了《商品交易法》,将场外衍生品市场纳入了立法监管范围。[②] 同时,通过界定非基于证券的互换和基于证券的互换,确立了场外市场的平

① 参见《中国金融期货交易所风险控制管理办法》(2020 年 3 月 1 日版),第 21 条。
② 参见刘春彦、段莹:《美国期货立法演变对我国的启示》,载《期货日报》2014 年 2 月 18 日,第 4 版。

行交叉监管机制,由美国商品期货委员会(U. S. Commodity Futures Trading Commission,CFTC)监管非基于证券的互换,由美国证券交易委员会(Securities Exchange Commission,SEC)监管基于证券的互换,混合互换由两方共同监管,从而实现了功能或经济上相同的产品或机构适用相同方法监管的改革。

从非基于证券的互换来看,CFTC 作为确定的监管机构,在落实《多德 - 弗兰克法》的相关规定过程中,进一步推动场外市场"场内化"的发展趋势,①完善了相关规则。例如,一是要求场外衍生品市场引入场内集中清算机制。根据《多德 - 弗兰克法》第 723 条的规定,CFTC 于 2012 年在利率互换(IRS)和信用违约互换(CDS)中引入强制集中清算,并逐步扩大了适用集中清算要求的范围,进一步反思应对 2008 年金融危机场外衍生品市场风险传递的经历。二是要求场外衍生品市场建立交易报告库,进一步完善信息披露制度,及时公开相关价格、交易量和其他交易数据并加强对市场参与者的监管,以更好落实《多德 - 弗兰克法》中关于互相交易数据公开报告和互换数据存管机构(Swap Data Repository,SDR)的相关规定,增强场外衍生品市场交易后的透明度。② 三是要求标准化的场外衍生品在指定合约市场(Designated Contract Market,DCM)或互换执行设施(Swap Execution Facility,SEF)上执行。根据《多德 - 弗兰克法》第 723 条的规定,符合强制集中清算要求的互换交易应在 DCM 或 SEF 上执行,CFTC 于 2013 年明确具体的交易执行规则,进一步增加了场外衍生品市场的流动性和透明度。

《多德 - 弗兰克法》在推行过程中也存在一定波动,加强场外衍生品监管的理念出现了一定的"摇摆",但对场外衍生品市场统一监管的理念却得到了坚持。2017 年 2 月美国总统特朗普签署行政命令,提出新的美国金融体系核心原则,③要求美国财政部全面重新审核《多德 - 弗兰克法》。美国财政部为回应总统行政命令的要求,以系列报告的形式对美国金融监管体系进行审查,提出改革建议。2017 年 6 月美国财政部发布了《一个创造经济机会的金融体系——银行和信用联盟》。④ 2017 年 10 月

---

① 参见黄小平:《美国场外衍生品市场发展监管的演变与启示》,载《中国证券期货》2018 年第 1 期。

② 参见刘宏光:《后金融危机时代美国场外衍生品监管改革的评估与展望——以 CFTC〈互换监管 2.0〉白皮书为借鉴》,载《中国证券期货》2018 年第 4 期。

③ 核心原则包括以下方面:(1)赋权美国公民在市场上作出独立的财务决策和明智的选择,为退休进行储蓄和积累个人财富;(2)禁止使用纳税人资金救市;(3)通过更严谨的监管影响分析(该分析能够解决系统性风险和市场失灵,如道德风险和信息不对称),促进经济增长和培育充满活力的金融市场;(4)使美国公司在国内外市场上可与外国公司竞争;(5)增进美国在国际金融监管谈判和会议中的利益;(6)制定有效、高效和有针对性的金融监管制度;(7)恢复联邦金融监管机构的公共问责,并使联邦金融监管框架合理化。

④ See A Financial System that Creates Economic Opportunities—Banks and Credit Unions.

美国财政部发布了《一个创造经济机会的金融体系——资本市场》,①该报告主要关注报告资本市场,包括债券、股票、大宗商品和衍生品市场、中央结算及其他业务职能。就衍生品市场而言,报告建议重新调整并松绑对衍生品的监管,以提升市场效率和加强有效的缓解风险。虽然场外衍生品的监管过程出现一定的"摇摆",但在波浪式前进发展的过程中,将场外衍生品纳入《商品交易法》统一监管的整体趋势还是依旧持续的。

2. 欧盟

金融危机前欧盟没有将场外衍生品纳入统一立法,场外衍生品市场监管属于各个成员国具有自主立法权范畴,且以行业和交易场所自律监管为主。2007 年 11 月 1 日,欧盟《金融工具市场指令》(Markets in Financial Instruments Directive Ⅰ,MiFID Ⅰ)正式实施,欧洲单一金融服务市场建设进入实质性阶段。2012 年欧盟颁布《欧洲市场基础设施监管规则》(European Market Infrastructure Regulation,EMIR),2014 年又公布《金融工具市场指令Ⅱ》(Markets in Financial Instruments Directive Ⅱ,MiFID Ⅱ)和《金融工具市场规定》(Markets in Financial Instruments Regulation,MiFIR),基本确立了欧洲金融工具监管的法律制度,监管对象包括在交易所交易的场内衍生品以及通过柜台交易的场外衍生品,形成了统一的监管体制。其中,EMIR 规定了集中清算要求、交易信息报告要求、风险控制制度等三个方面的规定,具体来看,其要求场外金融衍生品在授权的中央对手方强制进行清算,欧洲证券及市场管理局(European Securities and Markets Authority,ESMA)有权决定衍生品应当被清算的范围;场外衍生品需向已注册的交易数据库报告,EMIR 设立了交易信息库的登记注册要件,同时规定在任一成员国监管机构注册为合格交易信息库的,在整个欧盟注册均为有效。MiFID Ⅱ进一步完善了 MiFID Ⅰ的规定,要求标准化的衍生品交易从场外进入场内交易,并进一步缩小监管豁免的范畴,扩大金融监管的范围,与 MiFIR 形成了对场外衍生品基础设施和交易行为的监管规则体系。②

四、期货法关于场外衍生品监管的立法建议

场外衍生品是市场经济环境下重要的风险管理工具,现阶段发展速度较快,市场

① See A Financial System that Creates Economic Opportunities—Capital Markets.

② 参见朱小川:《欧盟场外衍生品市场监管规则的演变历程及启示》,载《证券市场导报》2016 年第 9 期。

规模日益扩大。综合考虑场外衍生品市场基础法律暂缺、核心交易制度法律保障不足等现实情况,以及场外衍生品的法律属性与场内衍生品具有一致,风险管理制度亟待加强等相关因素,应当将场外衍生品纳入期货法调整范围。

第一,期货法作为期货及相关衍生品基本法,建议将场外衍生品纳入其调整范围并规定场外衍生品市场最基础的制度,明确单一协议制度、终止净额结算制度、非典型性担保如让与担保等场外衍生品市场基础法律制度的效力。场外衍生品市场基础制度的法律确认,使相关市场参与者可以在单一协议制度项下将每一笔衍生品交易视为一个单一协议,一旦对手方出现主协议约定的终止事件时,提前终止所有未到期的交易,并按照终止净额结算制度安排进行净额结算,有效控制市场风险扩散,有效维护场外衍生品市场健康、稳定发展。

第二,期货法将场外衍生品纳入调整范围。积极落实我国在 G20 匹兹堡峰会上的承诺,推动标准化程度较高的场外衍生品在交易所或电子平台上交易,并进行集中清算;积极推动建立场外衍生品交易数据库,要求场外衍生品市场参与者报送相关信息,增强完善场外衍生品市场透明度,进一步防范化解风险。推动场外衍生品吸收借鉴场内衍生品的交易模式有利于促进场外市场与场内市场的协调发展,共同防范化解系统性风险等问题。

第三,对于在期货法中不适宜规定的其他场外衍生品市场非基础性制度,笔者在期货法之外进一步优化完善。场外衍生品因产品多样化、个性化、差异化等特色,满足了不同市场参与者的风险管理需求,其蓬勃发展需要一定的市场包容度。目前,我国场外衍生品市场刚刚起步,尚处于探索、发展阶段,将具有共性的基础制度在期货法中加以明确,是场外衍生品市场健康稳定发展的基石,而在期货法之外将非基础性制度通过更灵活的方式不断优化完善,有利于满足市场参与者个性化风险管理需求,同时也能为未来场外衍生品市场的发展预留空间。

退市公司重新上市制度与投资者保护*

吴伟央**

摘　要:退市公司重新上市制度是退市制度中的一项重要配套制度,有利于疏通退市渠道,保护中小投资者利益。我国退市公司重新上市制度从2004年开始提出并进行了多年的充实完善,在2018年年底完成了长油航运重新上市的首单案例实践。在我国上市资源相对稀缺的大环境下,退市公司重新上市还要审慎推动,结合实际情况不断完善制度,避免恶意炒作,确保平稳运行。

关键词:退市公司　重新上市　投资者保护　制度展望

退市公司重新上市,是指退市公司通过努力达到一定条件后申请到证券交易所再次挂牌上市的制度,其主要目标是要建立起能上能下的市场机制,为退市公司在持续经营能力和公司治理水平显著改善后,提供重新上市的路径。

退市公司重新上市不同于首次公开发行并上市(Initial Public Offering,IPO),其不需要经过证监会的股票公开发行审核或注册,而是直接以公众公司的身份申请股票上市。① 另外,退市公司重新上市也不同于暂停上市公司申请恢复上市,②重新上市的主体是已经从交易所市场终止上市(退市)到股份转让系统(所在交易板块又称

---

* 本文为中证中小投资者服务中心2018年课题“退市制度与投资者保护研究——以强制退市为中心”的部分研究成果。

** 法学博士,现就职于证监会法律部。本文仅代表作者个人观点。

① 根据证监会上市部2004年3月5日《关于原STAQ、NET系统公司股民咨询转板问题答复口径的函》,由证券交易所负责审核的再次上市申请仅限于从证券交易所退市的公司,原STAQ、NET系统挂牌公司的上市申请仍须经证监会依法定程序核准。

② 随着新《证券法》的施行以及证券交易所相关规则的修改,暂停上市制度将退出历史舞台。

"老三板"[①])交易一段时间后的退市公司,而恢复上市的主体是没有退市的上市公司,两者处于不同的阶段。

一、退市公司重新上市对投资者保护的重要意义

重新上市制度,是退市制度中的一项重要配套制度,有利于疏通退市渠道,保护中小投资者利益。[②] 重新上市使退市公司能够回到交易所市场,形成对企业的激励和约束机制,实际上是建立稳定预期,有利于保护投资者利益和社会稳定。[③]

第一,能够有效缓解交易所市场的退市压力,促进退市常态化。长期以来,"退市难"一直是我国资本市场的一个"肠梗阻",主要原因是各方主体都不愿意失去"上市"这个稀缺资源,以及由上市资格带来的一系列融资、流动性以及知名度等利好因素。"能不退,就想方设法不退",甚至动用各种社会关系和技术手段以达到不退市的目的。如果在一些板块建立健全退市公司重新上市制度,在理论和制度上打消上市资格失而不回的顾虑,明确退市之后可以通过努力重回证券交易所上市,则退市阻力一定程度上会减少很多。"落实重新上市政策,形成上市—退市—重新上市三位一体的良性循环机制,是疏导退市难的良方。""只有看到了重新上市的希望,形成能下能上的双轨制,退市制度才可以顺利推进,退市常态化才可能成为现实,否则是寸步难行。退市常态化的前提,是重新上市常态化;没有退市公司的重新上市,退市常态化不过是空谈。"[④]

第二,能够一定程度使退市公司恢复收益性和流动性等,减少投资者损失。我国上市公司退市后进入"老三板"进行交易,由于"老三板"市场整体上在交易机制、流动性方面存在不足,中小投资者的权益一般难以获得充分的保障。一些退市公司股票的投资者经历了退市后的权益损失,有的还进行着持续的维权活动。"老三板有股民176万余人,当中有历史上的两网股投资者,更有主板市场的投资者。老三板市开

① "老三板"是全国中小企业股份转让系统于2003年设置的单独交易板块,整体承接了原代办股份转让系统挂牌的公司股份,包括从原来两个法人股市场(STAQ和NET系统)退下来的"两网股"股票和从交易所市场终止上市后退下来的"退市股"股票。截至2020年8月底,该板块共有60多家公司。

② 参见《上交所关于同意长航油运重新上市的答记者问》,载上海证券交易所官网:http://www.sse.com.cn/home/apprelated/news/c/c_20181102_4671286.shtml,最后访问日期:2020年5月13日。

③ 金水:《证券法学会会长郭峰:加快完善退市转板与索赔制度》,载华夏时报网:https://www.chinatimes.net.cn/article/23532.html,最后访问日期:2020年5月13日。

④ 退市老三板:《上市—退市—重新上市,A股市场的三位一体你懂吗?》,载雪球网:https://xueqiu.com/1733448360/105165207,最后访问日期:2020年5月13日。

户60万,滞留主板坚决不退的钉子户达100余万户。”[①]上市公司退市后,投资者通常会面临着损失。桑格(Sanger)和皮特森(Peterson)教授在1990年的研究报告表明,在纽约证券交易所和美国证券交易所发布的退市公告会引起平均约-8.5%的非正常收益。这种净损失主要体现在收益性和流动性两个方面,退市使公司的公众形象受损、内在价值下降,导致股票价格下跌、资产缩水,另外也会使投资者持有的股票流动性降低。[②] 投资者基本都不愿意自己持有的股票退市,很多退市公司也不愿到老三板。重新上市制度给退市公司的广大投资者带来的希望,如果能够重新上市,使其在收益性和流动性等方面能够得以恢复,甚至比退市之前更好,则可使他们觉得自己“并非资本市场的弃儿。”[③]

第三,能够减少投资者炒作ST题材股等不良风气,净化市场环境。A股市场投资者以往有“炒差、炒新、炒小”的习惯。由于壳资源的稀缺性,很多投资者为了“赌保壳”“赌重组”,不顾风险公司的基本面,经常出现“爆炒ST题材股”的现象。如果在特定板块明确确立退市公司重新上市制度,有退市风险的公司今后可以通过自身努力回归A股市场,其自身退市压力减少,就不一定非得卖壳或被重组等,市场化因素增强,ST股“必然重组”“必然保壳”等可能性也将降低。退市公司重新上市制度,使退市常态化,能够有效减少投资者炒ST股等赌徒心理,一定程度有助于扭转“炒差”投资风格,提高投资理性程度,减少不必要的“飞蛾扑火式”投资损失。

第四,有助于解决退市公司损害投资者权益等问题,优化老三板市场环境。“老三板退市公司绝大部分也都是20世纪90年代上市的,在当年为国企解困的政策背景下,普遍存在虚假包装、欺诈上市、大股东非法挪用上市公司资金、违法担保等诸多问题,管理层亦监管不力,这些问题严重侵害投资者利益,并最终导致退市。”[④]老三板公司很多都面临着没有进行股改、存在清欠等问题,有些成了“无联系地址、无法人代表、无大股东的三无三板公司”,损害投资者权益的情况迟迟得不到解决。重新上市制度能够给退市公司以正面的引导和激励,使其积极改善公司质量;能够使得重组方更加准确地作出评估,坚定重组信心;能够提高投资者对老三板市场的参与热情,

---

① 参见《介绍下中国退市股票三板,您想了解吗》《前辈关于老三板两网股与退市股的血泪上诉书》等网络维权文章,载天涯论坛:http://bbs.tianya.cn/post-develop-350562-1.shtml,最后访问日期:2020年5月13日。

② 参见倪勇:《中国股票市场退出机制研究》,复旦大学管理学院2004年博士学位论文,第96页。

③ 周少杰:《重新上市审批权限下放　三板市场成卖壳场》,载《证券时报》2012年12月6日,第B001版。

④ 退市老三板:《上市—退市—重新上市,A股市场的三位一体你懂吗?》,载雪球网:https://xueqiu.com/1733448360/105165207,最后访问日期:2020年5月13日。

提高交易活跃度。同时,在公司业绩向好、交易和重组活跃的市场情况下,有利于促进股改、清欠等历史遗留问题的有效解决。有助于改善老三板市场的投资环境、优化三板的市场结构,改变老三板作为交易所市场垃圾处理站的现象。

第五,有助于统筹兼顾多层次资本市场的各类公司主体,促进转板等机制形成和发展。随着退市常态化,退市公司会越来越多,已经成为多层次资本市场中的一类特殊群体,有效解决退市公司尤其是目前主板退市公司的具体问题,是一个比较现实的问题。退市公司从股转系统通过"重新上市"渠道回到交易所市场,类似境外多层次市场中的转板制度。① 境外市场可以实施市场间或板块间的转板机制,其中包括场外市场转至场内市场的转板升级制度。例如,美国纳斯达克(National Association of Securities Dealers Automated Quotations,NASDAQ)小型市场上连续 30 日交易价格低于 1 美元,警告后 3 个月未能使股价升至 1 美元以上,则将其摘牌降至美国场外柜台交易系统(Over the Counter Bulletin Board,OTCBB)报价系统,在 OTCBB 摘牌的公司将退至 Pink Sheets(粉红单市场)进行交易。② 另外,在 OTCBB 挂牌公司的股东超过 300 名,价格不低于 5 美元,净资产不低于 400 美元的,即可直接转板到 NASDAQ 资本市场。另如我国台湾地区市场,自 1992 年以来,每年都有柜台买卖中心的上柜公司转申请到台湾证券交易所上市,台湾证券交易所还专门制定了《上柜公司转上市的审查准则和作业程序》来规范相关的实践操作。可见,退市公司在满足一定条件下转板到场内交易所进行交易,是多层次资本市场的一项重要制度安排。③ 如果股市生态得以优化,退市的原因和方式多样化,退市和重新上市常态化,这条路越走越宽,也就走通了一条转板的道路。④

二、我国退市公司重新上市的制度沿革

我国退市公司重新上市制度可追溯至 2004 年 1 月的《国务院关于推进资本市场

---

① 参见张书怀:《重新上市值得探索》,载《中国改革报》2018 年 6 月 22 日,第 9 版。

② 对纳斯达克市场退市公司统计分析表明,OTC 市场是纳斯达克市场退市公司的主要退出渠道。例如,1999 年 1 月至 2000 年 10 月纳斯达克市场 583 家退市公司退到 OTCBB 有 283 家,占退市总数的 48.5%,退到 Pinksheets 市场中的数量为 163 家,占总数的 27.9%。

③ 2020 年 6 月 3 日中国证监会发布了《关于全国中小企业股份转让系统挂牌公司转板上市的指导意见》,试点期间,符合条件的新三板挂牌公司可以申请转板至上交所科创板或深交所创业板上市。这是我国多层次资本市场建设的一项重要举措。

④ 参见张书怀:《重新上市值得探索》,载《中国改革报》2018 年 6 月 22 日,第 9 版。

改革开放和稳定发展的若干意见》(国发〔2004〕3号,也称"老国九条"),当时将退市公司问题纳入"防范和化解市场风险"范畴,要求"各地区和有关主管部门要依法加强对退市公司的管理,确保退市工作平稳顺利"。

2004年2月5日,证监会出台的《关于做好股份有限公司终止上市后续工作的指导意见》(证监公司字〔2004〕6号,以下简称《指导意见》)专门规定了"关于终止上市的股份有限公司申请再次上市的问题",第一次系统地提出了我国退市公司重新上市的相关框架思路,①包括重新上市的条件(重新符合上市条件并具有持续经营能力的)、审核机构(证券交易所)、申请和审核流程、地方政府和中国证券业协会的意见以及与代办转让系统之间的衔接等内容。

2012年12月,上海、深圳两大证券交易所发布了《退市公司重新上市实施办法》(2012年版),明确了可申请重新上市的公司范围、申请时间间隔、申请重新上市的条件和程序以及审核程序等。按照高于借壳上市但低于新股发行的标准,制定了重新上市的条件,为退市公司重新回到交易所市场提供了相对宽松的途径。

2013年12月,上海、深圳证券交易所分别发布实施《退市公司重新上市实施办法》(2013年修订)。

2014年5月8日,《国务院关于进一步促进资本市场健康发展的若干意见》(国发〔2014〕17号,也称"新国九条")指出:"明确退市公司重新上市的标准和程序。逐步形成公司进退有序、市场转板顺畅的良性循环机制。"退市公司重新上市制度第一次被正式写到了国发文件中,并提出要明确标准和程序。

2014年10月15日,证监会《关于改革完善并严格实施上市公司退市制度的若干

---

① (1)股份有限公司终止上市后重新符合上市条件并具有持续经营能力的,可以直接向证券交易所提出其向社会公众发行的股票再次上市交易(以下简称再次上市)的申请。证券交易所根据中国证监会授权,依照法定条件和法定程序审核公司的再次上市申请。(2)股份有限公司终止上市后申请再次上市,须经所在地省级人民政府同意,并按照证券交易所的要求提交有关申请文件。(3)证券交易所应自受理公司提交的再次上市申请之日起20个工作日内,做出是否予以核准的决定。证券交易所在审核期内要求公司对报送材料予以补充或者修改的,补充或者修改的时间不计入证券交易所的审核期限。(4)证券交易所审核再次上市申请时,应当查阅中国证券业协会关于公司规范运作的记录和无异议函,对最近3年有重大违法行为的,不予核准。证券交易所对公司的再次上市申请做出予以核准决定的,报中国证监会备案。中国证监会在15个工作日内未提出异议的,证券交易所的核准决定生效实行。(5)股份有限公司提出再次上市申请时,其股份转让代办服务无须暂停。证券交易所予以核准的,公司股票上市交易时,代办转让服务自动停止;不予核准的,代办转让服务继续进行。具体操作细则和管理规则,由证券交易所会同证券登记结算机构和中国证券业协会制定。(6)经证券交易所核准股票再次上市交易的股份有限公司,其由代办机构代办转让的股份在证券交易所上市交易;通过协议转让方式进行转让的股份以协议转让方式在证券交易所和证券登记结算机构的管理下进行转让。

意见》(证监会令第107号)[1]明确了重新上市条件及程序。“主动退市公司可以随时向其选择的证券交易所提出重新上市申请。强制退市公司在证券交易所规定的间隔期届满后,可以向其选择的证券交易所提出重新上市申请。退市公司拟申请重新上市的,应当召开股东大会,对申请重新上市事项作出决议,股东大会决议须经出席股东大会的股东所持表决权的2/3以上通过。证券交易所应当制定退市公司重新上市的具体规定,在条件、程序、信息披露、交易安排等方面,可以区分主动退市公司与强制退市公司,以及强制退市公司所触及强制退市指标的不同作出差异化安排。”

2015年1月30日,上海、深圳两大证券交易所发布《退市公司重新上市实施办法》(2015年修订)。本次退市改革对重新上市的条件进行了调整,按照主要指标等同IPO条件的原则,规定了重新上市的条件。[2] 同时,为确保新旧制度平稳衔接,明确了新老划断相关原则。[3]

2018年11月16日,上海、深圳两大证券交易所发布实施《退市公司重新上市实施办法》(2018年修订)。本次修订主要针对重大违法退市(首发上市欺诈发行、重组上市欺诈发行、年报造假规避退市以及交易所认定的其他情形)。例如,对于在市场入口即违法的欺诈发行公司,违法行为恶性较大、反响强烈的,新规将不再给予其重新上市的机会;其他重大违法退市的公司需要在股转公司挂牌转让满5个完整会计年度方可申请重新上市。

综上所述,随着退市制度的改革推进,重新上市制度也在不断地完善,如沪深交易所的《退市公司重新上市实施办法》都经历了2012年12月发布实施,2013年12月第一次修订、2015年1月第二次修订、2018年11月第三次修订的过程。重新上市制度虽然运用不多,但一直在权衡中不断地完善。

---

① 这次改革对退市制度的重大调整主要体现在两方面:一是健全了自主退市制度;二是实施重大违法公司强制退市制度。

② 在具体制度安排上,重新上市主要参照了首次公开发行股票并上市的程序和标准。例如,在3年盈利、3年审计报告标准无保留意见、现金流量和营业收入要达到一定金额、具备持续经营能力以及健全的公司治理结构等方面,与IPO公司的要求基本一致。同时,也考虑退市公司已经经历过公开发行,其重新上市不再募集资金,公司中小投资者众多等情况,在制度要求上也不宜完全等于IPO公司。总的来看,重新上市的条件宽严适度,尊重了当前证券市场发展的实际情况,能够让退市公司在具备持续经营能力后有信心重新上市,也能够有效防范制度套利。

③ 即新规则颁布之前已退市的公司在新规则颁布后的36个月内申请重新上市的,适用原重新上市标准;新规则颁布之前已退市的公司在新规则颁布后的36个月后申请重新上市的,以及新规则颁布之后退市的公司适用新重新上市标准。

三、退市公司重新上市的首单实践——长油航运

2018年11月2日,上海证券交易所根据上市委员会的审议意见,决定同意长航油运股票重新上市申请。我国第一单退市公司重新上市诞生,结束了多年来“只闻其声”的境况,2004年以来反复被提及并不断修改的重新上市制度规则终于得以运用,这是退市制度具有里程碑式意义的一次实践。

长航油运(前身南京水运,证券代码600087)1993年成立,主营沿海和国际航线石油运输业务,1997年6月在上交所上市。[①] 公司2010年、2011年和2012年连续3年亏损,股票自2013年5月14日起暂停上市。2014年3月披露资料显示,2013年度继续亏损。[②] 2014年4月11日,上海证券交易所决定 * ST长油终止上市。[③] 4月21日, * ST长油进入30个交易日的退市整理期。6月5日,退市整理期满被上海证券交易所摘牌。8月6日,公司股票在股转系统正式挂牌。长航油运是我国证券市场上第一家退市央企,也是第一家完成退市整理期交易后退市的公司。

公司退市后,于2014年成功实施了破产重整:[④]一是剥离了超大型油轮(VLCC)亏损资产,将19艘VLCC整体剥离,相应减少了银行债务;二是实施了债转股,通过转增及股东让渡合计27.14亿股,按照每股2.3元总计折价62.42亿元,全部用于清偿普通债权;三是留存债务重组,对剩余29.57亿元带息负债的还款期限、利率、还款方式等进行调整。[⑤] 在主营业务没有发生变化、控制权没有发生变更、经营管理层没有发生重大变动的情况下,长航油运的资本结构明显改善,资产质量明显提高,盈利能力和持续经营能力明显增强。自2015年4月20日起,公司股票在股转系统恢复转让。

---

① 1997年5月15日,中国证监会出具《关于南京水运实业股份有限公司申请公开发行股票的批复》(证监发字〔1997〕232号)。

② 2014年3月22日,该公司披露的2013年年度报告显示,2013年度归属于上市公司股东的净利润为-59.22亿元,2013年年末归属于上市公司股东的净资产为-20.97亿元。信永中和会计师事务所对该公司2013年度财务报表出具了无法表示意见的审计报告。

③ 参见上海证券交易所自律监管决定书《关于终止中国长江航运集团南京油运股份有限公司股票上市交易的决定》[(2014)161号]。

④ 2014年7月18日,南京市中级人民法院裁定受理长航油运重整一案,到年底前完成重整计划执行工作,经过短短数月紧锣密鼓的工作,公司最大的亏损源得到解决,债务规模大幅降低,净资产由负转正,债务危机得到彻底化解,盈利能力逐步恢复,重回健康盈利可持续发展轨道。

⑤ 参见《中国长江航运集团南京油运股份有限公司重新上市申请书》,第119页。

2018 年 4 月 20 日,长航油运股东大会审议通过了《关于申请公司股票在上海证券交易所重新上市的议案》。6 月 4 日,公司向上海证券交易所提交了重新上市申请。上海证券交易所启动重新上市审核工作,经历了业务部门初审、上市委员会审核以及上海证券交易所审议决定三个环节。11 月 2 日,上海证券交易所总经理办公会决定同意公司重新上市。

根据上海证券交易所发布的公开信息,①长航油运重新上市条件主要有五个方面:一是股本结构要求;二是财务指标要求;②三是持续经营能力要求;四是公司治理要求;五是合规性要求。上海证券交易所根据《股票上市规则》和《退市公司重新上市实施办法》的相关要求,经过了严格审查后决定同意其重新上市。

长航油运能够在短时间内重回资本市场的主要原因是及时进行了破产重整。在重整过程中,大股东相对中小股东做了比较大的努力和让渡,例如,在让渡股票中,“南京油运让渡其持股总数的 50%,其他中小股东让渡其持股总数的 10%”,③这在一定程度上保护了中小股东的利益。另外,该破产重整不是一般的卖壳,基于国有企业的优势,其实际控制人未发生变化,④这也是创智 5 等⑤其他老三板企业很难学习借鉴的。

值得指出的是,2020 年 3 月 13 日,上海证券交易所同意国机重装(原 * ST 二重)

---

① 参见《上交所关于同意长航油运重新上市的答记者问》,载上海证券所官网:http://www.sse.com.cn/home/apprelated/news/c/c_20181102_4671286.shtml,最后访问日期:2020 年 5 月 13 日。

② 公司 2015 ~ 2017 年 3 个会计年度经审计的扣非净利润分别为 6.11 亿元、5.29 亿元和 3.80 亿元;经营活动产生的现金流量净额累计为 32.41 亿元,营业收入分别为 54.79 亿元、57.81 亿元和 37.29 亿元,2017 年年末归属于上市公司股东的净资产分别为 33.44 亿元,符合规定的重新上市财务指标条件。

③ 全体股东让渡股票:全体股东按照相应比例让渡其目前持有的长航油运股票,其中南京油运让渡其持股总数的 50%,共计让渡约 93,197.12 万股股票;其他中小股东让渡其持股总数的 10%,共计让渡约 15,302.47 万股股票;全体股东合计让渡约 108,499.59 万股股票。

④ 招商局集团通过中外运长航控制长航油运 1,357,425,761 股股份,占公司总股本的 27.02%,为长航油运的实际控制人,招商局集团的股东为国务院国资委,国务院国资委为长航油运的最终控制人,最近 3 年长航油运的实际控制人未发生变更。

⑤ 创智 5 自 2013 年 2 月 9 日公司从深圳证券交易所退市,随后于当年 4 月 22 日在股转系统挂牌及转让。2014 年,几度冲刺 IPO 未果的手机制造商深圳市天珑移动技术有限公司,决定曲线救国。当年 12 月 31 日,创智 5 向天珑移动原股东非公开发行了 13.63 亿股股份,购买了天珑移动 96.6235% 的股权。反向收购完成后,创智 5 转型为开展手机以及移动互联网相关业务的企业,其控股股东也由大地集团变更为永盛科技。此后,该公司开始蜕变。到 2014 年年底的营业收入涨到 88.3 亿元,实现归属于母公司股东的净利润 4.55 亿元。截至 2017 年 6 月 30 日,其营业收入和净利润分别是 24.22 亿元、8993.55 万元。创智 5 曾于 2016 年 7 月 8 日获深圳证券交易所受理公司股票重新上市的申请。但 1 个多月后,公司于 2016 年 8 月 30 日提交中止审核申请。

重新上市,这是继长航油运之后,第二家实现重新上市的公司。① 公司2015年5月主动申请退市,成为2014年退市制度改革后首例主动退市公司,退市后先后实施了破产重整和重大资产重组,逐步改善和恢复了持续盈利能力和持续经营能力,符合上海证券交易所重新上市的相关条件。

上海证券交易所的两个实践案例,使重新上市不再是停留在纸面的制度,给了市场"能上能下、有进有出"的合理预期。长航油运和国机重装给市场树立了重新上市的榜样,通过自身努力达到相关条件,能够从老三板退市公司中重返交易所市场,也有利于保护投资者合法权益。

四、退市公司重新上市制度展望

退市公司重新上市有利于投资者保护,但在我国目前市场条件下也可能会带来一些问题,如可能会导致老三板市场的恶意炒作、可能影响发行上市制度的市场公平性,甚至可能因退市公司不良市场形象影响市场信心。故而特定板块退市公司重新上市要结合具体情况,认真研究、仔细权衡、审慎推动。

第一,必须旗帜鲜明地坚持重新上市的良性价值导向,防止炒作退市壳资源,进行制度套利。重新上市的制度出发点是鼓励退市公司通过自身努力,恢复持续经营能力、健全治理结构、不断规范运行后回到交易所市场,而不是鼓励"借退市壳资源上市"。正如上海证券交易所强调的:"退市公司必须专注主业、努力改善经营,真正恢复公司造血能力,才能满足规定的重新上市条件。如果只是通过变更实控人、主业等手段,在形式上、数字上达到部分重新上市申请条件,但公司主业不够扎实,仍缺乏持续经营能力,也未建立有效公司治理,其在实质上仍不符合重新上市条件。"②目前,IPO及二级市场借壳的条件相对比较高,时间周期也比较长,如允许借退市公司的壳

① 国机重装成立于2001年,主营业务为重型装备的研发与制造。公司于2010年2月在上海证券交易所上市,此后因连续3年亏损股票被暂停上市,于2015年5月21日从上海证券交易所主动退市,并于2015年7月20日在股转系统挂牌转让。公司主动退市后,先后实施了破产重整和重大资产重组。目前,公司已是国内最大的重型机械制造、重大技术装备国产化基地之一,根据申请文件,2017年至2019年公司营业收入分别为70亿元、93亿元和91亿元,净利润分别为7.4亿元、5.1亿元和5.2亿元。2019年12月12日向上海证券交易所提出股票重新上市申请,2019年12月18日受理。根据上海证券交易所上市委员会的审核意见,上海证券交易所同意国机重装A股股票72.68亿股(每股面值1.00元)重新上市交易。

② 参见《上交所关于同意长航油运重新上市的答记者问》,载上海证券所官网:http://www.sse.com.cn/home/appelated/news/c/c_20181102_4671286.shtml,最后访问日期:2020年5月13日。

上市,属于典型的监管套利(regulation arbitrage),[①]两套机制各行其是,理念迥异,逻辑失调,会造成市场的预期混乱和行为异化。[②]“上交所将坚决杜绝制度套利行为,对于一些经营空壳化、僵尸化,主营不突出的公司,将依法依规不予受理或者不予同意其重新上市。”[③]

值得一提的是,受重新上市预期等因素影响,对退市公司实施破产重整成为一个市场热点。有的甚至在法院主导的破产重整中注入资产、构成重大资产重组,但未及时履行重组程序,通过司法途径强制注入资产,[④]规避重组监管,破坏司法程序与行政程序的有效衔接,侵害股东的知情权和表决权,应当引起重视。

第二,重新上市是一个受监管的市场行为,不宜成为市场炒作的热点。本次长油航运重新上市后,市场广泛热传徐翔退市前买上油收益颇丰的故事,如“央企退市第一股长油重返A股　徐翔狱中浮盈7000万”“长油重回A股　退市前曾扫货2200万股”,这种故事会给人们造成一种错觉,资质好的退市公司尤其是一些国有退市公司或者一些有重新上市题材的退市公司,在股转系统交易时有可能在被热炒。实际上,重新上市是受严格监管的,能达到相关条件,说明公司本身恢复发展得很不错。在信息披露真实、准确、完整的情况下,该股票在股转系统交易时的价格应该反映了其重新上市的预期因素,不应是制造暴富效应的“温床”。[⑤]“即使这两家公司成功回归A股,也很难形成大面积死灰复燃的现象,投资者重仓参与退市股的博弈依然存在较大风险。”[⑥]目前,我国老三板上的退市公司整体质地较差,劣质公司较多,投资风险较大,不可因为有重新上市制度而使退市公司成为投资炒作的标的。

第三,根据实际情况合理设计好重新上市的条件等关键要素,确保制度平稳运

---

① 即被监管对象利用宽严差异,甚至冲突的法律规则和监管措施,选择相对宽松的途径,展开融资、交易或其他金融活动。

② 参见王啸:《试论转板上市制度设计中需把握的几个矛盾关系》,载《证券市场导报》2014年第5期。

③ 参见《上交所关于同意长航油运重新上市的答记者问》,载上海证券所官网:http://www.sse.com.cn/home/apprelated/news/c/c_20181102_4671286.shtml,最后访问日期:2020年5月13日。

④ 有的注入资产不符合《上市公司重组管理办法》要求,存在权属不清、持续经营能力存疑、定价不公允等问题。

⑤ 例如,“以目前恢复上市希望最大的长油5为例,停牌前的最新价格是4.31元,以2017年报每股收益0.0817元计算,市盈率高达52.75倍,而行业相近的长航凤凰同期市盈率为68倍左右,招商轮船为33倍左右。而从总市值的角度看,长油5目前已经高达216亿元,属于典型的大盘股。高估值加上大市值,长油5的股价已经提前和A股市场接轨,如果恢复上市之后大涨,一步到位、套人在高位的可能性较大”。参见《退市股重新上市,死灰可复燃?》,载《红周刊》2018年6月9日。

⑥ 张俊鸣:《退市股重新上市,死灰可复燃?》,载搜狐网:https://www.sohu.com/a/234773945_135869,最后访问日期:2020年5月13日。

行。重新上市的条件设置要“宽严适度”,一方面,要让退市公司看到希望;另一方面,还要防范制度套利。当时制度刚开始建立的时候,市场人士普遍理解成借壳上市,如“这样的条件对退市公司来说,重新上市捷径的便是借壳重组”“如果上述办法能成行,退市公司重新上市硬性条件基本与借壳上市趋同,且仅需通过交易所审核,无须再通过证监会重组委审核,对于并购基金来说是利好”。当时还让一潭死水的老三板公司连续上涨。[①]后来沪深两大交易所进行了制度调整,“在具体制度安排上,重新上市主要参照了首次公开发行股票并上市的程序和标准”。[②]“同时,也考虑退市公司已经经历过公开发行,其重新上市不再募集资金,公司中小投资者众多等情况,在制度要求上也不宜完全等同于 IPO 公司。”[③]有两类情况不得申请上市,深圳证券交易所的“创业板不接受重新上市”和两所“因欺诈发行被实施重大违法强制退市的公司不得申请重新上市”。沪深两大交易所对重新上市条件都进行了明确的规定,[④]其中,“最近 3 年公司主营业务没有发生重大变化,董事、高级管理人员没有发生重大变化,实际控制人没有发生变更”等对借壳上市行为起到了一定程度的扼制作用。另外,根据退市情况设置了不同的申请时间要求,尤其是欺诈发行之外重大违法强制退市需要在进股份转让系统挂牌转让之日起满 5 个完整会计年度。从目前来看,沪深两大交易所对于退市公司重新上市还是比较谨慎的,设置的条件比较严格,目前退市公司通过重新上市回归交易所市场仍然存在较大难度。随着市场情况不断变化,尤其是 IPO 常态化和注册制改革使壳资源的稀缺程度逐渐下降,而且严格实施退市常

---

① 当时如南洋 5(400023)连续 3 日上涨,累计涨幅达 15.79%,成交额亦创近年来新高。水仙 3(400008)在其可转让的两个交易日内涨幅累计达 10.4%,成交额达 19 万元。参见周少杰:《重新上市审批权限下放,三板市场成卖壳场》,载《证券时报》2012 年 12 月 6 日,第 B001 版。

② 例如,在 3 年盈利、3 年审计报告标准无保留意见、现金流量和营业收入要达到一定金额、具备持续经营能力以及健全的公司治理结构等方面,与 IPO 公司的要求基本一致。

③ 参见《上交所关于同意长航油运重新上市的答记者问》,载上海证券所官网:http://www.sse.com.cn/home/apprelated/news/c/c_20181102_4671286.shtml,最后访问日期:2020 年 5 月 13 日。

④ 《上海证券交易所退市公司重新上市实施办法》第 8 条规定:“本所上市公司的股票被终止上市后,其终止上市情形已消除,且同时符合《上市规则》规定的下列条件的,可以向本所申请重新上市:(一)公司股本总额不少于人民币 5000 万元;(二)社会公众股持有的股份占公司股份总数的比例为 25% 以上;公司股本总额超过人民币 4 亿元的,社会公众股持有的股份占公司股份总数的比例为 10% 以上;(三)公司及董事、监事、高级管理人员最近 3 年无重大违法行为,财务会计报告无虚假记载;(四)最近 3 个会计年度净利润均为正数且累计超过人民币 3000 万元,净利润以扣除非经常性损益前后较低者为计算依据;(五)最近 3 个会计年度经营活动产生的现金流量净额累计超过人民币 5000 万元;或者最近 3 个会计年度营业收入累计超过人民币 3 亿元;(六)最近 1 个会计年度经审计的期末净资产为正值;(七)最近 3 个会计年度的财务会计报告均被会计师事务所出具标准无保留意见的审计报告;(八)最近 3 年公司主营业务没有发生重大变化,董事、高级管理人员没有发生重大变化,实际控制人没有发生变更;(九)保荐机构经核查后发表明确意见,认为公司具备持续经营能力;(十)保荐机构经核查后发表明确意见,认为公司具备健全的公司治理结构、运作规范、无重大内控缺陷;(十一)本所规定的其他条件。”

态化后的退市公司队伍也会逐渐增多,老三板整体运营环境和规范程度会相对逐渐改善,届时因业绩、财务指标或交易价格等问题退市的公司通过持续改善后,需要重新上市的情况会更趋普遍与合理,相应的特定板块重新上市条件也可以根据市场实际情况进行调整,以更好地平衡市场需求及监管要求。

上市公司控股股东、实际控制人信息披露法律责任制度完善*

李有星**　潘枝峰***

摘　要：控股股东、实际控制人对上市公司经营与运作具有实际控制力。控股股东、实际控制人信息披露制度，直接影响信息披露的真实性与有效性；控股股东、实际控制人信息披露违规的法律责任，直接关系广大投资者的原告资格、胜诉可能性和损失赔偿等权益。我国证券法设定了控股股东、实际控制人的范围界定标准，信息披露制度之原则、标准以及法律责任与豁免等制度，但也存在一些不足。本文在此基础上，对控股股东、实际控制人信息披露制度的完善提出了建议。

关键词：信息披露　控股股东　实际控制人　法律责任

引　言

瑞幸咖啡财务造假案引发了国内外资本市场的热烈关注。瑞幸咖啡财务造假行为严重违背了证券法对信息披露真实及时的基本要求，不仅损害了中概股在国际资本市场上的声誉，更是给中美两国投资者造成了巨大损失，其信息披露违规行为必然会面临中美两国民事、行政和刑事法律责任的追究。造假事件曝光后，中国证监会对其涉嫌欺诈的行为进行谴责，提出对资本市场上的造假行为"零容忍"。① 美国参议

* 本文系国家社科基金重点项目"我国地方金融监管立法理论与实践研究"（19AFX0200）部分成果。感谢四川省社会科学院周友苏团队对本文的贡献。

** 浙江大学光华法学院教授、博士研究生导师。

*** 浙江大学光华法学院硕士研究生。

① 参见《中国证监会声明》，载中国证监会官网：http://www.csrc.gov.cn/pub/newsite/zjhxwfb/xwdd/202004/t20200403_373199.html，最后访问日期：2020 年 7 月 2 日。

院于2020年5月20日通过了旨在加强审计审查的《外国公司问责法案》,矛头直指在美国上市的中概股公司。[①] 瑞幸咖啡作为神州系前高管团队再创业的成果,股权结构和投票权结构高度集中,以董事长陆某某为首的高管团队是名副其实的控股股东和实际控制人。[②] 因此,上市公司控股股东、实际控制人信息披露义务与法律责任是瑞幸咖啡案法律适用与制度反思的重点问题。

一、控股股东、实际控制人的范围界定

上市公司控股股东、实际控制人对上市公司信息披露行为具有重大影响力,其概念范围的准确界定是讨论控股股东、实际控制人信息披露法律责任的前提与基础。本文通过法律检索梳理了各层级法律规范中控股股东和实际控制人的界定标准,如表1与表2所示。

表1　法律规范中对控股股东的界定

条文编号	条文内容
《公司法》第216条	(二)控股股东,是指其出资额占有限责任公司资本总额50%以上或者其持有的股份占股份有限公司股本总额50%以上的股东;出资额或者持有股份的比例虽然不足50%,但依其出资额或者持有的股份所享有的表决权已足以对股东会、股东大会的决议产生重大影响的股东
《上海证券交易所股票上市规则》第18.1条	“(六)控股股东:指其持有的股份占公司股本总额50%以上的股东;或者持有股份的比例虽然不足50%,但依其持有的股份所享有的表决权已足以对股东大会的决议产生重大影响的股东”
《深圳证券交易所股票上市规则》第18.1条	“(五)控股股东:指其持有的股份占公司股本总额50%以上的股东;或者持有股份的比例虽然不足50%,但依其持有的股份所享有的表决权已足以对股东大会的决议产生重大影响的股东”

可见法律规范中对控股股东的界定标准较为统一,主要有以下两条:(1)持有的股份占公司股本总额50%以上的股东,即绝对控股股东;(2)持有股份的比例虽然不足50%,但依其持有的股份所享有的表决权已足以对股东大会的决议产生重大影响的股东,即相对控股股东。

① S.945 – Holding Foreign Companies Accountable Act,116th Congress(2019 – 2020).

② 截至2020年1月21日,董事长陆某某持股23.94%,投票权36.9%;CEO钱治亚持股15.43%,投票权23.8%。数据来源为Wind数据库。

表2　法律规范中对实际控制人的界定

条文编号	条文内容
《公司法》第216条	“(三)实际控制人,是指虽不是公司的股东,但通过投资关系、协议或者其他安排,能够实际支配公司行为的人”
《上海证券交易所股票上市规则》第18.1条	“(七)实际控制人:指虽不是公司的股东,但通过投资关系、协议或者其他安排,能够实际支配公司行为的人。(八)控制:指能够决定一个企业的财务和经营政策,并可据以从该企业的经营活动中获取利益的状态。具有下列情形之一的,构成控制:1. 股东名册中显示持有公司股份数量最多,但是有相反证据的除外;2. 能够直接或者间接行使一个公司的表决权多于该公司股东名册中持股数量最多的股东能够行使的表决权;3. 通过行使表决权能够决定一个公司董事会半数以上成员当选;4. 中国证监会和本所认定的其他情形”
《深圳证券交易所股票上市规则》第18.1条	“(六)实际控制人:指通过投资关系、协议或者其他安排,能够支配、实际支配公司行为的自然人、法人或者其他组织。(七)控制:指有权决定一个企业的财务和经营政策,并能据以从该企业的经营活动中获取利益。有下列情形之一的,为拥有上市公司控制权:1. 为上市公司持股50%以上的控股股东;2. 可以实际支配上市公司股份表决权超过30%;3. 通过实际支配上市公司股份表决权能够决定公司董事会半数以上成员选任;4. 依其可实际支配的上市公司股份表决权足以对公司股东大会的决议产生重大影响;5. 中国证监会或者本所认定的其他情形”
《上市公司收购管理办法》第84条	“(一)投资者为上市公司持50%以上的控股股东;(二)投资者可以实际支配上市公司股份表决权超过30%;(三)投资者通过实际支配上市公司股份表决权能够决定公司董事会半数以上成员选任;(四)投资者依其可实际支配的上市公司股份表决权足以对公司股东大会的决议产生重大影响;(五)中国证监会认定的其他情形”
《〈首次公开发行股票并上市管理办法〉第十二条实际控制人没有发生变更的理解和适用——证券期货法律适用意见第1号》第2条	“公司控制权是能够对股东大会的决议产生重大影响或者能够实际支配公司行为的权力,其渊源是对公司的直接或者间接的股权投资关系。因此,认定公司控制权的归属,既需要审查相应的股权投资关系,也需要根据个案的实际情况,综合对发行人股东大会、董事会决议的实质影响、对董事和高级管理人员的提名及任免所起的作用等因素进行分析判断”

可见法律规范中对实际控制人的界定并不一致,角度不同,内容略有差异又互为补充。在实务中判断特定主体是否拥有公司的控制权,除对公司有直接或间接的股权投资关系外,还应根据具体情况,综合对公司决策和管理的影响力因素进行分析。此外,《上市公司收购管理办法》、沪深两大证券交易所股票交易规则等均将股东涵摄到实际控制人中,而《公司法》明文规定实际控制人与控股股东概念互斥。考虑规范

层级的协调与法律用语的统一,部门规章等规范性文件中的界定标准有必要做一定调整。

二、信息披露制度之原则、标准与豁免

(一)信息披露义务的基本原则

为确保证券市场信息资源分配的公平性和均衡性,维护投资者的信心和市场秩序,信息披露义务人应当按照一定的标准衡量和约束自己的披露行为。即信息披露应当有一个基本尺度,依照这一尺度进行披露的,该披露行为有效;违反或未达到该尺度的,披露义务人就要承担相应的法律责任。这一基本尺度就是信息披露制度的基本原则,它源于法律规定,但又不完全等同于法律规定,它是对法律规定的理论抽象和具体解释。[①]

1. 真实披露原则

真实性是信息披露的根本原则,几乎成为信息披露制度的前提性假设。[②]信息披露制度的目的在于使证券投资者能够将有关发行人或上市公司所披露的信息作为判断证券价格和进行投资决策的依据,这必然要求其所披露的信息能够真实地反映其经营成果和财产状况,不得有虚伪记载、误导或欺骗。当然,特定情况下对信息披露的真实性也不能过于苛求,如由于突发环境事件中的信息具有难以获取性、有限性、不确定性和时效性特质,上市公司信息披露内容的真实也具有相对性。[③]

2. 全面披露原则

信息披露的全面性,是指信息披露的有关信息和资料必须全面完整,不得存在故意隐瞒或重大遗漏。信息披露的全面性有质和量两方面的要求。从质的角度来说,披露信息必须是"重大信息",即能够对证券市场价格造成较大程度影响的重大事件。从量的角度说,披露信息必须足以使投资者作出投资决策。[④] 上市公司在信息披露上常犯的错误就是选择性披露,有利信息就加以披露,不利信息就不披露,这显然违反了信息披露的全面性原则。

---

① 参见周友苏主编:《证券法新论》,法律出版社2020年版,第320页。

② 参见程茂军:《上市公司信息披露法律规制研究》,中国法制出版社2019年版,第42页。

③ 参见朱谦:《上市公司突发环境事件在信息披露的真实性探讨——以紫金矿业环境污染事件为例》,载《法学》2012年第6期。

④ 参见《证券法》第78条。

3. 简明披露原则

信息披露的简明性,是指信息披露应当简明清晰,通俗易懂,以便披露的信息能被一般投资者理解。其内容与表达应尽量通俗易懂、浅显直白,不得故作玄虚、语焉不详,或作其他使投资者发生错误判断的陈述,此亦为2019年《证券法》的新增规定。[①] 信息披露的简明性并不意味着信息披露可以抛弃用语的专业化和准确化,专业术语或行业术语在表述准确上常具有无可替代性,信息披露义务人应作出便于一般投资者理解的必要解释。[②]

4. 公平披露原则

信息披露的公平性,是指信息披露义务人履行信息披露义务时,必须向所有投资者公开披露,让所有投资者可同时获悉同样信息。[③] 应当向所有投资者披露,即不得仅仅向证券分析师、机构投资者等披露;针对境内境外两地或多地上市的信息披露义务人,披露信息时应当境内境外同步进行,不能先外后内,厚此薄彼。公平披露是平等获取信息和投资者平等理念的逻辑延伸。

(二)信息披露的"重大性"标准

信息披露是为了支撑市场有效性,如果一切信息事无巨细统统都要披露,则一是证券市场上将充满信息噪声,投资者无所适从;二是现代反不正当竞争和产权理论建立起来的商业秘密保护机制可能土崩瓦解。如前所述,完整的信息披露有"重大性"标准的质之要求,梳理我国相关规范性文件的规定,可知我国采用的是多层次、多元化的"重大性"认定标准。

1. 投资者标准

以理性投资者的判断作为认定信息是否具有重大性的标准。如果一项信息对于投资者的决策确有重要意义,那么该信息就是重大的,必须及时、全面、准确地进行披露;反之,义务人就不需要披露这项信息,即使披露,一般也不承担虚假陈述的责任。[④] 其典型代表为新《证券法》第19条,[⑤]《公开发行证券的公司信息披露内容与格式准

---

① 参见《证券法》第78条。

② 参见陈甦、吕明瑜:《论上市公司信息公开的基本原则》,载《中国法学》1998年第1期。

③ 参见陈秧秧:《选择性披露的管制与内幕交易法的演变:基于美国公平披露条例的研究》,载徐明等主编:《证券法苑》(第3卷),法律出版社2010年版,第768~797页。

④ 参见李君临:《证券市场信息披露重大性标准探析》,载《特区经济》2007年第11期。

⑤ 《证券法》第19条规定:发行人报送的证券发行申请文件,应当充分披露投资者作出价值判断和投资决策所必需的信息,内容应当真实、准确、完整。

则1号——招股说明书》(以下简称《信息披露内容与格式准则1号》)第3条。[①] 2019年《全国法院民商事审判工作会议纪要》也采用了投资者标准,但以"被监管部门行政处罚"为判断前提。[②]

2. 证券价格波动标准

当某一项信息公布与否预期会对相关股票的市场价格产生较大波动影响时,该信息即被认定为满足"重大性"标准。该判定标准的出发点是维护证券价格的稳定性,保护中小投资者利益,故适用于上市公司持续信息披露阶段。其典型规范为《上市公司信息披露管理办法》第30条的规定,即发生可能对上市公司证券及其衍生品种交易价格产生较大影响的重大事件,投资者尚未得知时,上市公司应当立即披露,说明事件的起因、目前的状态和可能产生的影响。

3. 发行风险因素标准

鉴于证券市场投资者与发行人之间存在固有的信息鸿沟,投资者对拟上市股票的价值评估和投资决策的作出有赖于初始信息披露的准确性。然而,发行人具有天然的逐利性,其在信息不对称中所处的优势地位使其更具有隐瞒不利信息,瞒天过海冲刺上市的动机。因此,在证券发行上市的初始信息披露阶段,"重大性"标准尤其关注信息是否反映了发行人经营状况、财务指标和盈利能力的风险因素,代表性规范为《信息披露内容与格式准则1号》第27条第1款。[③]

(三)信息披露的豁免

信息披露制度需要在资本市场筹资者和投资者之间达致利益均衡,以便既能保护筹资者利益,也能保护投资者利益。信息披露制度的设计目的,主要是保护投资者交易公正,保障证券市场运行稳健,但对市场行为的规制总伴随着一定的成本。在不影响投资者信心和市场安全的前提下,给予部分可靠度较高的上市公司信息披露义务的减轻或免除,可以有效地提高证券市场的效率。

1. 发行上市阶段

证券发行登记豁免,是指一国证券监管机关为平衡保护投资者与便利筹资者之

---

① 《公开发行证券的公司信息披露内容与格式准则第1号——招股说明书》第3条规定:不论本准则是否有明确规定,凡对投资者做出投资决策有重大影响的信息,均应披露。

② 参见《全国法院民商事审判工作会议纪要》第85条。

③ 《公开发行证券的公司信息披露内容与格式准则第1号——招股说明书》第27条第1款规定:发行人应当遵循重要性原则,按顺序披露可能直接或间接对发行人生产经营状况、财务状况和持续盈利能力产生重大不利影响的所有因素。

间的利益冲突,对于安全度可以保证的证券之发行减轻或免于审核的法律制度。[①] 发行审核之豁免即意味着一定程度上信息披露义务之豁免。目前,我国规定的发行披露豁免主要是《信息披露内容与格式准则1号》第5条规定的保密豁免,国家机密、商业秘密信息等可以申请发行披露豁免。[②]

2. 持续信息披露阶段

在公司上市后的持续信息披露阶段,信息披露义务人除严格依法履行信息披露义务外,同样也可以合理利用相关豁免规则,以便在强制信息披露与正常商业经营之间保持良好平衡关系。国务院《股票发行与交易管理暂行条例》第60条规定,上市公司有充分理由认为向社会公布某重大事件会损害公司利益,且不公布也不会导致股票市场价格发生重大变动的,经证券交易所同意,可以不公布。上海证券交易所有专门的《上市公司信息披露暂缓与豁免业务指引》以规范上市公司信息披露暂缓与豁免行为,督促信息披露义务人依法合规履行信息义务。针对科创板的特殊性,证监会及上海证券交易所还为科创公司量身定制了一套豁免规则,主要包括不确定重大事项披露豁免、调整适用披露豁免、商业秘密披露豁免和红筹企业披露豁免,具体条文详见《科创板股票上市规则》和《科创板上市公司持续监管办法(试行)》。[③]

三、控股股东、实际控制人信息披露的现状考察[④]

(一)控股股东和实际控制人的信息披露违法数据

中国证监会处罚的违法行为中涉及信息披露违法的占比达61.41%,在1749件案件中,涉及控股股东的为251件,实际控制人的为186件,占比达25%。中国证监会公布的2019年20起典型违法案例中,有6起是涉及控股股东和实际控制人的案件,说明控股股东和实际控制人证券违法行为占比较高并呈增多的趋势。

从近年揭露的违法案件来看,涉及控股股东和实际控制人的案件往往涉及财务造假、欺诈上市等性质比较严重的违法行为,如金亚科技、康美药业、新绿股份的实际

① 参见周晓刚:《美国证券发行注册豁免制度研究》,载《证券市场导报》2001年第4期。

② 《公开发行证券的公司信息披露内容与格式准则第1号——招股说明书》第5条规定:若发行人有充分依据证明本准则要求披露的某些信息涉及国家机密、商业秘密及其他因披露可能导致其违反国家有关保密法律法规规定或严重损害公司利益的,发行人可向中国证监会申请豁免按本准则披露。

③ 参见周友苏主编:《证券法新论》,法律出版社2020年版,第531~352页。

④ 数据来源为国泰君安数据库,时间跨度为2017~2019年。

控制人财务造假案,保千里、天翔环境实际控制人隐瞒重大关联交易违规案。这些行为往往会给上市公司和中小投资者造成重大的利益损害。

(二)控股股东和实际控制人主体属性的数据

控股股东和实际控制人主体属性可以分为法人或自然人,法人可进一步分为企业法人和机关法人等其他法人,企业法人还可以进一步分为国企法人和民企法人等其他法人。在统计的1300余家上市公司中,出现"两高"现象:一是自然人作为实际控制人的占比高,达到57.8%(742家);二是事业法人和机关法人作为实际控制人的占比高,达到36.23%(主要为中央和地方各级国资委);与之对应的是企业法人占比很小,仅为5.92%。

实际控制人中自然人占比高从一个侧面可以回应前述数据得出的第一个结论,即实际控制人违法行为什么占比较高并呈增多趋势。自然人与法人相比,受到的制约相对较小,而且往往具有故意违法的动机,可以从中获得个人收益,实践中财务造假案件多是作为自然人的实际控制人操控所为。如前述2019年20起典型违法案件中,有6起涉及实际控制人的案件均为自然人违法的情形。而其他类型的实际控制人违法行为多为未勤勉尽责的情形。自然人占比高的状况也表明,控股股东和实际控制人违法行为还可能呈持续增长的趋势。

(三)第一大股东(控股股东)的持股比例的数据

在统计的1300余家上市公司中:第一大股东持股比例达到50%(绝对控股股东)以上占17.5%;持股30%~50%的占40.90%,而持股30%以下的占比最高,为41.95%,其中,持股10%以下的上市公司有24家,其中控股股东和实际控制人为自然人达到12家,占比50%。持股最少的控股股东仅占上市公司股份的4.31%,这与2005年《公司法》《证券法》修订时上市公司普遍为国企控股且"一股独大"的现象有了很大的改变。

第一大股东持股占比的减小的现象,可以从不同角度作出分析。首先,拥有公司资本的少数(甚至不足5%)居然可以完整地控制公司,是对公司"资本多数决"制度基础的异化。其次,持有资本少数就可以控制整个公司意味着上市公司公众化程度高,也意味着控股股东在实施违法行为时也可以"以小博大",以较小成本获取巨大的违法利益,如财务造假、"掏空行为"、关联交易和内幕交易等,在巨大利益的驱使下,就有人会为追逐利润而不惜铤而走险。由此也不难理解近年来控股股东和实际控制人财务造假等违法行为不断增多的原因,而且还不排除可能继续增长的发展态势。

也说明新《证券法》关于加大违法成本,遏制和减少证券违法行为相关内容修法的必要性和合理性。

四、控股股东、实际控制人信息披露的法律责任

(一)立法现状

我国已经形成了以新《证券法》和《公司法》为核心,相关行政法规、部门规章和行业规定等规范性文件为补充的多层次的上市公司控股股东、实际控制人信息披露的法律体系。其中,法律和行政法规层次的法律规范确立了基本制度和原则性规范,部门规章和行业规定层级的法律规范对信息披露的内容、形式和程序都作出了科学合理的规定,形成了一套完备的可操作性规范。表3梳理了我国证券市场信息披露制度的基本法律框架。在法律责任方面,主要由《公司法》和《证券法》规定了控股股东、实际控制人违反信息披露义务的法律责任,具体表现为行政责任(《证券法》第197条)、刑事责任(《公司法》第215条、《刑法》第161条)和民事赔偿责任(《公司法》第21条、《证券法》第85条)三种。

表3 信息披露制度法律体系①

效力等级	规范名称	发布部门或单位
法律	《证券法》	全国人大常委会
	《公司法》	全国人大常委会
行政法规	《证券公司监督管理条例》	国务院
	《股票发行与交易管理暂行条例》	国务院
	《公司登记管理条例》	国务院
部门规章	《上市公司信息披露管理办法》	证监会
	《证券发行与承销管理办法》	证监会
	《上市公司股东持股变动信息披露管理办法》	证监会
	《公开发行证券的公司信息披露内容与格式准则》系列	证监会
	《公开发行证券的公司信息披露编报规则》系列	证监会

① 资料整理于北大法宝法律法规数据库:https://www.pkulaw.com/law/,最后访问日期:2020年7月2日。限于篇幅,并未列出所有相关法律规范,故为不完全整理。

续表

效力等级	规范名称	发布部门或单位
行业规定	《上海证券交易所股票上市规则》	上海证券交易所
	《上海证券交易所会员管理规则》	上海证券交易所
	《上市公司重大资产重组信息披露业务指引》	上海证券交易所
	《科创板创新试点红筹企业财务报告信息披露指引》	上海证券交易所
	《上海证券交易所上市公司高送转信息披露指引》	上海证券交易所
	《深圳证券交易所股票上市规则》	深圳证券交易所
	《深圳证券交易所会员管理规则》	深圳证券交易所
	《深圳证券交易所行业信息披露指引》系列	深圳证券交易所
	《深圳证券交易所资产支持证券临时报告信息披露指引》	深圳证券交易所

(二)《证券法》修订要点

新《证券法》修订的重要理念是管制方式的调整,通过全面推行注册制来降低证券市场的准入门槛,在放松事前管制力度的同时,强化了事中事后的管制力度。强化管制的举措之一就是加大违法成本,加重相关主体的义务和责任,这也体现在对控股股东和实际控制人的相关规定上。基于投资者保护的目的,控股股东、实际控制人作为上市公司的实际决策影响者,新《证券法》在本次修订中进一步强化了其法定义务和民事责任。统计表明,本次《证券法》修改直接涉及控股股东和实际控制人的规定有10条,可以概括为以下三个方面的内容。

1. 增加控股股东和实际控制人的法定义务

新《证券法》第51条将控股股东和实际控制人界定为证券交易内幕信息的知情人,规定其不得利用内幕信息从事证券交易活动。其第80条是关于重大事件信息披露的规定,其中规定公司的控股股东或者实际控制人对重大事件的发生、进展产生较大影响的,应当及时将其知悉的有关情况书面告知公司,并配合公司履行信息披露义务。其第84条是关于自愿披露的规定,控股股东或者实际控制人可以自愿披露与投资者作出价值判断和投资决策有关的信息,但不得与依法披露的信息相冲突,不得误导投资者。其第93条则规定,如果采取先行赔付方式的,控股股东和实际控制人为先行赔付的义务人。

2. 强化追究关键少数和首恶的责任

新《证券法》第12条限制控股股东和实际控制人最近3年存在经济刑事犯罪的公司首次公开发行新股。其第94条将控股股东和实际控制人增列为股东代表诉讼的加害人主体,使股东代表诉讼的范围不限于公司法上的董监高,而且也包括了控股股东和实际控制人在内。其第 181 条、第 185 条、第 197 条分别将控股股东和实际控制人增列为欺诈发行证券、擅自改变募集资金用途、虚假陈述等违法违规行为的主体,只要在这些违法行为中从事了组织、指使作用的,就要受到法律对该违法行为的处罚。

3. 显著加大信息披露的违法违规成本

一是提高对违法行为的处罚数额。例如,新《证券法》第 197 条对虚假陈述负有责任的控股股东和实际控制人从原来罚款 30 万 ~ 60 万元,提高到现在的 100 万 ~ 1000 万元。另外,还增加了对控股股东和实际控制人的直接负责的主管人员和其他直接责任人员的罚款,实行双罚制,即对控股股东和实际控制人处罚的同时,还要对其直接负责的主管人员和其他直接责任人员同时处以 50 万 ~ 500 万元的罚款。二是改变了责任实现方式,也就是对控股股东和实际控制人追责方式做出调整。例如,第 85 条将控股股东和实际控制人的民事赔偿责任的过错责任修改为过错推定责任;投资者保护一章中规定的在民事追责方式上投保机构的支持诉讼、股东代表诉讼和代表人诉讼(默示加入,明示退出)制度的确立,大大提高了违法者承担民事责任的可能性。

新《证券法》三个方面的修改从整体上加重了控股股东和实际控制人对公司和其他股东的义务,从以前的诚信义务升级为信义义务,使之与公司董监高的义务基本一致。监管者需要严格执法,转变监管理念,把监管的重心从以前的重审批调整到重事中事后的查处,加强对上市公司监督、对违法行为的查处力度,增大违法成本,使其不敢为。上市公司应当完善公司法人治理,加强内控制度建设,强化独立董事和监事会的作用,约束控股股东和实际控制人的行为,使其不能为。控股股东和实际控制人应当规范自身行为,及时了解新《证券法》修改的有关内容,对证券法、证券市场、投资者要有敬畏感,知法守法,勤勉尽责,加强自身行为约束,防患于未然。

(三)信息披露违规行为类型化

当前,上市公司控股股东、实际控制人证券信息披露违规行为较以往更为隐蔽且交织混杂,导致其违法违规行为的识别查处以及法律责任的追究的难度加大。一方面,信息披露违规行为常与操作证券市场、掏空上市公司等行为交织混杂,难以严格区分;另一方面,控股股东、实际控制人有意隐藏身份,通过复杂化、长链条的投票权行使方式瞒天过海,试图逃避监管。上述上市公司控股股东、实际控制人信息披露违规的新动向给法律适用也带来了一系列难题,例如,违法行为识别查处难度加大、相邻法律的规制与协调。因此,有必要依照《证券法》的规制路径对上市公司控股股东、实际控制人证券违法违规行为和信息披露违规行为进行类型化总结。类型化之目的在于,由有关的具体事物中区分出一般的特征、关系及比例,以补充一般概念及其逻辑体系不足以掌握某种生活现象或意义脉络的多样表现形态之不足,因此,类型应当处于个别直观及具体的掌握与抽象概念两者之间。① 具体见表4及表5。

表4 控股股东、实际控制人证券违法违规行为类型化

类型	具体行为	《证券法》依据
信息披露类	组织、指使发行人欺诈发行	第24条、第181条
	擅自变更募集资金用途	第185条
	不履行公开承诺	第84条
	组织、指使或者隐瞒导致披露违法	第85条、第197条
市场交易类	短线交易	第44条
	内幕交易	第53条
	操纵市场	第55条
	违规减持	第36条、第186条
公司收购类	违反大宗持股权益变动义务	第63条
	未按规定履行收购公告、发出收购要约义务	第196条

表5 控股股东、实际控制人信息披露违规行为类型化

具体行为	《证券法》依据
组织、指使发行人实施证券欺诈发行	第24条、第181条
从事或者组织、指使擅自变更募集资金用途	第185条
不履行公开承诺	第84条
组织、指使或者隐瞒导致信息披露违法	第80条、第85条、第197条
违反大宗持股权益变动的披露与慢走义务	第63条
未按规定履行收购公告、发出收购要约义务或导致公司及股东受损	第196条

(四)信息披露民事责任的认定

结合上文的法律责任梳理,不难发现,我国现今的信息披露责任追究法律体系,对行政责任的规定较完整具体,刑事责任的定位是惩处违法行为的最后一道防线,而

① 参见[德]卡尔·拉伦茨:《法学方法论》,陈爱娥译,商务印书馆2005年版,第337~338页。

民事责任则仍处于方兴未艾的阶段。民事责任的总体框架已经建立,但在实际追究责任的具体细节上,控股股东、实际控制人民事责任的认定或者说构成要件仍然值得进一步探讨。

1. 责任主体与义务范围

控股股东、实际控制人对上市公司日常生产经营及内部运作治理具有实际控制力,因此也成为证券市场信息披露的重点关注对象。控股股东、实际控制人在信息披露事宜中一般扮演两种角色。一种是披露义务人的角色,即本身作为信息披露义务主体通过上市公司渠道进行信息披露。控股股东、实际控制人负有将重大情况告知上市公司,配合上市公司作为主体进行信息披露的义务,[①]以及在作出公开承诺时披露承诺事宜的义务。[②] 另一种是披露担保人的角色,在某些情形下控股股东、实际控制人并不是信息披露义务的核心主体,不负直接披露义务,但需对披露文件的真实性、完整性、准确性等承担担保责任。

2. 行为类型与损害结果

我国法律上规定的信息披露违规行为包括《证券法》第 85 条明确规定的虚假记载、误导性陈述、重大遗漏和未按规定披露。未按照规定披露,主要指应当披露而没有披露,在文义上也包括应当在特定的时间、地点,以特定的方式、格式进行披露,而没有遵循相关规定进行披露。最高人民法院《关于审理证券市场因虚假陈述引发的民事赔偿案件的若干规定》(以下简称《虚假陈述司法解释》)在上述规定基础上增加了不正当披露作为虚假陈述行为的类型之一。不正当披露是指信息披露义务人未在适当期限内或者未以法定方式公开披露应当披露的信息。[③] 损害后果,是指上市公司或投资者因控股股东、实际控制人信息披露违规而遭受的财产性损失,财产性损失的范围应是可度量的、可确定的。在损失计算方面,我国法院系统采取的是"平均价格之差"计算方法,精准捕捉投资者在证券市场上的实际损失。[④] 在赔偿范围方面,我国证券法对损害赔偿范围的划定坚持"实际损失补偿"原则,被告应对原告的实际损失进行赔偿,而不以信息披露违规的非法利益为限度,因此具有一定的惩罚性。

---

① 参见《证券法》第 80 条第 3 款。

② 参见《证券法》第 84 条第 2 款。

③ 参见李有星、潘政:《瑞幸咖啡虚假陈述案法律适用探讨——以中美证券法比较为视角》,载《法律适用》2020 年第 9 期。

④ 参见最高人民法院《关于审理证券市场因虚假陈述引发的民事赔偿案件的若干规定》第 31 条、第 32 条。

3. 因果关系与归责原则

因果关系是判断信息披露违规民事责任救济主体及赔偿范围的关键环节。因果关系可分为两个层面。其一,投资者的投资决定是否因为信息披露违规而做出;其二,投资者的经济损失是否因为信息披露违规而导致。① 就交易上的因果关系而言,《虚假陈述司法解释》第 18 条规定:"投资人具有以下情形的,人民法院应当认定虚假陈述与损害结果之间存在因果关系:(一)投资人所投资的是与虚假陈述直接关联的证券;(二)投资人在虚假陈述实施日及以后,至揭露日或者更正日之前买入该证券;(三)投资人在虚假陈述揭露日或者更正日及以后,因卖出该证券发生亏损,或者因持续持有该证券而产生亏损。"就损失上的因果关系而言,《虚假陈述司法解释》第 19 条以排除的方式,规定了以下情况不具有损失上的因果关系:"(一)在虚假陈述揭露日或者更正日之前已经卖出证券;(二)在虚假陈述揭露日或者更正日及以后进行的投资;(三)明知虚假陈述存在而进行的投资;(四)损失或者部分损失是由证券市场系统风险等其他因素所导致;(五)属于恶意投资、操纵证券价格的。"②

信息披露义务人和信息披露告知人在上市公司信息披露链上的地位、作用和影响力不同,控股股东和实际控制人分别扮演上述两种角色时所适用的归责原则也不同。新《证券法》第 85 条规定,信息披露义务人对信息披露违规承担无过错责任,无论其主观上是否存在故意或过失,无论违规事项是由其自身原因导致还是其他机构或人员导致;而信息披露担保人承担过错推定的连带赔偿责任,且举证责任倒置。③

五、控股股东、实际控制人信息披露的制度完善

(一)引入控股股东认定的实质穿透式标准

从目前法律规范对控股股东的认定标准来看,主要采用"持股比例 + 实质影响力"的双重认定模式,但实质影响力的范围仅局限在对会议决议、人事任免两方面,未能涵盖同样具有实质影响力的协议共同控制、活跃股东控制等非典型控股股东。协议共同控制的主要情形有家庭关系、投资关系和一致行动人,该种实际控制模式的真

① 参见石晓波:《中国证券市场虚假陈述民事责任构成要件研究》,载《中南财经政法大学学报》2004 年第 1 期。

② 李有星、潘政:《瑞幸咖啡虚假陈述案法律适用探讨——以中美证券法比较为视角》,载《法律适用》2020 年第 9 期。

③ 参见《证券法》第 85 条。

实性和合理性常具有瑕疵,共同控制结构也不稳定。活跃股东控制则,是指在现代公众公司股权高度分散的背景下,分散股东的表决权意愿与能力是存在差异的,少数投资者的持股比例和投票权虽难以对公司施加实质性影响,但他们却能够通过积极的活动、个性化的努力,达到某一事项或某些事项的控制性目的,甚至具有足够的能量推动具有利益冲突的关联交易。例如,短线投资的活跃股东可以公关行动或投票权征集相威胁,向公司管理者施压,要求后者推行能够推高短期股价但无益于公司成长,从长远来看甚至有害于公司的措施。①

特定主体可以通过众多并不需要掌握公司大多数投票权的策略来影响上市公司的行动。因此,就上市公司的某一特定决定或政策,如果行为人的态度是决定性的或者举足轻重的,即可认定构成实际控制。实质穿透式标准是视个案而定的,其重心不在于确定相关主体作为实际控制人的长期地位,而在于确定相关主体在某特定事项中满足了控制权标准,从而启动实际控制人标准的追责程序。在信息披露事项中某一主体控制了公司,作出了损害公司和投资者利益的行为,即可超越实际持股比例或传统实质影响力标准,对该主体科以控股股东的监管标准,并追究相应的法律责任。

(二)精准区分责任主体,靶向差异化追责

上市公司出现信息披露违规,虽然上市公司是信息披露义务人,但其通常仅是背后控制人作恶的工具,追责时应落实到"首恶"。应坚持并完善精准监管机制,区分上市公司与控股股东、实际控制人的责任划分并进行差异化处理,精准执法、靶向执法,减轻对上市公司的二次伤害。以万达信息信息披露违规案为例,万达信息遭原控股股东实控人违规占用资金,上市公司万达信息未及时披露其资金被实际控制人占用构成信息披露违规。但监管机构对原控股股东和实控人史某立案调查,对上市公司仅采取了责令改正的行政监管措施。

就上市公司监管而言,要以促进上市公司可持续发展为目标,以加强公众投资者保护为重点,扭转监管者处罚上市公司后因股价下跌导致的普通无辜股民的"二次伤害"。因此,本文建议将行政监管处罚的重点对象锁定在上市公司背后的真正失信者、违法者(如控股股东、实际控制人、董事与高管),打击上市公司背后的违法者,放开放活上市公司,有助于资本市场的稳定与发展。② 创新性地差异化认定责任主体,精准确定不同主体的责任分配与补偿,既能有效地震慑控股股东、实际控制人,又能

① 参见[美]罗伯塔·罗曼诺:《公司法基础》(第2版),罗培新译,北京大学出版社2013年版,第417页。

② 参见刘俊海:《新公司法的首要使命是什么》,载《检察日报》2019年10月23日,第7版。

合理保护上市公司正当利益,并增强证券市场参与者的信心。

(三)构建特殊股权架构下的特别约束

2018年中国证监会发布《关于开展创新企业境内发行股票或存托凭证试点的若干意见》,明确允许同股不同权企业在境内市场公开发行上市。特别表决权股东因仅需持有较低股权就可取得对公司的控制权,这可能会导致所有权和控制权的进一步分离。同股不同权的结构会给上市公司信息披露带来实际控制人道德风险增加、内部董监事监督机制失效的风险。特别表决权股东因仅凭较少股权就可取得对公司的控制权,将对公司治理形成威胁。拥有控制权但持股较低的特别表决权股东,因其股份在分红等经济利益方面没有特别优势,因而其与普通股东的利益冲突可能会加剧,其为了谋取个人利益而利用手中的控制权损害公司和其他股东利益的道德风险会更大。当特别表决权股东因特别表决权设置而可以控制股东会决议时,独立董事和监事履职和监督都有可能会受到特别表决权股东的不正当干扰。①

为保障信息披露机制在特殊股权架构下的正常运转,有必要通过制度和司法来规范公司意思自治的边界限制。其一,完善实质管理和信息披露相结合的监管模式。存在投票权差异、协议控制架构或类似特殊安排的,应于首次公开发行时,在招股说明书等公开发行文件显要位置充分、详细披露相关情况,特别是风险、公司治理等信息以及依法保护投资者合法权益的各项措施。② 其二,禁止特别表决权股东滥用权利,准确界定特别表决权股东权利边界,坚持"控制与责任相一致"原则,在"同股不同权"的同时,做到"同股不同责"。其三,加大对实际控制人关联交易等行为事中事后的监管与审查,对于通过关联交易损害公司利益的控股股东、实际控制人等责任主体,即使履行了法定决议程序也应承担民事赔偿责任。

(四)完善法律责任追究机制,引入失信联合惩戒

新《证券法》确立了事前依法注册、事中事后注重监管的强监管理念,其内在逻辑在于鼓励企业入市,但通过扩大责任主体的范围和加大违法成本,实施有效监管,从而实现资本市场法治化、市场化。鉴于此,必须强监管、强执法。但是,在目前法律责任追究机制立法与实务中还存在机制自身缺陷、相互衔接和配套问题。第一,在证券民事诉讼机制和非诉机制方面,存在违法行为的认定标准缺陷、先行赔付追偿程序设计缺失,以及调解协议司法确认程序复杂和诉讼与调解衔接不畅等问题。第二,在证

---

① 参见黄海燕:《特别表决权机制的推进及规范路径》,载《西南金融》2020年第3期。

② 参见证监会《关于开展创新企业境内发行股票或存托凭证试点的若干意见》第7节。

券法律责任追究机制的相互衔接方面,民事诉讼仍然受到行政处罚、刑事判决前置程序的限制,在行政处罚与刑事追诉衔接中的移送规范性和及时性也有待提高。第三,在证券法律责任追究机制的实体法及司法制度配套建设方面,新《证券法》《公司法》对上市公司内外监督制度规定尚不完善,律师、审判人员和调解机构专业化仍显不足。

针对立法和实务中存在的问题,多层次、体系化、系统性的证券法律责任追究机制的完善势在必行。监管理念的强化应当与制度的完善、法律的执行并行,严厉打击相关证券违法犯罪行为。应当着力完善民事诉讼制度和非讼机制,优化不同责任追究机制的运行衔接及其监督。同时,在《证券法》和《公司法》等实体法及纠纷解决机制方面,也应建立健全配套机制。上市公司应当同步强化内部控制与外部监督机制,建立违法投诉公示制度和违法行为检举制度。此外,为了使多层次、体系化、系统性的证券法律责任追究机制能够高效运行,有必要提升律师和调解机构的专业化水平,引入尽职尽责的专家辅助人,建立公正高效的证券纠纷解决联席机制,这些都是必不可少的。

除硬性的法律责任追究机制外,软性的失信联合惩戒机制可以丰富监管与追责的手段与资源,通过诚信约束与失信受限反向激励上市公司控股股东、实际控制人主动地、诚信地履行信息披露义务。2015 年,证监会联合国家发展和改革委员会、中国人民银行等 21 家部委联合发布《关于对违法失信上市公司相关责任主体实施联合惩戒的合作备忘录》,建立起上市公司相关主体违法信息共享和联合惩戒制度,创新监管机制,丰富执法手段,以弥补罚款等传统行政处罚的单一化、简单化的缺点。惩戒措施涵盖限制发债、禁止参加政府采购、外汇行政审批参考等多方面内容。① 在此基础上,中国证监会可以按照比例原则和程序正当原则将信息披露违规的行为纳入失信联合惩戒制度中。具体来说,可以考虑分为以下两阶段:其一,由上海证券交易所和深圳证券交易所作为第一监管人,收集上市公司控股股东、实际控制人信息披露违规信息,并决定是否纳入失信汇集清单;其二,由中国证监会和各地证监局作为监管机关,制定与信息披露违规行为情节、危害程度相适应的联合惩戒清单,并负责同其他部委、上市公司所在地政府进行信息共享与执法协调。

---

① 参见证监会《关于对违法失信上市公司相关责任主体实施联合惩戒的合作备忘录》第 3 节。

做空机制的法理基础与监管建议

李文莉* 陈晓曼**

摘　要:“瑞幸咖啡遭浑水公司做空”事件引发对做空机制的讨论,做空机制作为证券违法行为的有效市场化约束手段,是发达资本市场的净化器。从法律角度探寻做空机制运行机理与现实功能、考量做空机制滥用的风险,建议我国资本市场引进做空机制,并可以借鉴域外做空机制运行的经验,提出“培育长线做空”“预防交付风险”“禁止信息型市场操纵”“规制做空金融机构”的监管建议,为我国注册制下证券市场的平稳健康发展提供智力支持。

关键词:证券市场　注册制　市场化约束机制　做空机制

“瑞幸咖啡遭浑水公司做空”事件起于世界知名做空机构浑水公司2020年1月31日公开一份做空报告,以翔实的内容指控“瑞幸咖啡”涉嫌财务造假;彻底爆发于2020年4月2日“瑞幸咖啡”向美国证券交易委员会(Securities Exchange Commission,SEC)提交文件称,“发现公司2019年第二季度至第四季度虚增人民币22亿元交易额”①正面承认“造假”行为。随后,“瑞幸咖啡”股票2020年4月2日接连触发三次熔断,股价暴跌超80%,②引发证券市场一片哗然。此事件展示了“做空机制”以快准狠的方式吹散“瑞幸咖啡”的虚假繁荣泡沫,有效维护证券市场的公正

---

* 上海对外经贸大学法学院副院长、教授。

** 上海对外经贸大学法学院硕士研究生。

① 参见瑞幸咖啡官网:http://investor. luckincoffee. com/news-releases/news-release-details/luckin-coffee-announces-formation-independent-special-committee,最后访问日期:2020年4月6日。

② 参见瑞幸咖啡官网:http://investor. luckincoffee. com/historical-lookup? 8c7bdd83 - a726 - 4a84 - b969 - 494be2477e47%5BLK_OQ%5D%5Bdate_month%5D = 04&8c7bdd83 - a726 - 4a84 - b969 - 494be2477e47%5BLK_OQ%5D%5Bdate_day%5D = 2&8c7bdd83 - a726 - 4a84 - b969 - 494be2477e47%5BLK_OQ%5D%5Bdate_year%5D = 2020&url = ,最后访问日期:2020年4月6日。

透明。在我国新《证券法》正式实施的背景下，注册制对信息披露提出了更高要求，做空机制的引入有助于推动信息披露的完善以实现对投资者的保护，若对其监管得当，定能为我国注册制下证券市场的发展创造巨大价值。

一、做空机制的法理基础："套利激励"与"净化市场"的平衡

（一）做空行为的法律界定：以《做空交易规则》为依据

根据美国证券交易委员会2005年1月3日颁布的《做空交易规则》（Regulation SHO）中的定义，"做空"是指，任何非卖方持有的证券的出售，或由卖方借入或由卖方承担的证券的交付而完成的任何出售。[①] 即出于股票价格会下跌的预期，做空者先出售自己不持有的证券，待未来证券价格下跌后，以更低的价格在公开市场上再购回这些证券以交付给证券出借人，并从由此产生的价差中获利。

做空是一种与做多相对的反向操作，其特征包括：（1）做空主体多元性，做空者既可以是个人、机构，也可以是经纪人或交易商以及经销商。（2）做空原因特殊性，做空者以证券价格下跌的预期为行动基础而作出了"高卖低买"的选择。（3）做空手段特殊性，做空者出售的是非自己持有的证券。其中，做空的手段是与做多最鲜明的区别。为了明确"非自己持有"，《做空交易规则》第200条从反面明确列举了6种"个人自己持有"的情形、[②]2种"经纪人或交易商自己持有"的情形[③]以及3种"经销商自己持有"的情形。[④]

（二）做空机制的运行机理：以做空机构为例

在实践中，做空是一种涉及多方利益需要严格规范的交易策略。以做空机构为例，其做空的实践操作流程一般分为四步。

首先，做空机构需要借入目标公司的股票。作为机构做空者，其股票借入源于证券经纪商。[⑤] 原因在于证券经纪商的股票可以来自经纪商自己的库存、经纪商的其他

---

① 17 CFR § 242.200(a).

② 17 CFR § 242.200(b).

③ 17 CFR § 242.200(d).

④ 17 CFR § 242.200(e).

⑤ See "Short Selling: Regulation and Reporting Requirements", Accessed April 6, 2020, https://content.next.westlaw.com/Document/I2104b7bcef0811e28578f7ccc38dcbee/View/FullText.html?originationContext=docHeader&rs=cblt1.0&vr=3.0&contextData=(sc.Search)&transitionType=Document&needToInjectTerms=False&isplcus=true&firstPage=true&bhcp=1.

客户或者另一家经纪公司,[1]因此,证券经纪商的实力雄厚、持股数量多、持股稳定性强。基于做空机构大额的做空体量,做空机构更倾向于选择从证券经纪商处借入股票。借贷协议签订后,在结算日之前,经纪商找到要借入的目标公司股票并锁定该股票(称为“定位”)。[2] 在向证券经纪商缴纳了一定数额的保证金后,做空机构即可顺利借入目标公司股票。

其次,做空机构需要将自己借贷的股票出售给其他投资者。做空机构与看涨目标股票的投资者达成协议,在将卖单和买单配对后,双方有 3 天的时间来结算交易。[3] 做空机构在结算日到期之前交付股票,买方交付价款,买卖交易即告结束。做空机构成功将借贷股票转换为价款。

再次,当股票下跌之后,做空机构再买入与先前卖出数量相等的目标公司股票,将一部分价款转换为用于返还经纪商的股票。做空机构从先卖后买中获取价差利益。

最后,做空机构将回购的股票返还给经纪商,结算相关借贷利息费用,借贷交易即告结束。至此,做空机构获得除去操作成本后的价差利益,经纪商获得借贷股票的利息利益。

(三)做空机制的价值取向:“套利激励”与“净化市场”的平衡

做空作为一种交易策略,其首要目的在于满足交易主体的“套利”需求。做空机构可以通过“借”“卖”“买”“还”的四步操作完成做空。然而,简单的大量抛售股票的确会引起目标股票价格的短暂下跌,但抛售过后出于供需平衡,股票又会迅速回升到原先价格,所以这并不是做空机制的核心,做空机制之所以获利,其关键在于做空机构在采取 4 步行动之前,对目标公司的研判。这一研判正是基于对目标公司所披露的信息,结合多手段获取的其他未披露的与目标公司运营状况相关的信息而进行的综合分析。做空机构基于对目标公司的调研,得出目标公司股价虚高的结论,进而深入调查制成“做空报告”。在卖出目标公司股票后,继而发布“做空报告”,报告中的负面信息使目标公司股价下跌才是做空机制获利的关键。在查看了浑水公司自

---

① See “Short Selling: Regulation and Reporting Requirements”, Accessed April 6, 2020, https://content.next.westlaw.com/Document/I2104b7bcef0811e28578f7ccc38dcbee/View/FullText.html?originationContext=docHeader&rs=cblt1.0&vr=3.0&contextData=(sc.Search)&transitionType=Document&needToInjectTerms=False&isplcus=true&firstPage=true&bhcp=1.

② Ibid.

③ Ibid.

2010 年至 2020 年 19 份做空“中概股”的“做空报告”后，笔者总结了做空机构做空的三个切入点：(1)目标公司信息披露的“欺诈”性信息。(2)目标公司业务模式的不合理性。(3)目标公司中管理人员的不良信用表现记录。① 由此可见，“做空报告”是每一个做空机构的关键业务，也是做空机制获利的核心。

做空者为了自身“套利”，更加有动力去搜集目标企业的全面信息，利用目标企业的负面信息制成“做空报告”。只有挖掘出企业信息披露之外的隐含信息，做空者才能成为证券市场中“消息灵通者”，进而通过“先卖后买”的反向操作以及隐含负面信息的发布实现自身的“套利”需求。这是做空机制对做空者“套利激励”的体现。在“套利激励”过程中，做空者的收集信息行为能够促进信息披露有效性，进而保障证券有效定价、稳定证券价格波动，最终保护投资者利益使证券市场平稳健康发展，实现了“净化市场”的功能。做空机制平衡了“套利激励”与“净化市场”两种价值取向，实现了“私利”与“公益”的统一。

二、做空机制的功能优势

我国刚全面施行注册制的证券市场，在开放市场自由度的同时，也对信息披露、投资者保护提出了更高的要求。我国的证券市场现有发展尚不成熟，存在证券价格无法反映上市企业真实经营状况的问题，进而会损害投资者利益，影响证券市场的健康运行。做空机制的引入将利用做空机制的功能优势以保障证券价格真实性及上市企业信息披露的有效性。

(一)提高证券定价合理性

“无套利均衡理论”，是指如果市场上存在无风险的套利机会，就说明市场处于不均衡状态，而反向套利力量将会推动市场重建均衡。市场一旦恢复均衡，套利机会就消失。在市场均衡时无套利机会，这就是无套利均衡分析的依据。“无套利均衡理论”的应用，有助于实现证券定价合理化。

企业出于“融资”需求，在上市定价阶段更倾向于披露“利好信息”。因为证券市场中证券的价格受供求关系的影响，当证券买方因获取的“利好信息”而过于积极的需求即会产生证券“溢价”，上市企业即可获得更多融资。但当“溢价”水平持续攀

① 参见浑水公司官方网站：https://www.muddywatersresearch.com/research/，最后访问日期：2020 年 4 月 6 日。

高,进而产生"无风险套利机会"时,就会使证券市场处于不均衡状态。此时需要反向套利力量的介入,使证券市场恢复平衡。"做空机制"以负面评价和反向操作,从纠正此种市场"溢价"的异常状况中获利,正是反向套利的表现。套利定价理论也认为,套利行为是现代市场均衡价格形成的一个决定因素。因而做空机制具有恢复市场均衡,提高证券定价合理性的作用。

做空机制的潜在效益是,如果我们当前对证券的需求过分乐观,做空机制会迫使当前的价格更接近真实反映供求关系的水平。① 该结论与有效市场的假设是一致的,在该市场中,消息灵通的投资者可以改善消息不灵通的投资者设定的市场定价。② 相较基于上市企业披露的正面信息而选择做多的投资者,做空者会更加关注上市企业未予披露的负面信息,从而获得更多信息,成为助力证券合理定价的"消息灵通者"。

在我国证券市场实行注册制的情形下,企业上市后市盈率几十倍的增长,极少出现"破发"现象,恰恰反映了投资者过于积极的需求。长期供不应求的不均衡证券市场难以维系健康发展。基于此,做空机制的引入可以有效进行"套利"平衡,改善上市企业异常"溢价",使证券定价能够真实反映上市企业的发展状况,以保障投资者在初始阶段就获取完善的信息披露,作出真实的投资决策。

(二)平抑证券价格波动性

缺少做空机制的证券市场,股票的市场价格并不能反映所有投资者对上市公司价值的看法,它仅代表了最乐观的投资者的观点。对于持不太乐观态度的投资者获利的唯一可能性是领先其他投资者,并以超出其基本面的价格购买股票,以期望将其出售给更乐观的投资者。③

做空机制作为一种工具,可以将不同的观点纳作股票市场价格的衡量因素。做空者可以对股票价格进行"负面评价",从自己的负面信息研究中获利。这种获利的可能性转而为做空者寻找有关公司的负面信息提供了进一步的动力。与做多者不同,做空者对披露所有非积极信息具有明显的兴趣。④ 这可以弥补证券市场正面评价过多导致的信息不全面缺陷。如果做空者通过"负面评价",实现对证券价格的牵制,将当前价格推低到将来应然的水平,它将减少当前价格异常上涨的可能性,从而平抑

① See Tomas Bury, "Financial Crisis-Is Short Selling to Blame", *Common Law Review* 12, 2012, pp. 33 - 36.

② Ibid.

③ Ibid.

④ Ibid.

证券价格过高的波动性。[①]

此外,随着做空机制增加了市场中卖方的数量,潜在的买方有更高的可能性达成交易。因此,较高的交易量增加了证券的流动性,降低了买卖差价,从而降低了交易成本。如果投资者在进入和退出头寸时面临较低的障碍,则更有可能进行投资,因为投资者可以在最适宜的时间点快速开立和关闭头寸。[②]

在缺少做空机制的我国证券市场中,投资者大多通过正面评价进行做多,导致证券交易价格非理性上涨。若引入做空机制,理性的市场参与者就可以采取做空的策略获利,同时,做空机制增加了股票供应量,如此,在股价非理性上涨的过程中就会存在理性的打压力量,避免股价暴涨。做空机制以"负面评价"对股价频繁大幅度波动的牵制作用,能够最大限度地保障证券价格波动是上市企业发展状况变化的真实反映,保护投资者利益,维护证券市场有序发展。

(三)保障信息披露有效性

做空者的怀疑或消极情绪在保障信息披露有效性中扮演着重要的角色。一方面,做空者往往是最先发现公司虚假信息披露行为的第三人。[③] 由于许多做空者消息更为灵通、经验更丰富,其可能会在市场监管机构之前察觉到企业财务上的不当行为。尽管监管机构已尽最大努力密切关注上市企业,但比起做空者这些市场化的监督者而言,洞察力仍会稍显薄弱。重要原因在于那些研究公司基本面和公司股票价格的做空者,在做投资决策时只着眼于利润,出于逐利目的而更关注目标企业披露的任何信息。此外,相较监管机构而言,这些做空者也会有更多的资源和时间去钻研公司披露的财务信息的细节。[④] 另一方面,做空者一旦发现目标公司存在虚假信息披露,从而决定做空目标公司之后,将会给目标公司造成极大负面影响,甚至引发目标公司退市危机。面对这样来势汹汹的对虚假信息披露的攻击,无论是对目标公司还是证券市场上的其他企业,都具有强有力的威慑作用,使上市企业在信息披露方面慎之又慎,因为任何一个偏差都会以股价下跌为代价。

鉴于此,做空机制的引入,一方面,可以提高证券价格的真实性,增强我国证券市场的吸引力、激发证券市场活力;另一方面,可以保障信息披露的有效性,弥补我国证

① See Tomas Bury, "Financial Crisis-Is Short Selling to Blame", *Common Law Review* 12, 2012, pp. 33 - 36.

② Ibid.

③ See Melissa W. Palombo, "The Short-Changing of Investors-Why a Short Sale Price Test Rule is Necessary in Today's Markets", *Brooklyn Law Review* 75, 2010, pp. 1447 - 1488.

④ Ibid.

券市场中市场化约束的不足。市场化约束以其“低监管成本、高监管效率”的特性,成为证券监管不可缺少的一环。我国注册制下的证券市场,赋予了市场主体更多自由施展的空间,因而就更加突显了市场化约束手段的作用。不可否认的是,做空机制是一把“双刃剑”,因此,为使做空机制最大程度发挥其功能优势,发挥其对我国证券市场的积极作用,对于做空机制滥用的风险,我们也必须预先加以审视并进行有效监管防控。

三、做空机制滥用的风险及法律问题

(一)短线做空者的权利滥用风险

经纪商滥用权利增加做空风险。一方面,经纪商滥用保证金维持要求增加做空风险。许多经纪商的保证金要求维持在目标股票价格的30% ~40%,因此,随着股票价格的上涨,追加保证金的可能性也随之增加。一旦做空者跌破保证金维持比例,其将不得不以多种方式满足追加保证金的要求:(1)做空者可能会被迫通过在公开市场上以增加的价格回购股票来结束交易;(2)做空者可以通过将额外的股本存入账户以满足追加保证金的要求。此外,经纪商享有随时提高其维持保证金比例的权利,而无须事先通知做空者,并且做空者无权要求延长追加保证金的时间,因此,一旦滥用追加保证金权利将使得做空者陷入更加被动的处境。① 另一方面,做空者面临着经纪商随时“召回股票”的风险。经纪商有权将其客户的证券借给做空者。经纪商将其名下的所有证券累积,然后当做空者想要做空特定股票时,经纪商将从累积的证券中借出客户的相应股票。经纪商保留随时收回借出股票的权利,以平衡自己的融资融券业务。如果召回了股票,并且经纪商无法找到要借给做空者的替代股票,那么做空者就必须通过在公开市场上购买所需的股票来平仓空头头寸。“召回股票”权利的滥用将使做空者有可能以巨额亏损平仓,增加了做空风险。②

因此,为实现短期套利的目标,避免经纪商滥用权利带来的风险,做空者更倾向于采用“短线做空”方式,“短线做空”会增加换手率以短时间攫取更多利益,但这会对股价造成螺旋式的下行压力。③ 从本质上来讲,当投资者没有足够的时间来应对股

---

① Scott Squires, “Going Long on Shorts”, *University of Miami Law Review* 68, 2014, pp. 821 – 852.

② Ibid.

③ See Joshua Mitts, “A Legal Perspective on Technology and the Capital Markets: Social Media, Short Activism and the Algorithmic Revolution”, Accessed April 6, 2020, https://papers.ssrn.com/sol3/papers.cfm?abstract_id=3447235.

票日益增强的下行压力时,“短线做空”的频繁交易可能导致市场混乱。如果股票价格持续下降,发行人将难以借入资金和吸引投资者,因此,在股票变得毫无价值之前,即使企业是资本充足的也无法改善其财务状况,这有可能导致发行人破产。互联网的发展给了短线做空者更多机会,①短线做空者可以更方便地在互联网平台发表负面观点,利用互联网快速、广泛的传播效率加速实现其做空目的。而这一方式会大大增加证券市场的短期价格波动性,使投资者无法准确作出投资判断,既不利于投资者保护,也不利于证券市场的良性发展。

因而,在思考引入做空机制时,有必要将我国证券市场相应做空主体的风险承担能力以及做空主体的做空方式选择列入考量范围。

(二)滥用“裸卖空”的交付风险

“裸卖空”(Naked Short Selling),是指做空者在没有担保有证券可以交付给买方的情况下做空。从本质上来讲,在“裸卖空”交易中,做空者在做空之前不会正式借入证券,而且做空者也不能肯定经纪商是否有能力借出卖空证券。“裸卖空”缺乏证券可用性的担保,一旦被滥用,就增加了买方在指定结算日无法从卖方获得证券的可能性(这被称为交付失败)。②

“裸卖空”的做空者在股票出售前不受在市场上借入股票能力的限制,因此给予更多中小做空者做空机会。但这种交易技术的滥用会过度增加做空者的利润,加剧标的股票的价格下跌。从这个意义上来说,滥用“裸卖空”可能对发行人的股票价格造成极大的损害,因为“滥用”行为忽视调整要求而借入股票,消除了对做空数量的限制,并加剧了由此产生的价格下行压力。与此同时,发行人股票价格大幅下跌,可能在没有切实原因的情况下造成投资者信心危机。在证券市场,投资者对市场信心的丧失极有可能危及整个市场的稳定。③

目前我国证券市场尚待完善,若允许滥用“裸卖空”的行为进入我国证券市场,显然不利于市场的健康运行。一方面,我国证券市场以个人投资者为主,承担风险的能

① See Joshua Mitts, “A Legal Perspective on Technology and the Capital Markets: Social Media, Short Activism and the Algorithmic Revolution”, Accessed April 6, 2020, https://papers. ssrn. com/sol3/papers. cfm? abstract_id = 3447235.

② See “Short Selling: Regulation and Reporting Requirements”, Accessed April 6, 2020, https://content. next. westlaw. com/Document/I2104b7bcef0811e28578f7ccc38dcbee/View/FullText. html? originationContext = docHeader&rs = cblt1. 0&vr = 3. 0&contextData = (sc. Search) &transitionType = Document&needToInjectTerms = False&isplcus = true&firstPage = true&bhcp = 1.

③ See Eleonora Zlotnikova, “The Global Dilemma in Short Selling Regulation: IOSCO's Information Disclosure Proposals and the Potential for Regulatory Arbitrage”, *Brooklyn Journal of International Law* 35, 2010, pp. 965 – 996.

力更低,滥用"裸卖空"的交付失败会加重投资者风险负担;另一方面,我国证券市场本身就存在巨大投机性,市场的整体行为特点包括换手频繁、大涨大跌及受政策影响大等。在这种环境下允许滥用"裸卖空"将会加重市场风险。

因此,在引入做空机制时,滥用"裸卖空"可能造成的交付风险应列入需要考量的因素之一。

(三)做空报告的信息型市场操纵风险

资本市场的基本逻辑是通过价格信号引导资金流向回报率最高的地方,从而实现资金效用最大化。市场操纵是通过有意拉抬或打压特定证券的价格,人为地影响证券市场的供求关系并在人为造成的证券价格异常波动中误导资金流向。[①] 因影响手段的不同,市场操纵分为交易型操纵和非交易型操纵。交易型操纵,是行为人通过直接进行证券交易的方式,改变某证券的交易价格或交易量,欺诈性地引诱他人买卖证券的行为,又包括虚假交易型操纵和实际交易型操纵。虚假交易型操纵,指行为人进行不转移实际权利的交易,影响证券交易量或者交易价格,欺诈性地引诱他人买卖证券的操纵行为;实际交易型操纵则包括制造交易活跃假象的连续买卖行为、制造市场短缺的轧空等。非交易型操纵行为,则指不是通过直接进行证券交易的操纵行为,可以分为信息型操纵行为和其他非交易型操纵行为。信息型操纵行为指行为人通过发布信息影响证券的价格而实现操纵;其他非交易型操纵行为则具有类似兜底条款的作用,可以涵盖未来可能发展出来的操纵行为态样。[②] 交易型操纵着重利用资金优势、持股优势而非交易型操纵更多利用信息优势。证券市场在本质上是信息市场。[③] 做空者通过做空报告信息的披露,向公众告知自己对目标证券收集的负面信息,为做空获利打下基础。然而,一旦做空者激进逐利,市场操纵就成了做空者追求暴利的选择,做空报告也就成为信息型市场操纵的工具。当做空报告伴随着虚假谣言时,它恶意压低了证券的价格,并以证券发行人和投资者的利益为代价,以实现自己的巨额利润。[④] 做空报告作为信息公告,对投资者的投资行为有引导作用。做空者与投资者之间存在的信息不对称,导致了投资者的被动处境,投资者无法辨别做空报告中的虚假内容,若无目标公司的及时澄清,极有可能造成投资者作出错误的"卖出"决策,进而

① 参见殷晓峰、牛广济:《中美资本市场反操纵监管比较及启示》,载《证券市场导报》2014 年第 4 期。

② 参见张保华:《操纵市场行为的几个基本问题》,载《安徽大学学报》2005 年第 2 期。

③ 参见耿志民:《机构投资者市场操纵行为理论》,载《郑州大学学报》2012 年第 1 期。

④ See Eleonora Zlotnikova, "The Global Dilemma in Short Selling Regulation: IOSCO's Information Disclosure Proposals and the Potential for Regulatory Arbitrage", *Brooklyn Journal of International Law* 35, 2010, pp. 965 – 996.

损失利益。对目标公司而言,应对恶意做空报告也会增加公司的经营成本,进而对融资造成阻碍。由此可见,用于信息型市场操纵的做空报告既是对投资者预期的破坏也是对市场自由的供求关系的故意干涉,[①]极大地损害了证券市场的正常运作。

有观点认为,我国新《证券法》第55条第6款明文禁止反向证券交易操纵市场,[②]这既体现了新《证券法》对信息型市场操纵的严格规制,也大大限制了容纳做空的空间。[③] 但不可否认,良性的反向交易是投资者言行一致追求获利的体现;恶意的反向交易市场操纵行为才是违法性的核心。因此,现行"一刀切"放弃反向交易并非最佳选择,如何防控恶意市场操纵型的做空,鼓励良性做空应成为我国日后证券市场发展需要考量的关键。

(四)做空金融机构的系统性风险

金融机构是特殊的证券市场主体,证券市场的波动会影响金融机构的运行,金融机构的运行关系到诸多储户、贷款人的利益,进而会影响一国经济状况的稳定性。欧盟明确表示,当资本市场发展不容乐观时,做空机制会对其他金融机构造成巨大破坏,如银行。对于银行来说,因为受到杠杆约束,下行经济中掠夺性做空是一个严重的风险。银行的商业模式本质上涉及期限和流动性的不匹配,这将使银行面临储户和未投保的债权人的突然大量提款以应对股票价值的下跌或波动时,会加剧银行基本面的不确定性,并触发银行挤兑危机甚至可能使银行倒闭。[④]

此外,在经济动荡时期,银行经营状况恶化,做空者就有强烈的动机做空目标银行的股票,使这些银行的股票价格下降,进一步增加做空该银行成功的概率和该银行倒闭的可能性。[⑤] 金融机构被做空,将引发整个金融市场的系统性风险。系统性风险被广义地定义为整个系统中的潜在崩溃,对经济产生重大不利影响。证券投资者、银行储户、贷款人都会因金融机构被做空而陷入恐慌,其波及范围极广、影响之恶劣,足以危及一国经济的发展,2008年经济危机是最好的佐证。

由此可见,我国引入做空机制之前,需要先考虑如何规制经济下行时期做空机制

---

① 参见田宏杰:《操纵证券市场行为的本质及其构成要素》,载《国家行政学院学报》2013年第3期。

② 参见《证券法》第55条。

③ 参见王彦光:《做空报告监管的"南橘北枳"——论中国信息型操纵市场规则的建立》,载微信公众号"北京大学金融法研究中心",最后访问日期:2020年4月6日。

④ See Panagiotis K. Staikouras, "The EU Short Selling Regulation Revisited: New Evidence, Different Perspective", Accessed April 6, 2020, https://kluwerlawonline.com/journalarticle/European%20Business%20Law%20Review/26.4/14768.

⑤ Ibid.

对金融机构产生的系统性风险。

四、做空机制的监管建议

(一)“长线做空”的培育及其配套措施

针对激进做空者“短线做空”行为带来的风险,有学者提出可以对做空方式加以转变,即引导做空者进行“长线做空”,以促进证券市场健康发展。“长线做空”即要求做空者延长做空操作的战线,正如人们日益认识到股东需要专注于长期价值创造一样,做空者应该坚持长线做空以促进长期价格准确性,而不是短期交易利润。

“长线做空”有助于真正监督公司信息披露的有效性,因为迅速变化的价格对揭示公司真实价值并无意义。① 出于时间的限制,做空者无法真正挖掘公司的实际运营状况,以牺牲可信度为代价,在短时间内作出做空报告。这样的过度利己主义无法实现做空机制保障信息披露有效性的功能,反而会损害投资者的利益。“长线做空”有助于遏制做空者市场操纵行为,因为短线做空者在价格变动后迅速平仓反映了其操纵意图,②“长线做空”延长平仓期间可以有效增加操纵成本,打击操纵意图。“长线做空”有助于证券市场的稳定,因为相较“短线做空”短时间内增加股价的波动,“长线做空”则以更为稳健的方式实现做空目的,避免了股价大幅波动给投资者带来的损害。③

但实现“长线做空”仍存在一些问题。“长线做空”成本高昂,因为做空者负担着“不确定性”带来的“风险成本”以及必须不断支付借入股票的“利息成本”。这一问题的解决有以下两种路径。一是鼓励经纪商采取措施减少“长线做空者”的“不确定性”带来的成本。证券市场有无数的变量,做空者难以将其都纳入考虑范围。然而,目标股票的借贷供应是做空者用来更好地计算其潜在投资风险的一个重要因素。经纪商掌握此信息,但未强制要求披露。此信息不会减少与做空相关的“风险”,但会减少某些“不确定性”。这将使市场上“知情的做空”数量增加。④ 按照奈特的说法,“风险”适用于最终结果未知的情况,但人们可以准确地衡量结果发生的概率。另外,“不

① See Joshua Mitts,“A Legal Perspective on Technology and the Capital Markets: Social Media, Short Activism and the Algorithmic Revolution”, Accessed April 6, 2020, https://papers.ssrn.com/sol3/papers.cfm?abstract_id=3447235.

② Ibid.

③ Ibid.

④ See Scott Squires,“Going Long on Shorts”, *University of Miami Law Review* 68, 2014, pp. 821–852.

确定性”适用于一开始就没有足够信息来准确预测概率的情况。[①] 经验表明,做空者在市场中扮演着重要的角色,是经纪商业务收入的主要来源。为了减小消息灵通的做空者选择不参与市场的可能性,建议要求经纪商披露信息以减轻股票召回带来的一些“不确定性”。应当要求经纪商动态地向其做空客户披露该公司拥有目标证券的可贷的数量。此外,如果经纪商自身没有可供出借的股票,他们通常会从第三方证券出借人那里借入这些股票。如果第三人的证券供应有限,证券则被认为“难以借贷”。因此,应当要求经纪商向其做空客户披露,他们向做空者交付的股票是来自自己的供应,还是来自第三方,以及这些股票是否被认为“难以借贷”。这些信息将减少与做空相关的“不确定性”,并有望鼓励知情的做空者参与做空市场。[②] 二是引导“长线做空”者多元方式投资,以现时利益抵充长线借贷股票的“利息成本”。[③] 做空者应当做多与做空结合,此股做空与彼股做空结合,实现多元化分散风险。

我国引入做空机制时,面对尚不成熟的证券市场,为实现做空机制保护投资者、保障信息披露有效性的优势功能,应加大做空者“长线做空”方式的引导,完善配套借贷制度。

(二)交付失败的法律预防

针对滥用“裸卖空”招致的交付风险,法律上,美国证券交易委员会以法定形式禁止滥用“裸卖空”实施欺诈。

美国证券交易委员会公布的10b-21规则是对滥用“裸卖空”进行欺诈的限制。该规则将发生某些“未能交付”的责任扩展至经纪商。10b-21规则规定,如果某人提交出售股票证券的命令,并有下列两种行为,则此人违反了《1934年证券交易法》的反欺诈规定:(1)在结算日期之日或之前,故意或不计后果地欺骗经纪交易商有关自己的交易意图或能力;(2)实际上在结算日期之日或之前未能交付证券。[④] 10b-21规则极大地限制了做空者滥用“裸卖空”的可能性。

我国引入做空机制时应通过严格法定,禁止滥用“裸卖空”行为,保障个人投资者为主的投资者利益。

---

① See Scott Squires, “Going Long on Shorts”, *University of Miami Law Review* 68, 2014, pp. 821–852.

② Ibid.

③ See Joshua Mitts, “A Legal Perspective on Technology and the Capital Markets: Social Media, Short Activism and the Algorithmic Revolution”, Accessed April 6, 2020, https://papers.ssrn.com/sol3/papers.cfm?abstract_id=3447235.

④ 17 CFR § 240.10b-21.

(三)信息型市场操纵的法律规制

首先,美国证券交易委员会发布的10b-5规则明令禁止欺诈操纵行为,即任何人利用任何州际商业手段或设施、邮件,或利用任何全国性证券交易设施所实施的、与任何证券买进或卖出有关的下列行为均为非法:(1)使用任何计划、技巧和策略进行欺诈的;(2)进行不真实的陈述或遗漏实质性的事实,这一实质性的事实在当时的情况下对确保陈述不具有误导性是必要的;(3)从事任何构成或可能构成欺诈他人的行为或商业活动的。①

其次,国际证监会组织(International Organization of Securities Commissions, IOSCO)作为国际协调机构对做空提出信息披露要求。信息披露可以消除市场操纵者散布虚假谣言的机会,从而阻止市场操纵。② 做空的信息披露要求是,将做空行为以及做空头寸及时地向公众公开。国际证监会组织同时明确:信息披露要求确保投资者从做空中获得具有社会价值的信息,同时保护做空者收集新信息时的专有利益,增加做空者的做空积极性。③ 为此,我国在引入做空机制时,关于做空信息披露的规定可以借鉴欧洲证券管理委员会(Committee of European Securities Regulators, CESR)的双层披露结构,即做空头寸达到0.1%时向证监会披露,做空头寸达到0.5%时向公众披露。④

最后,为了控制做空者信息操纵市场带来的风险,美国证券交易委员会实施了201规则(Rule 201),对做空证券的价格进行限制。这是对原有"上浮规则"(Uptick Rule)的修改。规则201于2010年5月生效,该规则的目的即限制做空进一步压低股票价格,从而扩大市场操纵的危险。规则201规定:(1)当目标股票价格比前一天的收盘价下跌10%或更多时,就触发了"熔断机制"(Circuit Breaker)。(2)一旦"熔断机制"被触发,只有当某只证券的价格高于当前的全国最佳出价(价格限制)时,才允许做空。价格限制只适用于有效的全国市场制度计划计算和公布全国最佳报价的期间。(3)熔断规则适用于当天剩余时间以及第二天(限制期)中该证券的做空订单。如果受价格限制的股票价格继续下跌,导致"熔断机制"被重新触发,则限制期将重新开始。因此,价格迅速下跌的证券可能会受到2个以上交易日内的价格限制。(4)该

---

① 17 CFR § 240.10b-5.

② See Eleonora Zlotnikova, "The Global Dilemma in Short Selling Regulation: IOSCO's Information Disclosure Proposals and the Potential for Regulatory Arbitrage", *Brooklyn Journal of International Law* 35, 2010, pp. 965-996.

③ Ibid.

④ Ibid.

规则通常适用于“保值证券”,即在国家证券交易所上市的股票证券。[①] 规则201中的“熔断机制”为做空机制的交易设限,以遏制恶意做空的市场操纵行为,这一方式对我国日后引入做空机制时规制做空市场操纵行为予以启示:在“散户”投资者为主的我国证券市场中,设立了涨停板制度对证券交易价格设限,但其限制区间过小,大大缩减了做空机制的操作范围,会因此降低做空者的做空积极性。基于此,做空机制的引入有必要预先衡量对做空价格设限的阈值,以寻求保障做空者积极性与保护投资者利益这二者间的平衡。

(四)金融机构被做空的法定禁止

为应对2008年金融危机期间金融机构被做空的不利影响,美国积极采取了以下措施:(1)美联储采取了非同寻常的举动,以应对美国最大的金融公司引发的次贷危机,并承诺支持美国所有金融巨头,向其提供1210亿美元贷款。(2)美国证券交易委员会通过援引其紧急授权来限制针对金融公司股票的做空活动,以扩大政府的救助作用,防止股价下跌。[②] 但这仍无法避免成千上万的遭受做空困扰的小型区域银行和其他金融机构的巨大损失。欧盟也支持在经济下行时,金融机构的资产负债状况可能较差的情况下,对金融机构的使用临时卖空禁令。[③]

由此可见,面对金融机构被做空的巨大风险,各国大多采用临时禁令的方式予以规制。在我国证券市场并不完善的情况下,极有必要对做空金融机构以立法形式明令禁止以保护整个金融市场的稳定性。

五、结　　语

此次“瑞幸咖啡遭浑水公司做空事件”,给我们再一次敲响了信息披露监管的警钟。纵然有许多人都在为瑞幸咖啡的陨落扼腕叹息,但我们也要明确:无法进行充分信息披露、对公众投资者恶意欺瞒的企业,必然会走向末路。同时,此次契机让我们

---

① See “Short Selling: Regulation and Reporting Requirements”, Accessed April 6, 2020, https://content.next.westlaw.com/Document/I2104b7bcef0811e28578f7ccc38dcbee/View/FullText.html?originationContext=docHeader&rs=cblt1.0&vr=3.0&contextData=(sc.Search)&transitionType=Document&needToInjectTerms=False&isplcus=true&firstPage=true&bhcp=1.

② See James W. Brock, “Merger Policy and the Antitrust Modernization Commission: Economic Power and the Miasma of Efficiency”, *Antitrust Bulletin* 54, 2009, pp. 337–399.

③ See Panagiotis K. Staikouras, “The EU Short Selling Regulation Revisited: New Evidence, Different Perspective”, Accessed April 6, 2020, https://kluwerlawonline.com/journalarticle/European%20Business%20Law%20Review/26.4/14768.

再次审视做空机制的优势功能:无孔不入的做空机制是美国资本市场的利器,是资本市场的“净化器”。面对当前我国证券市场亟待完善的信息披露监管,做空机制作为一种市场化的约束机制,给予了我们新的监管路径选择——我国的资本市场也可考虑在条件成熟时适时引进市场化的做空机制,推动注册制改革进一步完善。

市场实务

INVESTOR

我国金融衍生市场构建与发展中行业自律的演进考察

刘丹冰*

摘　要:在充分发挥市场在资源配置中决定性作用的背景下,有必要对我国金融衍生市场不同阶段的行业自律予以考察。随着我国金融衍生市场经历三个发展阶段,行业自律也从无到有,极具转型、政府主导特点。回顾以往,就会发现我国金融衍生市场行业自律存在法律依据不足、自律组织属性职能不清等问题。因此,应在制定金融衍生产品法的基础上,通过实行负面清单制度,明晰金融衍生市场"他律"与"自律"的界限,明确行业自律组织在金融衍生市场发挥着政府监管不可替代的作用。

关键词:金融衍生市场　行业自律　交易所　行业协会

一、问题的提出

金融衍生市场是我国金融市场体系的重要组成部分。金融衍生市场在我国的建立与发展,经历了创新失败与再次创新并发展的过程。近 30 年金融衍生市场的发展,是以我国社会主义市场经济体制的确立、完善与深化为背景的。从金融衍生市场制度供给及监管与规范视角,不仅可以观察到我国政府从无限政府向有限政府的转变过程,而且可以发现"市场力量"在金融衍生市场的崛起与壮大。政府对金融衍生市场的监管非常必要、重要却不是万能的。因此,在有限政府的框架下,以交易所、行业协会为代表的"市场力量"的崛起,在金融衍生市场中,不仅可以弥补金融法律制度与政府监管的空白,而且因为其更强调"自律",使金融衍生市场参与者遵守法律、市

* 西北大学法学院教授,西北大学经济法研究中心主任。

场纪律的自觉性和效率提高。

中国经济之转型和新兴两个特点决定,我国金融衍生市场及其行业自律在不同阶段表现出不同特点。因此,对我国金融衍生市场行业自律的演进过程进行考察,不仅可以发现我国市场化过程中承接政府职能之行业自律的从无到有,研究以公有制为基础的社会主义市场经济行业自律的特殊性与问题,而且可以提出未来金融衍生市场行业自律改进与完善之对策。毕竟"市场力量"是需要进一步强化的。因为在"前进道路上,我们必须毫不动摇巩固和发展公有制经济,毫不动摇鼓励、支持、引导非公有制经济发展,充分发挥市场在资源配置中的决定性作用,更好发挥政府作用,激发各类市场主体活力"。[①]

为了奠定一定的研究基础,本文将在界定研究范围、历史回顾的基础上展开。

二、研究的基本概念与范围

(一)金融衍生产品的界定

为了更好地展开研究,首先要确定研究范围。由于金融衍生市场是交易金融衍生产品的场合与平台,因此,金融衍生产品的界定首当其冲。本文无意关注学界(学术团体)、国际机构、国家对金融衍生产品概念的不同表述。从奠定研究起点与范围的角度,本文使用的金融衍生产品定义来自我国相关法律规定。

我国第一次从法律角度界定金融衍生产品,是 2004 年 2 月 4 日中国银监会发布的《金融机构衍生产品交易业务管理暂行办法》(以下简称《金融衍生交易办法》)。[②]借鉴巴塞尔委员会的做法,该办法对金融衍生产品采用了最原则、最广义的定义:"本办法所称衍生产品是一种金融合约,其价值取决于一种或多种基础资产或指数,合约的基本种类包括远期、期货、掉期(互换)和期权。衍生产品还包括具有远期、期货、掉期(互换)和期权中一种或多种特征的结构化金融工具。"2012 年 10 月 12 日,中国保监会发布的《保险资金参与金融衍生产品交易暂行办法》也对金融衍生产品的概念与范围进行了界定。通过考察发现,我国不同规章和规范性文件中对金融衍生产品的界定,均并没有超出《金融衍生交易办法》的范围,都强调衍生产品是以原生资产为基

---

① 习近平:《在庆祝改革开放 40 周年大会上的讲话》,载中国政府网:http://www.gov.cn/xinwen/2018-12/18/content_5350078.htm,最后访问日期:2019 年 9 月 9 日。

② 虽然《金融机构衍生产品交易业务管理暂行办法》于 2007 年 7 月 3 日和 2011 年 1 月 5 日进行了两次修订,但金融衍生产品的定义并未修改。

础的衍生特征,强调其合约特征以及作为结构化工具的特点。综上所述,本文研究使用的金融衍生产品概念,就是采用上述广义概念。

(二)金融衍生交易市场的类型

在研究金融衍生市场的行业自律时,需要区分不同的市场。因为不同的金融衍生交易市场下,行业自律的特点有所不同。根据金融衍生交易发生的场合不同,可以将金融衍生交易分为场内交易市场和场外交易市场。场内交易,是指在固定交易所、遵循统一的规范、集中进行标准化金融衍生产品的交易。在我国,场内交易特指发生在中国金融期货交易所(以下简称中金所)的交易。场外交易与场内交易相对应,交易的发生可能是在银行营业柜台,也可能在其他场合,交易的衍生产品,可以根据客户的需求量身定做。

比较金融衍生产品交易的两大市场,就会发现其不同。一是市场性质不同。场外市场为批发性质,而交易所市场适合各类投资者。场外市场上交易的金融衍生产品合约一般为非标准合约,标的金额可以根据交易双方需要确定,交易方式极为灵活,市场参与者主要是金融机构、大企业客户等。而交易所市场的交易合约为标准合约,有固定的交易时间和交易费用,适合各类投资者参与。二是可交易品种不同。场外市场上可交易的金融衍生品种极为丰富,当前金融衍生产品的多数创新品种主要发生在这一市场。从交易方式来说,包括远期、期货、期权、互换等。交易所市场可供投资者选择的衍生品相当有限,从交易方式来看主要有期货和期权来大类,远期、互换等交易方式的衍生产品一般不适宜在交易所交易。三是流动性不同。交易所市场在固定的交易时间内,投资者可以反复买进卖出,在一般市况下,流动性很好。而场外市场上的流动性相对稍差。当然,在一般市况下,投资者可以通过选择不同的金融机构与之交易,进行仓位调整,但是交易成本(包括时间成本)更高。四是透明度不同。场外市场是一种无形市场,主要在金融机构之间、金融机构与大客户之间存在,除受所在国法律约束和遵循有关惯例外,主要受交易双方达成的合约内容之约束。场外市场交易信息较少公开,并且也不够及时。交易所市场的行情和交易规模能够实时公开,加之市场管理者实时监控,交易规则详尽公平,市场的透明度高。五是信用风险不同。交易所市场一般实行保证金制度和每日清算制度,会根据行情变化要求投资者追加保证金,一旦投资者出现资金不足的情况,就会通过强制平仓锁定损失,因此,信用风险相对较小。而场外市场上,尽管交易双方会有追加担保的约定和约束,但是一旦发生行情巨变时,违约的概率就会提高,信用风险较大。中航油衍生产品交易失败就发生在场外市场。

(三)金融衍生市场的行业自律

金融衍生市场中的行业自律是金融衍生市场政府监管的重要补充,一般是指从事金融衍生产品交易的同业者组织起来,依法制定共同遵守的规则以约束自身行为,实现行业内部的自我监管,保护自身利益并维护本行业的发展。因金融衍生场内市场与场外市场之分,该市场的行业自律主要有两种方式并包括两类主体:一类是场内交易中以交易所为主的自律监管;另一类是场外交易中以行业协会为主的自律监管。[①] 因此,本文研究的金融衍生市场自律组织,就场内交易市场而言,主要是中金所。中金所不仅是市场交易的组织者,同时依法承担自律管理职能,此外还有中国期货业协会、中国证券业协会、中国证券投资基金业协会等。而场外交易的行业自律组织,因为交易品种多元呈现多元特点,主要有上海证券交易所、深圳证券交易所、中国外汇交易中心暨全国银行间同业拆借中心(以下简称交易中心)、中国银行间市场交易商协会、中国证券业协会、中国期货业协会、中国证券投资基金业协会等。

三、金融衍生市场构建与发展中行业自律的演进过程与阶段特点

(一)金融期货尝试失败中的行业自律(1992~1995 年)

我国衍生产品市场起步于 20 世纪 90 年代初。建立社会主义市场经济体制的改革目标,为衍生产品市场建设和发展创造了一定的条件。在商品期货有了一定发展之后,我国开始了金融期货的尝试,主要有外汇期货、国债期货和股指期货,但由于时间很短也很无规律,最终以失败告终。之所以失败,是因为以下几方面的原因。

第一,我国社会主义市场体制刚刚开始确立,金融衍生产市场发展的基本条件尚不具备,此乃根本原因。一方面,我国刚刚确定发展市场经济体制,作为市场经济体系重要组成部分的金融市场,利率、汇率等重要价格指标还处于国家定价、管制阶段。因此,市场缺少规避风险的套期保值需求,进入金融衍生市场的投资者更多的是为了投机。另一方面,现货市场不发达。西方国家经验显示,发达的国债期货市场取决于现货市场的规模与稳定。[②] 我国从恢复发行国债到国债期货产生,其间只有短短 10

① 参见唐波:《交易所对金融衍生品市场的自律监管——兼评新修订的证券法相关规定》,载《法学》2005 年第 12 期。

② 参见王自力:《西方国家的国债期货市场与我国国债期货市场的发展》,载《蒙古财经学院学报》1995 年第 6 期。

余年时间。其间,国债发行量虽也在逐年增加,但在国债期货交易推出以前的增速一直很慢。由于国债发行主要针对的是居民个人,其现货持有结构中也以个人投资者为主。而个人投资者普遍把国债现货当作一种变相的长期储蓄存款,很少有进入国债二级市场进行交易的兴趣。由此使国债现货市场的主要部分游离于市场之外,从而大大削弱了国债期货市场的现货基础,也为投机和操纵国债期货市场提供了机会。同样,我国外汇市场、证券市场也刚刚起步。

第二,"制度空白"与不足是金融期货尝试失败的制度根源。在不具备基本市场条件下的金融期货交易尝试,完全超出了政府监管与制度供给能力的范围。因此,对于刚刚开始职能转变的政府而言,不仅规范金融期货交易的规定很少,而且在金融期货制度供给与监管的理念与行动上,也是以"堵"为主。在资料整理中发现,1993 年至 1995 年,规范外汇期货交易的是一部规章[①]和 7 部规范性文件。文件标题中的"坚决制止""重申""严厉查处"等字眼,可以从一定程度上说明"堵"是常态。而国债期货交易的规制,主要集中在交易出现问题之后。规范国债期货交易的一部规章[②]和 5 部规范性文件,集中在"3・27"国债期货风波事件[③]之后的 1995 年 2 ~5 月发布。规范股指期货的政府文件,至今尚未发现。

在上述市场背景与制度背景下,金融期货尝试中,只存在字面意义上的行业自律。因为市场经济体制下行业自律组织的产生及发挥作用,取决于两个条件:一是政府的让位;二是行业协会、交易所等自律组织真正从法律上脱离政府而独立存在。我国政府这一阶段刚刚开始放权,没有外汇期货、国债期货或股指期货交易相关的行业协会,交易机构或交易所类型的自律组织刚刚开始建立,并具有政府主导特点。

---

① 即 1993 年 6 月 9 日由中国人民银行批准、国家外汇管理局发布的《外汇期货业务管理试行办法》。

② 即 1995 年 2 月 23 日由证监会、财政部发布的《国债期货交易管理暂行办法》。

③ "3・27"国债期货风波事件特指针对"3・27"国债合约的不当投机交易。"3・27"国债合约是对 1992 年发行、1995 年 6 月到期兑付的 3 年期国债期货合约的代称,证券发行总量是人民币 240 亿元。当时,"3・27"国债 9.5% 的票面利息加保值补贴率,每百元债券到期应兑付 132 元。1994 年 10 月以后,中国人民银行提高了 3 年期以上储蓄存款利率和恢复存款保值贴补,国库券利率也同样保值贴补,保值贴补率的不确定性为炒作国债期货创造了巨大的想象空间。1995 年 2 月,"3・27"国债合约的价格一直在 147.80 元至 148.30 元之间徘徊。1995 年 2 月 23 日,一直在"3・27"国债期货上联合做空的辽宁国发(集团)有限公司抢先得知"3・27"贴息消息后即翻手做多,使"3・27"国债期货在 10 分钟内上涨 3.77 元。做空主力万国证券公司立即陷入困境,按照其当时的持仓量和价位,一旦期货合约到期,履行交割义务,其亏损高达 60 多亿元。万国证券公司在 148.50 元价位封盘失败后,在当日闭市前最后 8 分钟大量透支交易,以 700 万手、价值 1400 亿元的巨量空单,将价格打压至 147.50 元收盘,使"3・27"国债合约暴跌 3.8 元,并使当日开仓的多头全线爆仓。若按收市价 147.50 元结算,意味着一大批多头将一贫如洗,甚至陷入无法自拔的资不抵债泥坑。事发当晚,上海证券交易所召集各方紧急磋商,最终确认空方主力恶意违规,宣布最后 8 分钟所有"3・27"品种期货交易无效,各会员之间实行协议平仓。后因效果不甚理想,在 3 月 1 日又进行了强行平仓。参见钮文新:《句号的后面——中国国债期货市场》,载《改革》1996 年第 4 期。

行业自律的影子,可以在国债期货交易中看到一些。例如,从事国债期货的上海交易所,在其1993年章程中规定"本所是不以盈利为目的,实行自律性管理的会员制事业法人",其也在1992年12月、1993年10月先后两次设计了国债期货合约品种、制定了交易规则;深圳证券交易所先后于1995年3月15日和23日发布了《关于提高国债期货交易保证金的通知》和《关于调整国债期货涨跌停板幅度的通知》。

在外汇期货和股指期货交易中不存在的任何行业自律。虽然相关回忆文章中提到了尝试外汇期货交易的上海外汇调剂中心,"参考了国外期货交易市场的做法,制定了上海的外汇期货交易试行规则"。[①] 但上海外汇调剂中心是由上海外汇管理分局于1988年9月设立的,其管理与交易主要依据的是上海外汇管理分局制定的《上海外汇调剂中心交易和管理规则》。[②] 这些足以说明其并非市场意义上的行业自律组织。海南证券交易中心虽然依照国际惯例建立了保证金等制度,但其设立、改组中的海南省人民政府背景,足以说明其并非市场自律组织。

(二)场外金融衍生产品创新中的行业自律(1996~2009年)

为了防范与我国外汇体制改革、货币市场化改革相伴而生的汇率风险、利率风险,场外金融衍生产品的创新随之而来。主要创新产品有可转换公司债券、远期结售汇业务、人民币与外币掉期业务、人民币利率互换交易、远期利率协议、债券远期交易等。与第一阶段缺少行业自律相较,在这一阶段,不仅行业自律组织依法设立,而且其地位与作用逐步提高。之所以发生上述巨变,是因为以下几个方面的原因。

第一,我国进一步发展金融衍生市场的整体性条件出现深刻变化。一方面,随着我国社会主义市场经济体制初步建立,宏观调控体系发生重大变化,财税、金融、流通等市场化改革取得很大成就。特别是我国证券市场发展进入正式发展阶段,发展机构投资者成为培育资本市场的重要内容,国家开始逐渐取消对保险机构、证券公司等机构投资者的入市限制。另一方面,市场风险提升,市场主体对套期保值的要求日渐提高。在我国人民币经常项目实现自由兑换和存贷款市场利率自由化改革中,利率、汇率等金融市场最重要价格开始由市场决定,价格波动风险必然带来管理风险的需求,而这正是具有避险和价格发现功能之金融衍生市场的强项。

第二,法律制度先行、试点创新、全面推开,是这一轮场外金融衍生产品交易创新

① 参见汪德顺:《回忆中国外汇交易中心创建历史》,载鑫鑫财经网:http://www.zarvagroup.com/waihui/2018112012917_2.html,最后访问日期:2019年9月3日。

② 参见周祥生:《上海外汇调剂市场的革新与问题》,载《国际金融研究》1989年第10期。

的最主要特点。面对我国金融市场需求的改变,从满足企业融资、规避金融市场风险角度出发,每一类场外金融衍生产品的创新,都是在法律及相关制度出台之后,其中以金融监管机关出台的规章及规范性文件为主。6 类场外金融衍生产品成为我国常规衍生融资品种的过程,就伴随法律、规章及规范性文件的发布和修订。1997 年至 2009 年,除《公司法》《证券法》的原则性规定之外,与我国场外金融衍生市场交易相关的规章共计 9 部,交易主协议 2 部,规范性文件近 30 份。另外,相关制度规定的备案制、行业自律组织权利义务等内容,也为场外金融衍生交易市场的开放和行业自律提供了制度保障。可以这样说,场外金融衍生交易创新的范围,包括了我国全部金融监管机关监管的领域,因此,中国人民银行、国家外汇管理局、证监会、原银监会及原保监会,均发布了相关规章及规范性文件。

与第一阶段缺少行业自律相较,在我国场外金融衍生市场创新与发展中,不仅行业自律组织依法设立,而且其地位与作用逐步提高。

首先,行业自律组织依法设立并极具政府色彩。行业自律组织根据市场不同而有所不同。在可转换公司债券市场中,行业自律组织主要是两家证券交易所和中国证券登记结算有限责任公司;在人民币利率互换和远期利率协议市场,行业自律组织主要是交易中心和中国银行间市场交易商协会。为适应我国经济体制改革而设立的上海、深圳两家证券交易所,其政府背景不言而喻。同样,1994 年 4 月 18 日成立的交易中心,在这个阶段的属性是中国人民银行总行直属事业单位。相较而言,成立于 2007 年 9 月 3 日的中国银行间市场交易商协会,虽然依法由中国人民银行主管,但其作为非营利性团体真正是由市场参与者自愿组成的,包括银行间债券市场、同业拆借市场、外汇市场、票据市场和黄金市场在内的银行间市场的自律组织。

其次,行业自律的方式主要是制定金融衍生交易规则、维护市场纪律、进行教育培训。1997 年至 2009 年,两家证券交易所及中国证券登记结算公司制定、修订与交易相关的规则合计为 7 部,交易中心为 11 部,中国银行间市场交易商协会则制定了 4 项自律规则。针对场外金融衍生交易产品业务新、理论难等问题,教育培训成为其重要工作之一。例如,中国银行间市场交易商协会就多次举办人民币利率互换业务培训班。

最后,出台统一标准的金融衍生产品交易主协议,成为规范场外金融衍生产品交易市场、保护市场参与者及投资者合法权益的重要措施。2005 年至 2009 年,与金融衍生交易相关的主协议共有 6 个版本的。其中,一个由国家外汇管理局批复交易中心发布,另一个由中国人民银行发布,剩余 4 个完全由交易中心与中国银行间市场交易商协会组织制定并发布。2005 年是人民币外汇远期交易主协议,然后是人民币外汇远期及掉期交易主协议、债券远期交易主协议、人民币外汇衍生产品主协议,最后是金融衍生产品交易主协议。这种衍生产品交易主协议开始由金融监管机关批准到主要由市场自律组织制定的过程,从单一品种衍生交易主协议到所有金融衍生交易主协议的演进过程,从一个角度说明了我国金融市场的开放程度以及金融衍生市场的发展程度。

(三)金融衍生场外、场内两个市场联动创新中的行业自律(2010 年至今)

1997 年开始的中国场外金融衍生产品创新,在 2010 年之后,并未停下其脚步。不仅可转换公司债券、远期结售汇、人民币外币掉期、人民币利率互换、远期利率协议、债券远期交易等 6 类业务在成为常规产品之后继续予以完善,并创新推出人民币对外汇期权交易。

与此同时,酝酿许久的股指期货、国债期货再次创新而来。中金所 2006 年 9 月 8 日在上海挂牌成立,因受 2008 年国际金融危机波及而没有及时推出金融期货产品。2010 年 1 月 12 日,证监会根据《期货交易管理条例》和《期货交易所管理办法》的有关规定,同意中金所组织股指期货交易,并在 2011 年 2 月 12 日,批准中金所的《沪深 300 股指期货合约》及其修改的《中国金融期货交易所交易规则》和《中国金融期货交易所违规违约处理办法》。据此,沪深 300 股指期货于 2010 年 4 月 16 日上市,当年成交总额 410,698.77 亿元。2015 年 4 月 16 日,又陆续推出了上证 50 和中证 500 股指期货品种。国债期货作为金融期货的一种,也是规避利率风险的工具。经过中国证监会批准,5 年期国债期货合约自 2013 年 9 月 6 日起在中金所上市交易,标志着"3·27"国债期货风波事件后中止 18 年的国债期货重启。2017 年 3 月 20 日,继 5 年期国债期货之后,中国第二个关键期限的国债期品种——10 年期国债期货正式登陆中金所上市交易。2018 年 8 月 17 日,2 年期国债期货在中金所成功挂牌上市。

2010 年以后,场外金融衍生产品的继续创新与股指期货、国债期货的再次创新并上市交易,是因为我国已具备两个市场同时创新的市场与制度条件。

第一,我国已具备金融期货上市交易的市场基础条件。一般来讲,金融衍生市场发展的一般条件是流动性强的发达现货市场、完备的市场基准利率和真实可靠的无风险收益率曲线、足够多的以规避风险为目的的投资者、交易效率和流动性需要成熟高效的中介机构。经过 30 年改革,一方面,我国证券市场获得快速发展,流动性强的发达现货市场已经形成,我国经济不确定性或风险度的上升,也导致金融衍生市场发展需求急剧增加;另一方面,竞争机制的引入和竞争压力的加强也为金融衍生市场注入发展动力,形成市场基准利率和真实可靠的无风险收益率曲线。

第二,股指期货、国债期货再次创新并上市交易之前,制度建设是关键。建立起相对完善的规范金融期货市场秩序和保障投资者利益之法律体系及监管体系,支撑了我国股指期货、国债期货的再次创新和市场正常交易。金融期货市场是竞争的市场,也应当是法治的市场,其健康发展的前提是监管法律制度的建立与完善。除《证券法》《证券投资基金法》等法律之外,规范期货市场的主要行政法规为《期货交易管理条例》[①],同时还有大量的诸如《期货公司管理办法》《期货从业人员管理办法》《期货交易所管理办法》《证券公司参与股指期货、国债期货交易指引》等规章和规范性文件。在制度的保障下,我国也构建了对金融期货集中、统一的金融监管体系,保障了金融期货市场的健康发展。由于期货市场和现货市场的客观联动性,为了防止信息和风险跨市场传导,早在 2007 年 8 月,在中国证监会统一部署和协调下,上海证券交易所、深圳证券交易所、中金所、中国证券登记结算公司和中国期货保证金监控中心签署了股票市场和股指市场跨市场监管协作系列协议。[②]

第三,场外金融衍生产品的继续创新,得益于相关法律制度的继续完善。2010 年以后,场外金融衍生交易政府监管主要制度的表现形式包括两大类:一是法律范畴的规章,中国人民银行、中国银监会、中国保监会等分别颁行了 4 部场外金融衍生交易规章;二是监管机关颁行近 20 份政府规范性文件。

第四,穿透监管规则在制度与监管两个层面体现。穿透监管规则适用的关键是为了防范风险。从银行业务角度,明确提出穿透监管规则核心内容之"了解你的客户""了解你的业务""尽职审查"三原则的,是在与外汇结算相关的业务中。2013 年 7 月 5 日发布的中国人民银行《关于简化跨境人民币业务流程和完善有关政策的通知》中,就经常项下跨境人民币结算业务,要求境内银行直接办理跨境结算的基础,即为对上述三原则的落实。在金融衍生市场存在诸多风险的情况下,2013 年 12 月 16 日,国家外汇管理局在《关于调整人民币外汇衍生产品业务管理的通知》中,在正面规定"坚持实需交易原则"及其内涵的同时,明确提出银行与客户达成衍生产品交易前,

---

① 2007 年 3 月 6 日,国务院公布《期货交易管理条例》,后经过 2012 年 10 月、2013 年 7 月、2016 年 2 月、2017 年 3 月 4 次修订。

② 参见朱大旗:《完善我国股指期货市场监管机制的法律思考》,载《政治与法律》2012 年第 8 期。

应按照上述三原则,确认客户办理衍生产品业务符合实需交易原则。

场外与场内金融衍生产品联动创新中的行业自律发展迅速。2010 年以来,随着我国市场经济体制的进一步改革与完善,在政府职能转变的“简政放权”中,金融衍生市场的市场力量获得极大提升,行业自律组织的建立、完善以及其职能的强化,是我国金融监管从“他律”为主向“他律”与“自律”并重转变的体现。

第一,行业自律组织更加完善,会员构成更加开放。具体来讲:(1)场内交易形成了以中金所为核心,诸如中国期货业协会、中国证券业协会、中国证券投资基金业协会等行业协会为补充的行业自律组织体系。(2)场外交易中的行业自律组织,与上一阶段相比,有三个显著变化:一是自律组织更加市场化。在全国社会团体与政府脱钩的改革中,行业自律组织的市场化改革也如期进行。2015 年 9 月中国人民银行原则同意交易中心转制为企业。二是自律组织之间不仅相互联动,而且成立了相关机制。2016 年 6 月 24 日成立的外汇市场自律机制,就是由外汇及相关市场参与者组成的市场自律和协调机制。它们依法对人民币汇率中间价报价行为、银行间外汇市场交易行为和银行柜台外汇及跨境人民币展业行为进行自律管理,维护市场正当竞争秩序,促进外汇市场有序运作和健康发展。[①] 三是设立由监管机关与市场参与者共同参与的机构,以进一步推动金融市场从“他律”为主向“他律”和“自律”并重转变。例如,2017 年 4 月成立的中国外汇市场指导委员会,就是“由来自监管机关和市场参与者的代表共同组成,负责从外汇市场改革、发展和规范等宏观、总体的视角对相关业务统筹指导,指导和推动外汇市场自律机制更加协调有序地发展”。[②] (3)自律组织接纳会员的结构越来越开放。例如,2015 年 11 月 25 日,第一批 7 家境外央行类机构进入中国银行间外汇市场。再如,在全国外汇自律机制由核心成员、基础成员和普通成员三层构成的情况下,由于核心成员强调“市场系统重要性程度高、市场影响力大、业务流程规范、内控机制完善、综合实力”等,其成员相对稳定,而基础成员和普通成员则可以申请加入。

第二,行业自律组织的职能更加全面和深化。与上一阶段相比,金融衍生市场自律组织职能的变化体现在以下五个方面。(1)制定的自律规则内容更加全面,涉及场内场外两个市场。围绕股指期货、国债期货的交易,中金所不仅是市场交易的组织者,同时还依法承担自律监管职能。中金所等制定、修订了 40 余部自律规则,如《中

① 中国货币网:http://www.chinamoney.com.cn/chinese/whhlgzzold/,最后访问日期:2020 年 5 月 5 日。

② 同上。

国金融期货交易所交易规则》《套期保值与套利交易管理办法》《金融期货投资者适当性制度实施办法》等以及所有交易衍生产品的交易合约。而场外金融衍生产品交易的自律规则,更为全面细化,据不完全统计,2010 年以来合计 30 余项。另外,2016 年 6 月至 2020 年 6 月,外汇市场自律机制共发布近 20 项自律规范。(2)自我约束更加全面,更加注重自律的专业化问题。首先,这一点反映在对具有标准与示范性质金融衍生产品交易主协议的认识中。从 2010 年至今,一是所有与金融衍生交易有关的主协议及补充协议,均是金融行业协会或者其与证券交易所联合制定,政府监管机关不再批复或发布;二是金融衍生交易有关的主协议及补充协议涉及的市场,从银行间货币、债券、外汇市场拓展到证券期货市场;三是协议内容也越来越全面地涉及金融衍生交易的所有业务。其次,在继续完善原有主协议的基础上,推出《中国证券期货市场场外衍生品交易主协议(2014 年版)》等。为了使自律更有效率,在自律组织下设置专业委员会成为实践中新的选择。例如,2014 年 9 月 25 日,银行间外汇市场职业操守和市场惯例专业委员会成立,就很能说明问题。(3)执行市场纪律。在场内交易中,仅 2019 年 7 月,中金所就处理异常交易行为 12 起,处理客户套期保值持仓、套利持仓超过其相应资产配比要求的行为 3 起。对相关客户采取了限期调整、要求报告情况等措施。(4)更加重视交易的迅捷与市场透明度的提高。在交易迅捷与市场透明度方面,场外市场是次于场内市场的。为此,在场外市场通过推出标准化金融衍生产品的方式,予以弥补与改进。2014 年以来,交易中心先后推出了标准利率衍生产品、标准化人民币外汇掉期产品(C-Swap)、标准债券远期产品、标准化人民币外汇远期(C-Forward)等交易,推动场外金融衍生市场的健康发展。(5)科技金融成为行业自律的重要内容。无论是场内市场还是场外市场,都非常重视科技在金融衍生交易中的安全保障、交易效率提升等作用,除不断改进交易系统之外,还致力于金融市场 IT 生态圈的建立与完善。2015 年 12 月 18 日,第一批 13 家开发商获得交易中心颁发的系统接入开发机构认证证书,这标志着银行间市场 IT 生态圈的建立。

四、我国金融衍生市场行业自律的演进特点、问题与建议

(一)我国金融衍生市场行业自律的演进特点

1. 转型是我国金融衍生市场及其行业自律演进的背景。我国金融衍生市场及其行业自律的演进极具转型特点体现在两个方面:一是整个国家 1978 年开始的从计划

经济体制向市场经济体制转型;二是政府在体制大转型下从无限政府向有限政府的转型。我国金融衍生市场及其行业自律的演进,是在上述两个转型背景下进行的。可以这样说,没有市场经济就没有金融衍生市场的创新,没有市场经济就没有政治体制改革中政府的"简政放权",自然也就不会存在金融衍生市场的行业自律问题。

因为 1993 年 11 月党的十四届三中全会通过了《中共中央关于建立社会主义市场经济体制若干问题的决定》,才有了我国金融体制改革,以及由此而来的第一阶段金融期货领域虽然失败,但很有创新性的尝试;也因为金融体制改革中的最基础外汇体制、利率市场化等一系列改革,才有了防范汇率风险、利率风险的场外金融衍生产品的创新与丰富。随着社会主义市场经济体制的进一步完善与发展,才有了金融衍生场内外两个市场联动创新。而金融衍生市场的行业自律,就是在这样的背景下从无到有并逐步强大起来。

1993 年至 2020 年 6 月,我国因政府职能转变而进行的机构改革共有 6 次。1993 年政府机构改革的核心是满足建立社会主义市场经济体制需要,因此,政府职能转变的根本途径是政企分开。因此,金融期货尝试的第一个阶段,不存在真正意义上的行业自律组织。1998 年改革提出了政府职能转变到社会管理和公共服务方面,但具体措施比较零散。2003 年之后的改革,关于政府职能转变到社会管理和公共服务方面的基本理念和思路开始清晰起来,具体做法也开始有了章法。"依法界定社会管理和公共服务职能",建设有限政府、服务型政府,使行业自律组织的地位得以明确并获得长足发展。我国金融衍生市场行业自律组织的发展,正是在这样的背景下。晚于货币市场、资本市场发展的金融衍生市场,其行业自律组织不仅成立较晚,而且因为防范金融衍生市场风险的需要,行业自律组织开始时更多地属于政府附属机构,后来才脱离成为非营利性社会团体法人。行业自律组织并非自发成立是确定的事实。

2. 政府是金融衍生市场及其行业自律演进过程中发挥了关键作用。路径依赖决定了滑行于计划经济轨道的我国政府,在行业协会以及金融市场的建立、发展中极具主动性与主导性。1978 年以来,一般行业协会在我国的发展,经历了由政府主办到政府主导,再到市场自发成立的过程。政府主办主要是在 1993 年之前,金融业的特殊性决定也不存在市场自发设立的问题。金融业行业协会的成立,基本是在政府主导下设立的,金融衍生市场的行业协会也不例外。

首先,金融衍生市场的行业自律的政府主导体现在制度规范。行业协会在政府管理中将其列入“社会团体”的范畴,因此,设立依据是《社会团体登记管理条例》,[①]因此,与金融衍生相关的行业协会,均是依据该条例登记设立的。但对金融衍生市场行业协会的规范而言,没有“法律”而只有一部“法规”即《期货交易管理条例》。[②] 该条例规定:“期货交易所不以营利为目的,按照其章程的规定实行自律管理。”又规定“期货业协会是期货业的自律性组织,是社会团体法人”“权力机构为全体会员组成的会员大会”以及职责。金融衍生市场其他行业自律组织的设立,则主要依据的是“广义立法”之规章和属于“政策”范畴的规范性文件。

其次,政府的主导还体现在金融衍生行业自律组织的设立中。与金融衍生交易相关的全国性行业自律组织的官网简介中,“国务院批准设立”是一个频繁出现的组合词语。无论是1990年成立的上海、深圳两家证券交易所,还是2006年成立的中金所,均是国务院批准设立、接受中国证监会监督管理的。而带有“中国”字样的行业协会,批准登记机关均为国家民政部,业务主管部门因金融业务类型不同分别为中国人民银行、中国证监会等监管机关。例如,2007年9月设立的中国银行间市场交易商协会,就是经国务院同意、民政部批准成立,业务主管部门为中国人民银行的全国性非营利性社会团体法人。

为金融衍生交易服务,与行业自律密切相关的登记结算科技类公司中也可以间接看到政府推动的影子。如经中国证监会批准于2001年3月设立的中国证券登记结算有限责任公司,作为“不以营利为目的”的企业法人,上海、深圳证券交易所分别持有公司50%的股份。[③]

3. 路径选择不同影响了我国金融衍生市场及行业自律的演进。我国金融衍生产品的路径选择决定了行业自律组织不同类型的发展。我国金融衍生品发展的路径不同于其他国家。发达国家一般是以农产品为开端,之后沿着金融期货自然演进。亚洲新兴市场国家,则以股指期货为首选品种,其次是发展利率衍生品。而我国在重新启动金融衍生产品创新之后,从市场结构来看,采取了先场外后场内的实践。因此,金融衍生市场行业自律组织,并非国外那样先设立交易所。而是根据需要,首先设立与业务相关的全国性行业协会和行业清算组织,为了给金融期货上市交易做准备,才成立了中金所。

---

① 《社会团体登记管理条例》于1989年制定,经过了1998年和2016年2次修正。

② 《期货交易管理条例》于2007年制定,经历了2012年、2013年、2016年、2017年4次修订。

③ 中国证券登记结算有限责任公司官网:http://www.chinaclear.cn/zdjs/gygs/about_index.shtml,最后访问日期:2020年5月22日。

(二)我国金融衍生市场行业自律演进中提出的问题

1. 缺少专门的金融衍生产品法,规范金融衍生市场的法律层级太低、规范性文件太多。金融衍生市场的规范、稳健发展,需要法治保障。近 30 年来,我国金融衍生市场的发展虽具有"制度先行"特点。但迄今为止,在法律层面规范金融衍生产品交易的,除《公司法》用两个条款对可转换公司债券予以明确规定、行政法规只有《期货交易管理条例》之外,规章和规范性文件是现行金融衍生市场的主要制度形式。法律规范层级太低、规范性文件太多的缺点是不言而喻的:一是制度的权威性差,二是制度的透明度差,三是"朝令夕改"。① 这些都会影响从事金融衍生交易市场参与者的预期,不利于金融衍生市场的稳健发展。

2. 缺少对金融衍生市场行业自律组织属性与职能的法律明确规定。对金融衍生市场的行业自律而言,其组织的设立与运行,首要问题是"依法",但金融衍生市场的行业自律组织却不能明确说明其设立与运行的法律依据。根据我国现行法律的规定,行业自律组织作为非营利社会团体法人,《社会团体登记管理条例》是其设立依据,但"社会团体"是一个太大的范畴。每一类社会团体面对的问题是不一样的,而国家层面至今没有行业协会方面的立法。因此,面对在金融领域也如此特殊的金融衍生市场,一些行业自律组织设立及运作的法律依据不清晰,必然带来自律作用发挥不理想的问题。也是因为设立的具体法律依据不详,能够在行业协会官网上明确说明的只有个别协会了。如中国证券业协会的设立,其依据中就有《证券法》。另外,金融衍生市场中的特殊行业自律组织,即"不以营利为目的的企业法人"这一类机构,如中国证券登记结算有限责任公司,虽然其官网简介中表达了设立依据为《公司法》和《证券法》,但显然我国《公司法》中的公司,均是以营利为目的的,其作为特殊公司设立的法律依据还是欠缺的。另外,在金融衍生市场"他律"与"自律"并重中,没有明确如何划定二者的界限。我国金融衍生市场及其行业自律的政府主导特点决定了"他律"的强势地位。虽然近 10 年特别是 2018 年以来的政府机构改革,金融监管机关一直在"简政放权",但以什么方式划定界限依然需要思考。

---

① 比如,查找我国金融衍生产品制度规范,看到 2014 年 6 月 23 日国家外汇管理局发布的《银行对客户办理人民币与外汇衍生产品业务管理规定》(以下简称《6 月 23 日规定》)被 2014 年 12 月 25 日发布的《银行办理结售汇业务管理办法实施细则》(以下简称《12 月 25 日细则》)取代时,笔者起了好奇心。细查发现,是上位法变更。《6 月 23 日规定》的上位法依据,是国务院 2008 年的《外汇管理条例》和中国人民银行 2002 年的《外汇指定银行办理结汇、售汇业务管理暂行办法》(以下简称《2002 年办法》),《12 月 25 日细则》的上位法,行政法规没有变化,但《2002 年办法》被 2014 年 6 月 22 日中国人民银行发布的《银行办理结售汇业务管理办法》取代。

3. 金融衍生市场行业自律有待进一步完善与加强。回顾我国金融衍生市场行业自律的演进历程,就会发现,行业自律从只有“他律”中脱颖而出并成为与“他律”并重的金融衍生市场监管重要部分,经历了近30年的时间。金融衍生市场的行业自律进步迅速,但需要重视以下几点:一是行业自律组织的自律规则需要进一步完善。金融衍生市场发展到今天,得益于一系列自律规则的制定与修改。但仔细阅读也会发现其存在一些定义不清晰、相互矛盾的问题。而且同一组织不同时间以及不同组织对同一问题的规定也有不一样的情形。二是行业自律管理仍需加强。在市场交易自律管理中,备案管理的内容,包括协议签署、内部操作规程和风险管理制度等,需要在成员扩大等方面进一步完善。三是自律组织之间的合作应该加强。与货币市场、资本市场相比,金融衍生产品与原生产品相比,结构更为复杂。由于金融衍生产品的最主要功能是为了“转移风险”,因此,金融机构为满足市场参与者所供给的金融衍生产品,很难限定在某个具体金融市场范围内,大多金融衍生产品是“跨界”的。这就与按照行业设立的自律组织职能相冲突,因此,行业自律组织的跨界合作需要加强。

(三)完善我国金融衍生市场行业自律的建议

1. 制定专门的金融衍生产品法,提高规范金融衍生市场的法律效力层次。如前所述,我国专门规范金融衍生市场的制度构成主要是规章和大量的规范性文件。其所存在的问题不仅是使市场缺少稳定预期,而且还不利于金融衍生产品的创新。相对法律、行政法规、规章的制定,金融监管机关制定的大量规范性文件,在制定主体单一和程序要求简单的情况下,虽然能够迅速满足一部分金融衍生市场发展的制度需求,但重在“管”“铁路警察各管一段”“部门利益”等,对于跨越监管机关管辖范围之“跨界”金融衍生产品的创新以及市场主体形成稳定预期却是非常不利的。因此,应当根据我国金融衍生市场运行中的需求,或者制定专门的金融衍生产品法,或者将规范金融衍生市场多年并具有一定稳定性的规章提升为行政法规或法律,以提高规范金融衍生市场的法律效力层次。

2. 通过立法活动明确金融衍生行业自律组织的属性与职能。2015年7月8日中共中央办公厅和国务院办公厅联合下发的《行业协会商会与行政机关脱钩总体方案》中明确指出,“促进行业协会商会成为依法设立、自主办会、服务为本、治理规范、行为自律的社会组织”,是厘清政府、市场、社会关系的关键。而2019年10月31日党的十九届四中全会通过的《中共中央关于坚持和完善中国特色社会主义制度,推进国家治理体系和治理能力现代化若干重大问题的决定》中提出的“健全党组织领导的自治、法治、德治相结合的城乡基层治理体系”,“发挥行业协会商会自律功能”等,都为通过立法活动明确金融衍生行业自律组织属性与职能奠定的基础。因此,可以在制定社会组织、行业协会专门法基础上,或者专门颁行调整金融行业自律组织的法规、规章,或者在《商业银行法》《证券法》《证券投资基金法》等法律修订时,增加调整金融行业自律的条款,明确行业自律组织的属性与职能。

界定金融衍生市场政府监管与市场自律的界限,应该通过规定政府权力界限入手。2015 年 10 月 2 日,《国务院关于实行市场准入负面清单制度的意见》及其附件《关于开展市场准入负面清单制度改革试点的工作方案》发布。由于负面清单制度奉行的是“法无禁止皆自由”理念,因此,更强调还权于市场,市场归市场,政府归政府,①构建政府与市场双向协商治理机制。因此,在金融衍生市场监管从“他律”为主向“他律”与“自律”并重转变的当下,在金融衍生市场监管中引入负面清单制度,是明晰金融衍生市场政府监管与市场自律界限的关键。

提高金融衍生市场行业自律能力的关键,首先,要从理念上提升行业自律在推进我国治理体系和治理能力现代化中的重要地位。在我国从计划经济体制向市场经济体制转型的过程中,国家公权力也分化出“社会公权力”。社会公权力的最大特点就是非国家性,即行使社会公权力的主体是国家以外的社会组织,行业自律组织就是其中之一,而且是国家市场治理体系中的重要组织。行业自律组织具有的自主管理性、成员非公务性、经费自筹性和范围专业性等特点,②使其在金融衍生市场发挥着政府监管不可替代的作用。其次,在对现行金融衍生市场自律规则予以修订并完善,特别注意创新金融衍生产品开发与交易中的定义清晰及相互贯通等问题的基础上,提升金融衍生市场行业自律监管能力。针对金融衍生产品的跨界特点,还应该加强金融衍生市场行业自律组织之间的跨界合作,为金融衍生产品的“跨界”创新提供条件。

---

① 参见喻少如:《负面清单管理模式与行政审批制度改革》,载《哈尔滨工业大学学报》(社会科学版) 2016 年第 2 期。

② 参见徐靖:《论法律视域下社会公权力的内涵、构成及价值》,载《中国法学》2014 年第 1 期。

2019年A股个人投资者知权、行权、维权现状调查报告

耿中华[*]　胡家琪[**]

摘　要：保护投资者的合法权益是资本市场健康稳定发展的重要基础，为反映2019年A股个人投资者知权、行权、维权现状，促进投资者保护工作的提升，中证中小投资者服务中心在全国范围内开展问卷调查。结果显示，A股个人投资者行权和维权意识较上年有所提升，但股东意识仍相对薄弱，并且维权时间成本和资金成本较高的问题突出。建议加大对权益类投资者教育活动的投入，推进对A股特色股权文化的培育。

关键词：个人投资者　知权　行权　维权

一、项目介绍

（一）调查背景和目的

2019年中证中小投资者服务中心（以下简称投服中心）继续以年度为单位开展A股个人投资者知权、行权、维权①现状调查工作。本次调查内容涉及个人投资者知权、行权、受损和维权四大模块，具体又可细分为个人投资者概貌、知权情况、行权情况、受损情况、维权情况、投教情况六部分，各部分之间既相互独立又相互影响。本报告期望通过上述分类充分展示个人投资者目前的知权、行权、维权现状以及实际操作中遇到的困难。

---

* 中证中小投资者服务中心调查监测部高级经理。

** 中证中小投资者服务中心调查监测部经理。

① 本报告中投资者的维权是广义的维权概念，具体可包含但不限于诉讼、调解、仲裁、向有关部门投诉、主动与对方协商等方式。

此外,本报告使用个人投资者是否了解投服中心这一标准将整体样本分拆为了解投服中心样本(以下简称投服样本)和不了解投服中心样本(以下简称非投服样本)。期望通过不同样本之间的对比,[①]以及同类样本之间连续 2 年的对比,对投服中心在示范引领投资者知权、行权、维权方面的工作效果进行一定的展示,同时发掘一些规律,为个人投资者保护工作提供一些来自个人投资者自身视角下的建议。

(二)调查方式

本次调查以测量为主,测量阶段使用定量方式。

1. 问卷设计

调查内容涉及个人投资者概况、知权情况、行权情况、受损情况、维权情况、投教情况六方面。其中个人投资者自身因素包含五个维度:性别、年龄、入市时间、持仓资金、投资信息获取渠道。

2. 样本范围

(1)调研地区:投服中心依托于海通、广发、国泰君安等三家战略合作券商向分布于全国(不含我国香港特别行政区、澳门特别行政区、台湾地区)的 15,200 名个人投资者发送专业调查问卷。此外,为保证问卷设计的合理性及个人投资者对问卷无差别的可接受性,我们选取北京、上海、广州、济南、哈尔滨、郑州、成都、兰州等 8 座有代表性的中心城市作先期线下面访,以充分考虑投资者的地域分布因素。

(2)受访对象:本次受访对象为调查地区内,过去 12 个月进行过 A 股交易的个人投资者。

(3)受访个人投资者年龄限定为 18 周岁以上。

3. 调查方式

本次调查所用调查方式为在线作答。

4. 调查时间

本次调查时间为 2019 年 11 月 15 日至 18 日。

5. 最终样本量

依照统计学要求,本次调查最终取得 12,289 份有效样本。样本覆盖 31 个省(市、自治区)的 312 个城市。

---

① 为便于样本之间的对比,本篇报告采用的差异标准:0 ~ 10% 表示无显著差异;大于 10% 表示有显著差异。该标准不一定完全符合实际情况,具体分析中可能存在一定的偏差。

二、调查结果分析

(一)个人投资者概貌

1. 性别

本次调查发现,受访个人投资者中男性多于女性。如图1所示,分样本中,投服样本和非投服样本呈现一样的特征。

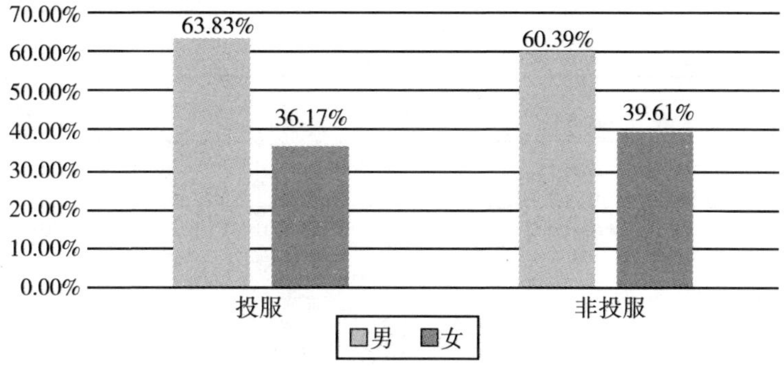

图1 投资者性别比

2. 年龄

本次调查发现,受访个人投资者年龄分布比较合理,分布上符合倒U型分布,31~40周岁个人投资者最多。如图2所示,投服中心样本与非投服中心样本有相似的趋势,也服从倒U型分布,但更呈年轻化。区别主要表现在23~30周岁以及31~40周岁阶段的个人投资者占比都高于非投服样本;40岁以后,投服样本明显低于非投服样本,且各阶段的差异幅度都超过10%。

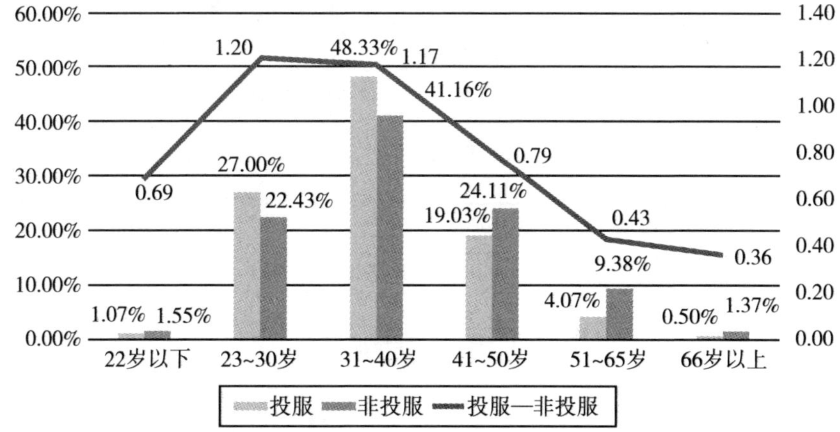

图2 投资者年龄对比

3. 入市时间

如图 3 所示,本次调查发现,受访个人投资者的入市时间主要集中在 2001 ~ 2005 年和 2006 ~ 2010 年两个时间段。

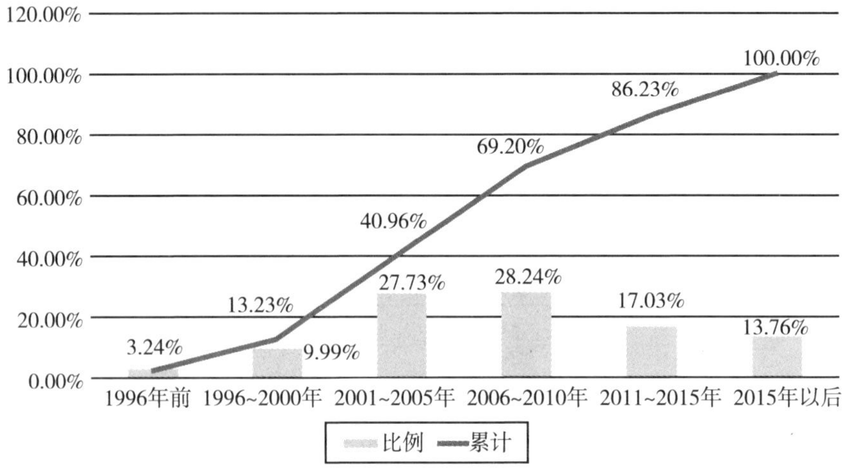

图 3 投资者入市时间

如图 4 所示,投服样本相对非投服样本更集中在 2001 ~ 2005 年和 2006 ~ 2010 年两个阶段,也就是入市时间长达 15 ~ 20 年的个人投资者。这一阶段个人投资者可能具有的特点如下:入市时间较长,经历过 A 股市场几次的大涨和大跌,心理上和实际行为上对维护自身合法权益的关注度和需求都比较高。

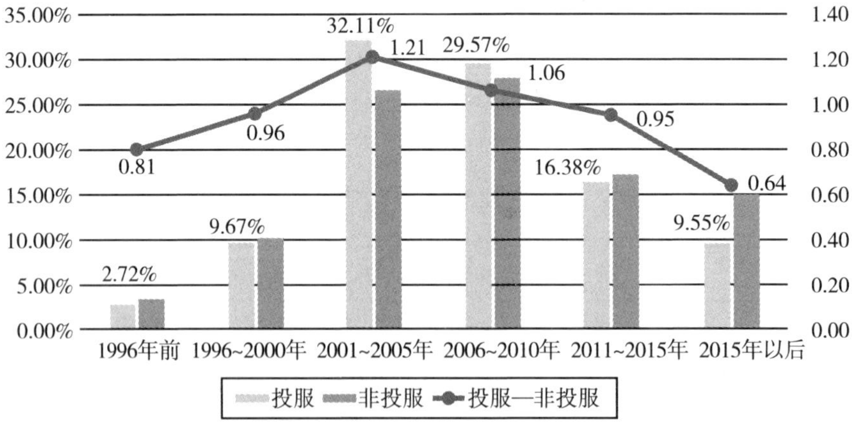

图 4 投服—非投服对比

4. 持仓资金

如图 5 所示,本次调查发现,受访个人投资者的持仓资金主要集中在 50 万元以下，占全体个人投资者的79.00%。50万元以下的分类中，10万~20万元和20万~50万元占比又是最大的两位，分别为24.52%和28.52%。

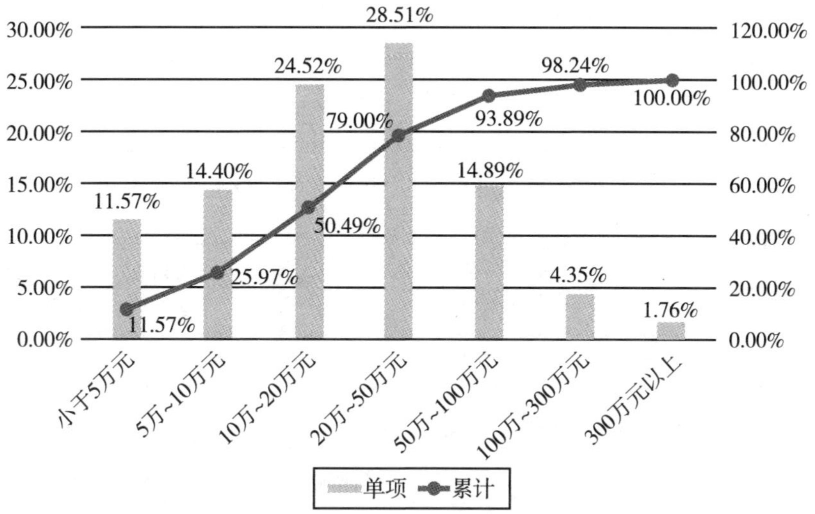

图5　持仓资金分布

与2018年调查相比，2019年受访个人投资者的持仓资金有了较大幅度的提升，特别是10万元以上的个人投资者。例如，10万~20万元的占比从18.89%上升到24.52%，20万~50万元的占比从19.86%上升到28.51%，50万~100万元的占比从10.37%上升到14.89%。具体见图6。

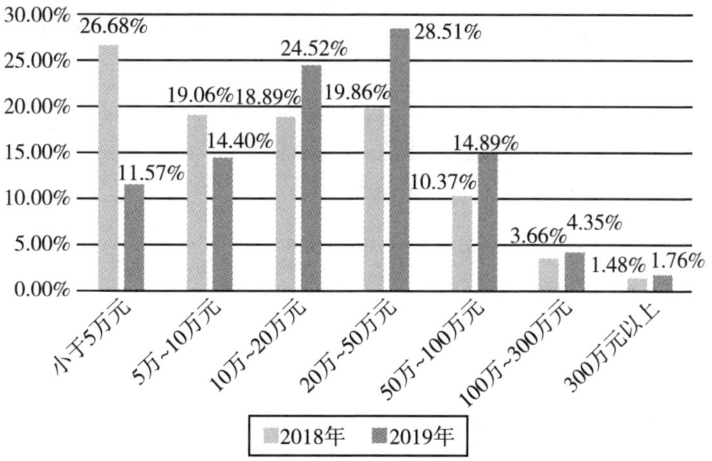

图6　持仓资金年度对比

投服样本与非投服样本在持仓资金分布上是相似的，持仓资金主要都集中在

10 万～20 万元和 20 万～50 万元区间,但投服样本的集中度更高,10 万～20 万元与 20 万～50 万元区间占比也更大。具体见图 7。

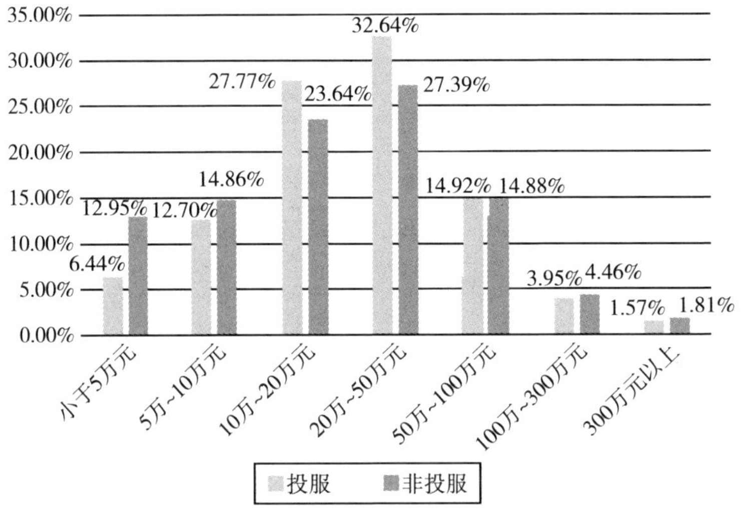

图 7　投服—非投服对比

5. 信息获取渠道

本次调查发现,受访个人投资者获取投资信息的最主要渠道为网络财经媒体,占比 22.48%。此外,券商 App、研报等占比 17.55%,投资顾问占比 17.00%。但仍然有 13.33% 的个人投资者依靠社交渠道获取投资信息。具体见图 8。

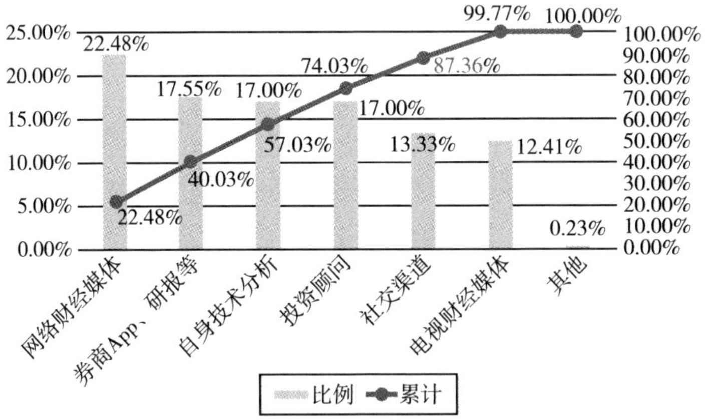

图 8　信息获取渠道

投服样本相对非投服样本表现得相对理性。从数据对比来看,源于自身技术分析和投资者顾问两项占比增加,而源于社交渠道的占比大幅减少。具体见图 9。

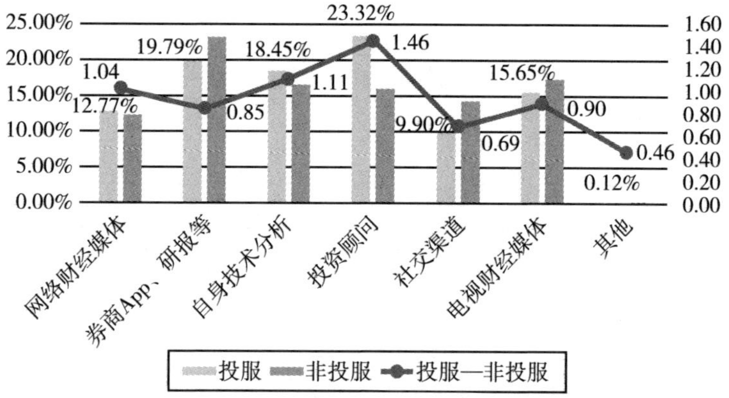

图9　投服—非投服对比

(二)个人投资者知权情况

1. 个人投资者自我评价

如图10所示,本次调查发现,89.93%的受访个人投资者对质询权、查询权、表决权等10项权利[①]中的一种或多种有所了解,仅10.07%的个人投资者从未听说过上述任何一项权利。

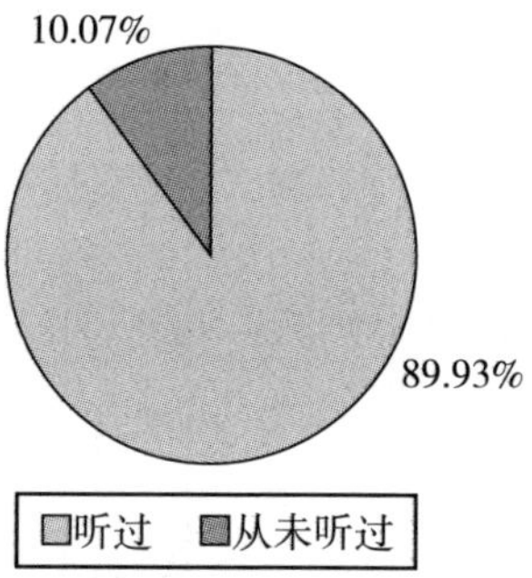

图10　受访投资者对权利的知晓概况

如图11所示,投服样本对10项权利的知晓情况好于非投服样本,投服样本中从未听说过这些权利的个人投资者仅有2.65%。

---

① 10项权利为知情权、查询权、质询权、表决权、利润分配权、剩余财产分配权、股东大会及董事会决议撤销诉讼权、股东直接诉讼权、股份回购请求权、独立董事提名权。

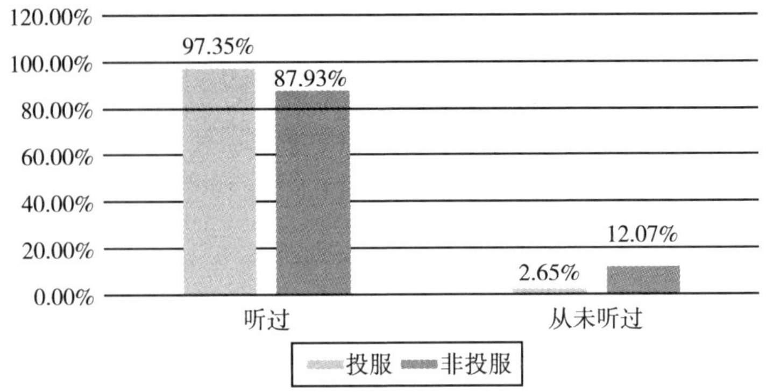

图11　投服—非投服对比

2. 个人投资者知权水平

从本次调查所获数据来看,全体受访个人投资者的权利知晓水平[①]集中在听过这些权利,但了解程度偏于基本了解上。投服样本的权利知晓水平普遍高于非投服样本的知晓水平,大体集中在听过这些权利,且偏向于比较了解这些权利。对于这样的现象,可能是投服中心一直秉持的示范引领的工作理念带动了多数知道或了解投服中心的个人投资者,积极主动地去了解和关注自身的合法权益,从而整体上提高了投服样本的知权水平。具体见图12。

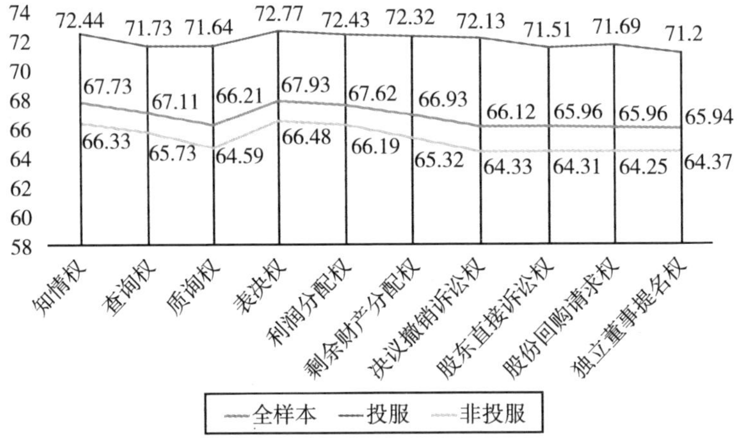

图12　投服—非投服对比

① 权利知晓水平上,本文中权利知晓水平测度采用的是赋值法。没听过的赋0分;听过,完全不了解的赋20分;听过,不太了解的赋40分;听过,基本了解的赋60分;听过,比较了解的赋80分;听过,非常了解的赋100分。具体计算是用各水平赋值乘以各水平占比相加得出。

（三）个人投资者行权情况

1. 个人投资者行权现状

如图 13 所示，本次调查发现，61.04% 的受访个人投资者行使过 10 项权利中的一项或多项，38.96% 的受访个人投资者没有行使过任何一项权利。

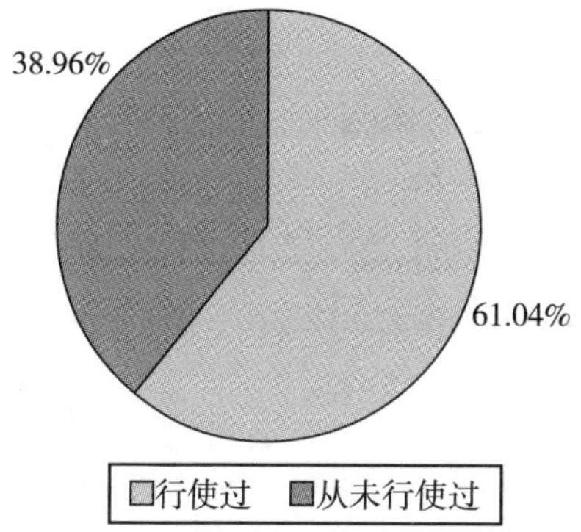

图 13　受访投资者行权概况

如图 14 所示，投服样本与非投服样本相比，行使过权利的个人投资者占比更高。投服样本中行使过权利的占比为 76.40%，非投服样本中行使过权利的占比为 56.47%。

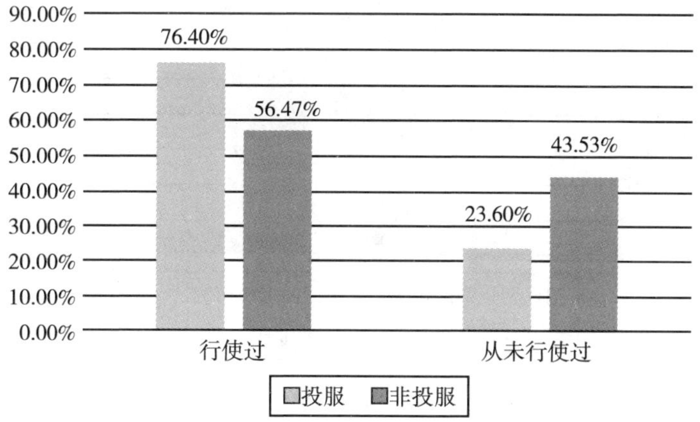

图 14　投服—非投服对比

如图 15 所示，与 2018 年相比，2019 年投服样本中行使过权利的个人投资者占比有了非常大的提升，占比从 2018 年的 12.36% 大幅上升到 2019 年的 76.40%，未行权占比从 2018 年的 87.64% 大幅减少至 2019 年的 12.36%。

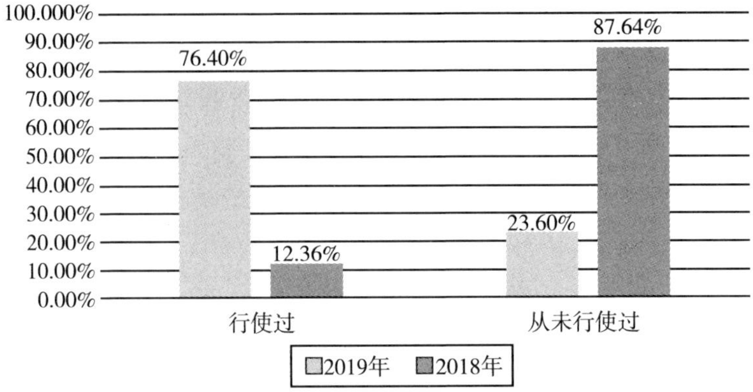

图15 投服样本连续两年行权情况对比

2. 个人投资者行权原因

本次调查发现,40.08%的个人投资者在受到损失后,第一反应就是行权;31.37%的个人投资者在受到损失后,会先考虑自己时间是否充分,如果时间充分才会去行权;28.40%的个人投资者在受到损失后,会先考虑其他受损个人投资者的反应,如果有其他受损个人投资者发起号召,那么自己便会去行权。具体见图16。

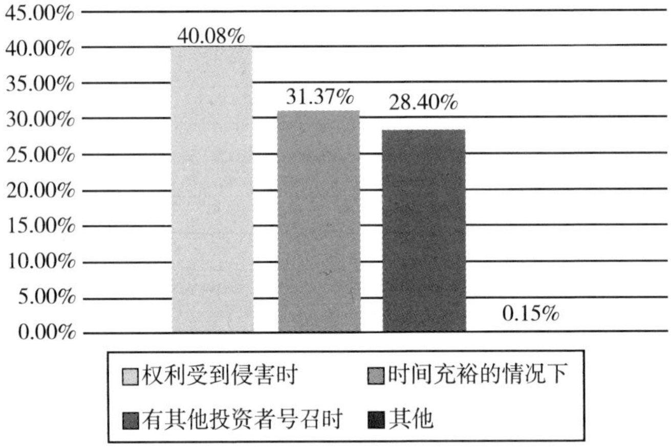

图16 受访投资者行使权利的背景

3. 个人投资者行权方式

本次调查发现,个人投资者行使自身合法权利的最主要方式是使用上海证券交易所的e互动或深圳证券交易所的互动易。具体见图17。

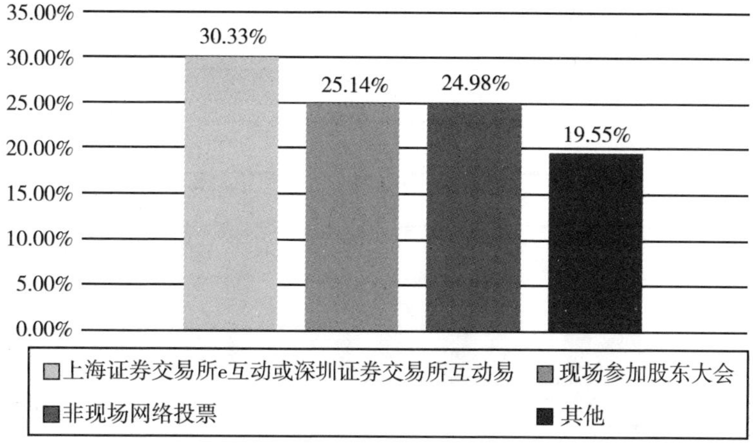

图 17　投资者行权方式

4. 个人投资者行权难点

本次调查发现,受访个人投资者中,27.32% 表示自己遇到的行权困难是散户话语权弱,缺少凝聚力;21.55% 表示自己遇到的行权困难是自身缺乏专业知识;20.25% 表示自己遇到的行权困难是缺少可靠的行权途径;17.76% 表示自己遇到的行权困难是行权成本高。具体见图 18。

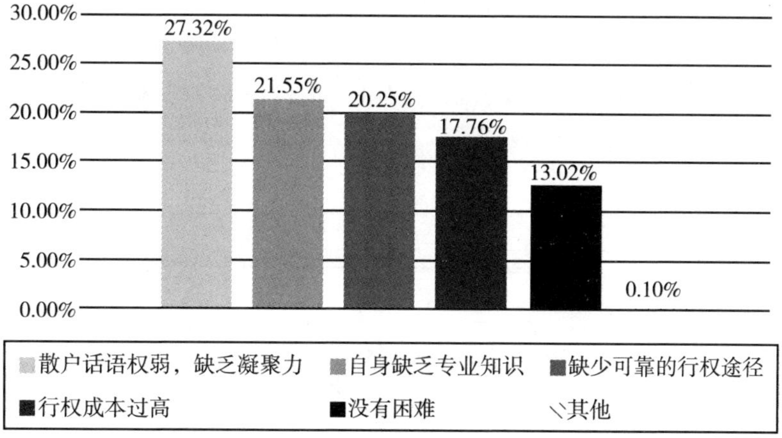

图 18　投资者行权困难点

投服样本与非投服样本对行权困难有着相似的看法,但相对非投服样本,投服样本中认为行权成本过高的占比显著减少,认为散户话语权弱,缺乏凝聚力的占比显著增加。具体见图 19。

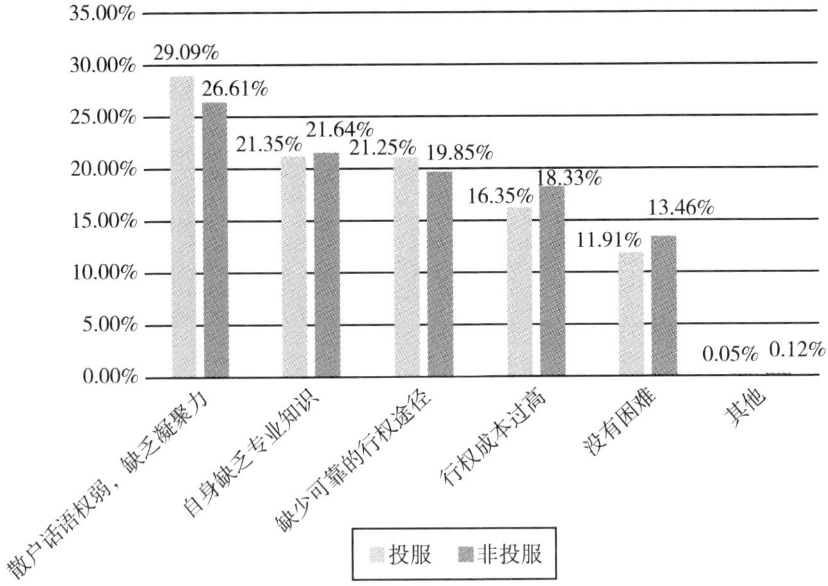

图 19　投服—非投服对比

5. 个人投资者未行权原因

本次调查发现,受访个人投资者中,41.88% 表示未行权原因是没有遇到需要行使权利的情况;28.90% 表示未行权原因是不知道如何行使这些权利;27.43% 表示未行权原因是行使权利较为麻烦;23.14% 表示未行权原因是他们以为只有大股东才有,散户没有这些权利;14.40% 表示未行权原因是自身认为没有必要行使这些权利。具体见图 20。

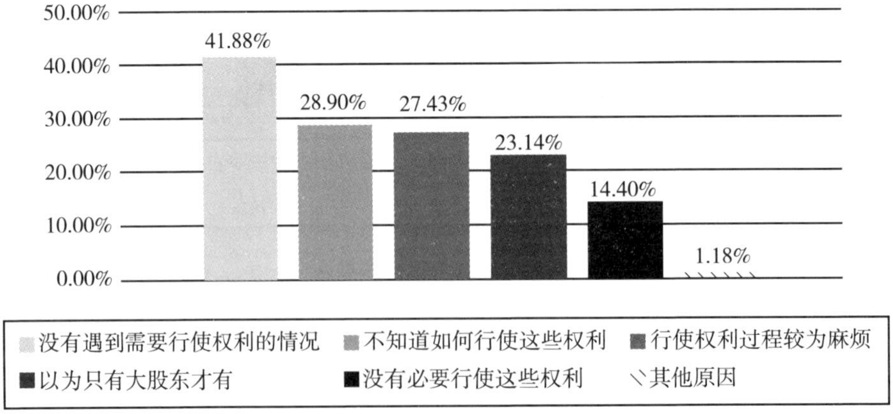

图 20　未行使权利原因

投服样本和非投服样本的未行权原因分布是相似的。但投服样本中认为没有遇到需要行使权利的占比显著高于非投服样本,其中投服中心占比 53.09%,非投服占比 40.07%;不知道如何行使这些权利和以为只有大股东才有这些权利的占比显著低于非投服样本,其中投服样本两项占比为 22.20% 和 20.03%,非投服占比为 29.98% 和 23.64%。猜测其中的原因是投服中心的多项工作让个人投资者明白了自己有哪些权利、在什么情况下可以行使权利以及如何行使自身权利。具体见图 21。

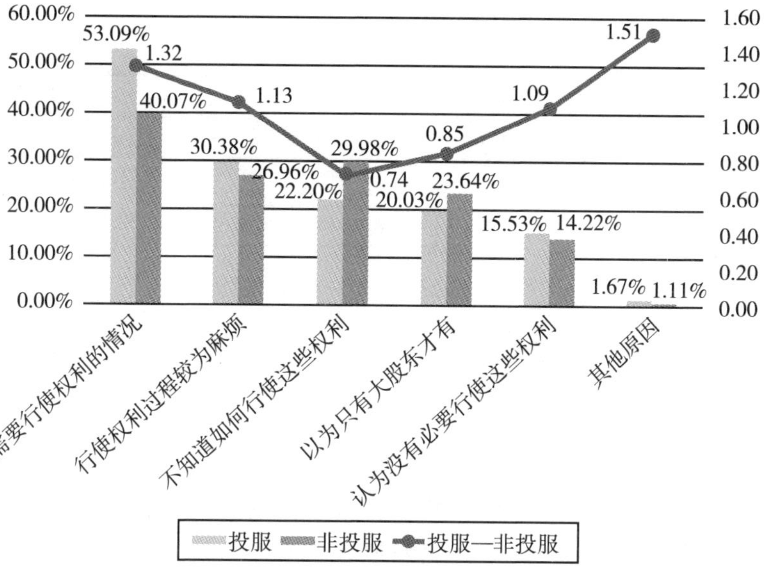

图 21 投服—非投服对比

(四)个人投资者因虚假陈述、市场操纵受损情况

如图 22 所示,调查发现,在受到损失的个人投资者中,33.64% 的个人投资者表示曾因虚假陈述、市场操纵受损,50.20% 的个人投资者表示没有,16.16% 的个人投资者表示不清楚。

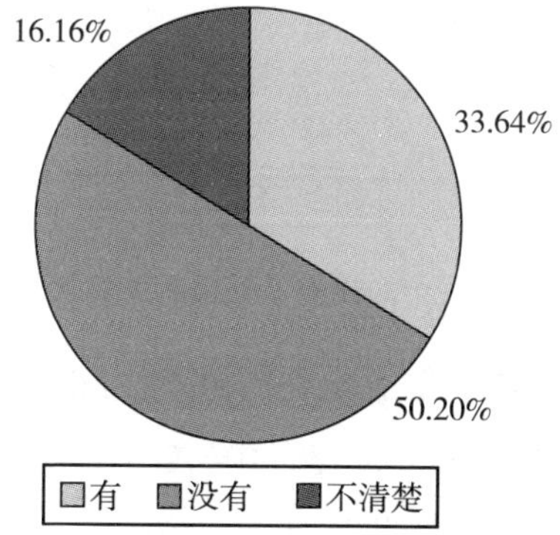

图 22 因虚假陈述、市场操纵受损情况

投服样本识别虚假陈述、市场操纵致损的能力更强。2019 年,10.47% 的投服样本不清楚自身是否因虚假陈述、市场操纵受损,而在非投服样本中,这一比例为 17.69% 。具体见图 23。

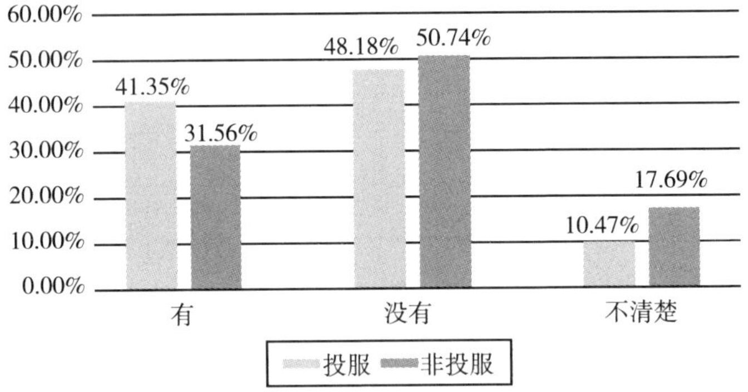

图 23　投服—非投服对比

(五)个人投资者维权情况

1. 个人投资者维权意愿

(1)因虚假陈述、市场操纵受损后的维权意愿

如图 24 所示,个人投资者在因虚假陈述、市场操纵受损后的维权意愿增强。调查结果显示,在因虚假陈述、市场操纵受损后,80. 99% 的个人投资者表示会进行维权,而该比例在 2018 年为 66. 36% 。

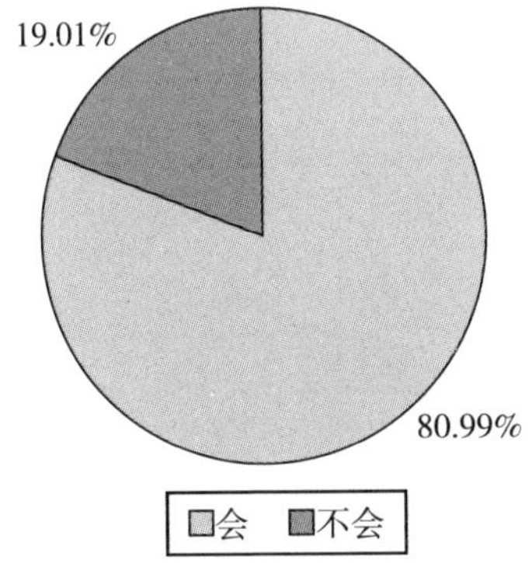

图 24　个人投资者受损后维权意愿

如图 25 所示,个人投资者维权意愿与识别能力正相关。在 2019 年不确定是否有因虚假陈述、市场操纵受损的个人投资者中,72. 10% 会选择维权,比例低于有受损和无受损经历的个人投资者。这表明识别能力较弱的个人投资者维权意愿较低。

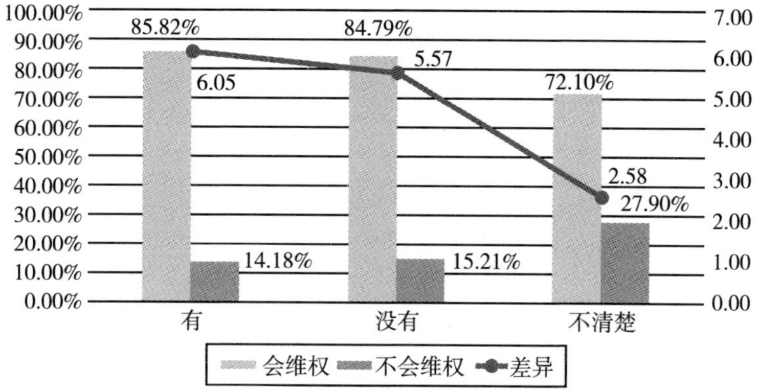

图 25　受损情况与扣除意愿

投服样本维权意愿高于非投服样本。在因虚假陈述、市场操纵受损后，92. 94%的投服样本会选择维权，非投服样本这一比例为 77. 77% 。具体见图 26。

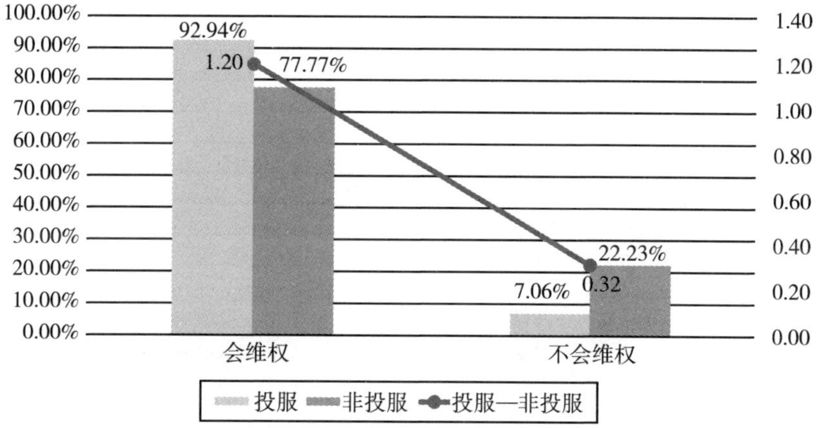

图 26　投服—非投服对比

(2)损失计算时系统性风险扣除意愿

如图 27 所示，在有意愿维权的个人投资者中，近 90% 接受在损失计算时扣除系统性风险。调查显示，在选择维权的个人投资者中，87. 30% 的个人投资者表示在计算损失金额时愿意扣除系统性风险的影响，12. 70% 的个人投资者表示不愿意扣除系统性风险的影响。

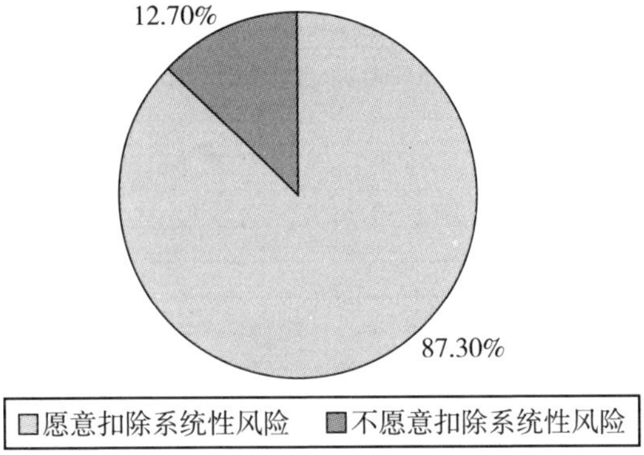

图27 损失计算时扣除系统性风险的意愿

投服样本愿意扣除系统性风险的比例高于非投服样本。在会选择维权的个人投资者中,93.97%的投服样本愿意扣除系统性风险影响,非投服样本中这一比例为85.15%。具体见图28。

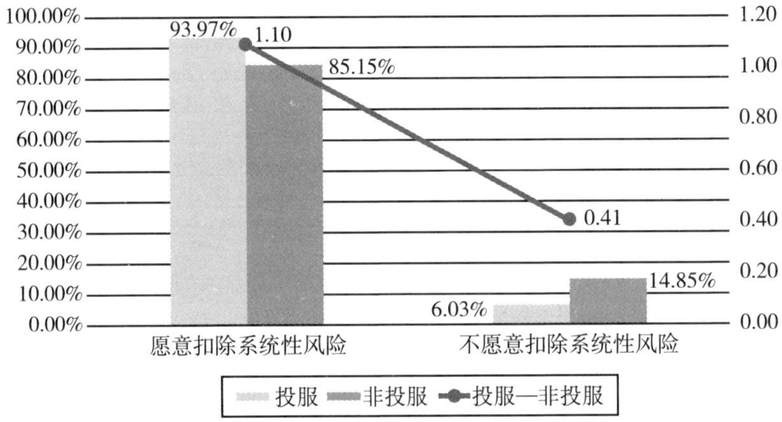

图28 投服—非投服对比

2. 个人投资者维权路径

个人投资者倾向的维权途径较为分散。与2018年相似,向监管部门投诉仍是个人投资者维权最偏好的途径,但偏好程度降低。对愿意维权的个人投资者进一步调查显示,33.12%的个人投资者倾向的维权途径是向监管部门投诉,相比2018年61.76%的比例,减少28.64%。26.57%的个人投资者的维权倾向途径是向投服中心寻求帮助,较上年增加5.04%。2.20%的个人投资者不知道如何维权,较2018年减少1.87%。具体见图29。

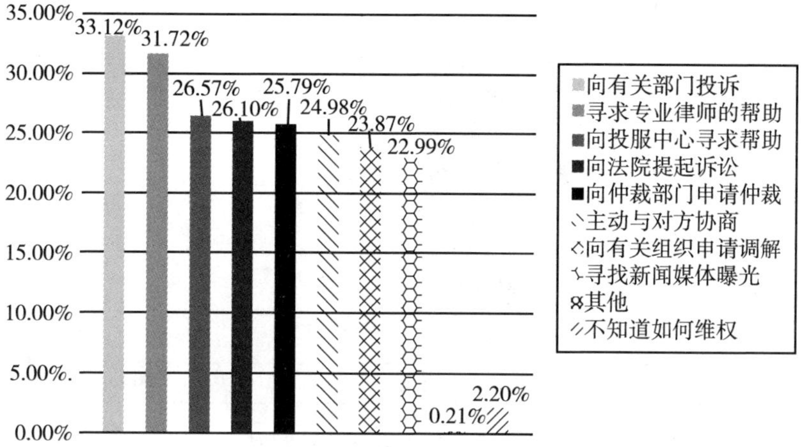

图29　个人投资者维权路径

投服样本对各维权路径的知晓情况要好于非投服样本。调查结果显示,投服样本对各维权路径的知晓占比都高于非投服样本,数据上都表现为投服与非投服比值大于1;投服样本不知道如何维权的占比小于非投服样本,其投服与非投服比值仅为0.12,远小于1。具体见图30。

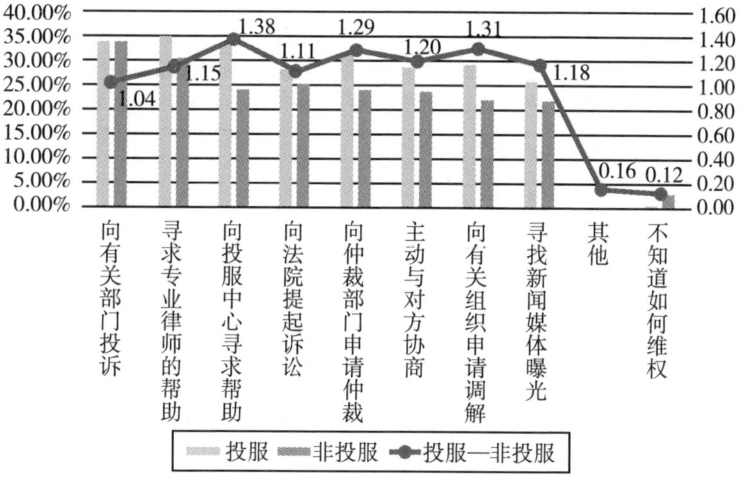

图30　投服—非投服对比

3. 个人投资者维权结果

在有维权意愿的个人投资者中,46.61%的个人投资者未进行过维权,53.38%的个人投资者进行过维权。在进行过维权的个人投资者中,29.62%的个人投资者维权成功,27.52%的个人投资者最终放弃维权,21.84%的个人投资者维权失败,21.02%

的个人投资者目前正在维权。具体见图31。

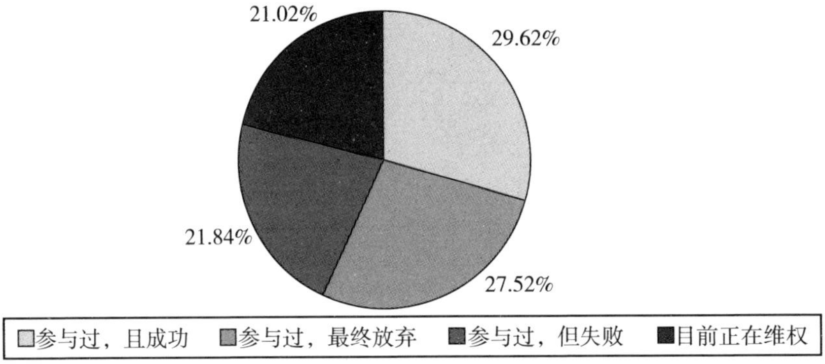

图31 个人投资者最近一次维权结果

相较2018年,2019年个人投资者最近一次维权成功的比例上升,中途放弃维权的比例下降。在有维权经历的个人投资者中,29.62%的个人投资者最近一次维权成功,约为2018年该比例的3倍;27.52%的个人投资者最近一次维权的结果为放弃维权,仅为2018年该比例的一半。具体见图32。

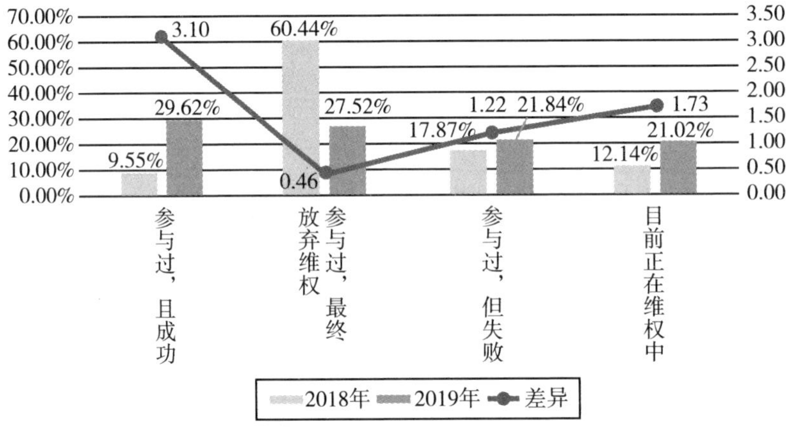

图32 2019年与2018年维权结果对比

在有维权经历的个人投资者中,投服样本维权成功的比例高于非投服样本,维权失败的比例低于非投服样本。投服样本最近一次维权成功的比例是34.10%,约为非投服样本的1.22倍,而最近一次维权失败的比例约为非投服样本的0.88倍。具体见图33。

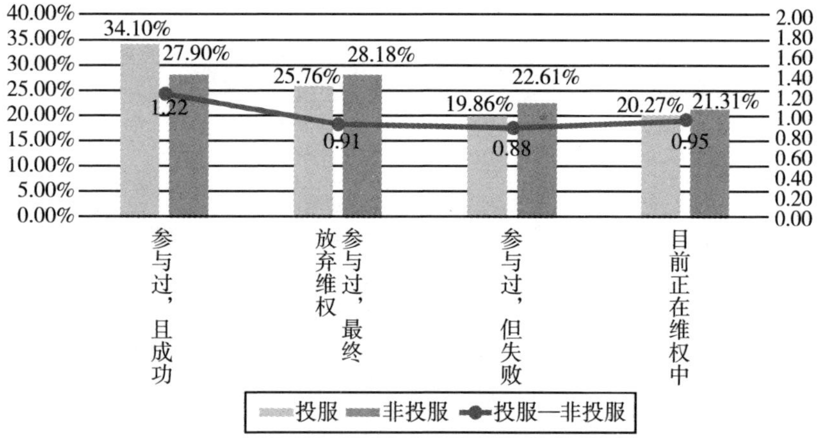

图 33　投服—非投服对比

4. 个人投资者维权结果归因

(1)诉讼维权成功样本

个人投资者认为维权成功的最主要原因是自己积极主动维权。对最近一次维权成功的个人投资者进一步调查显示,26.05%的个人投资者认为自身维权成功的原因是自己积极主动维权。具体见图 34。

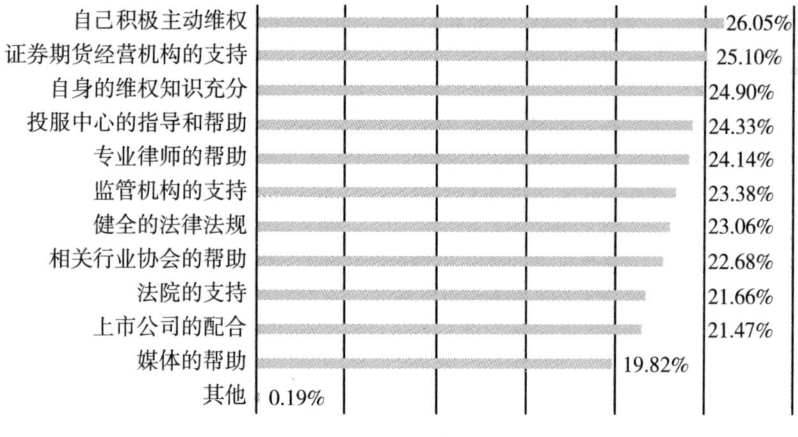

图 34　维权成功原因

相较非投服样本,投服样本更倾向于认为维权成功的原因是监管机构、法院、投服中心三方的支持和帮助。具体见图 35。

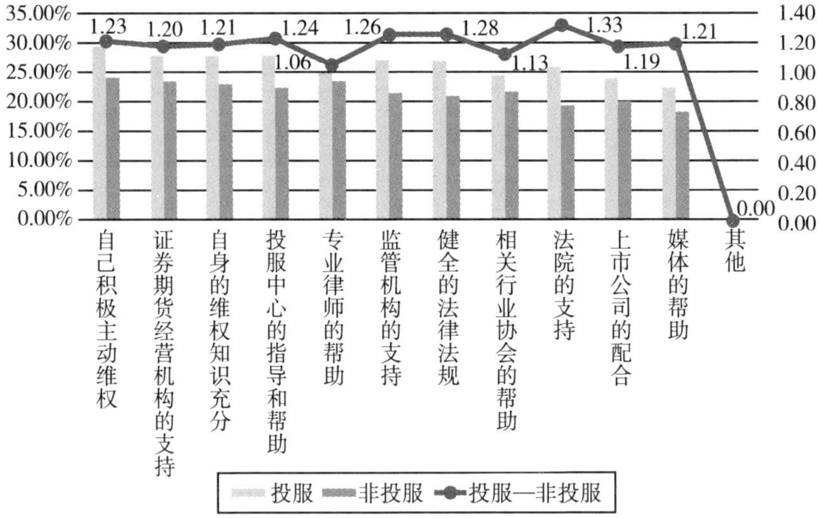

图 35　投服—非投服对比

(2)诉讼维权失败样本

与 2018 年相似,2019 年个人投资者维权失败的三个主要原因仍是维权成本高、自身缺乏专业知识和法律制度不健全。对最近一次维权失败的个人投资者进一步调查显示,24. 29% 的个人投资者认为维权失败的原因是维权成本高,23. 34% 的个人投资者认为维权失败的原因是自身缺乏专业知识,21. 88% 的个人投资者认为维权失败的原因是法律制度不健全。具体见图 36。

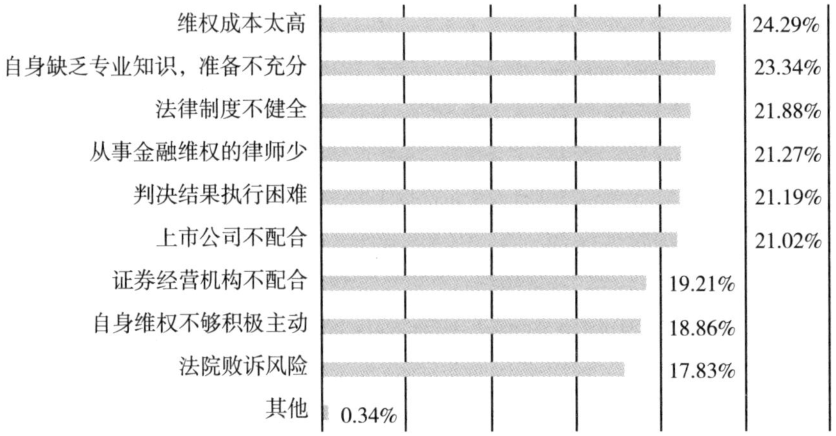

图 36　维权失败原因

(3)放弃诉讼维权样本

从整体上看,2019 年个人投资者放弃维权的最主要原因是维权时间太长。调查显示,14.11%的个人投资者放弃维权的原因是维权时间太长,13.95%的个人投资者放弃维权的原因是认为投资有风险、亏损需自担,13.32%的个人投资者放弃维权的原因是维权成本太高不划算,仅有 6.87%的个人投资者放弃维权的原因是上市公司已无偿付能力。具体见图 37。

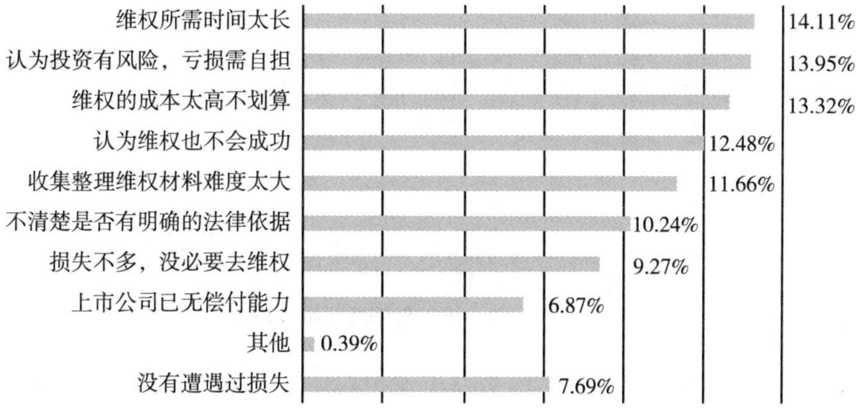

图 37　放弃维权原因

考虑个人投资者放弃维权有两类情况:一类是遇到因虚假陈述、市场操纵造成损失后不考虑维权;另一类是考虑维权,但在维权过程中因种种因素影响而中途放弃维权。相互对比发现,两类情况的原因既存在共性,又存在区别。共性体现在两类个人投资者都认为维权时间长、投资风险需自担是放弃维权的重要原因。区别体现在相较不进行维权的个人投资者而言,收集维权材料难度大、损失不多和上市公司无偿付能力对中途放弃维权的个人投资者影响更大。具体见图 38。

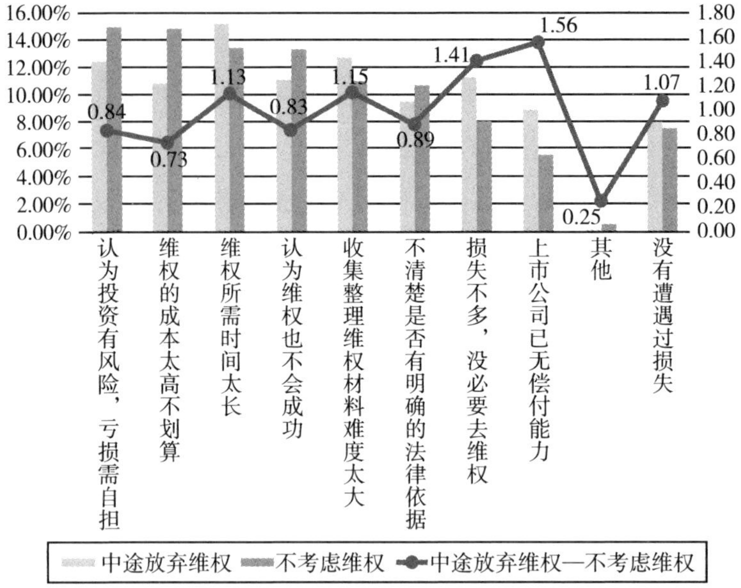

图38　中途放弃维权与不考虑维权对比

相较非投服样本，投服样本归因于上市公司无偿付能力的比例高，归因于不清楚有法律可以保障维权的比例低。在投服样本中，上市公司无偿付能力的比例是非投服样本的1.43倍；不清楚有法律可以保障维权的比例仅为非投服样本的0.68倍。具体见图39。

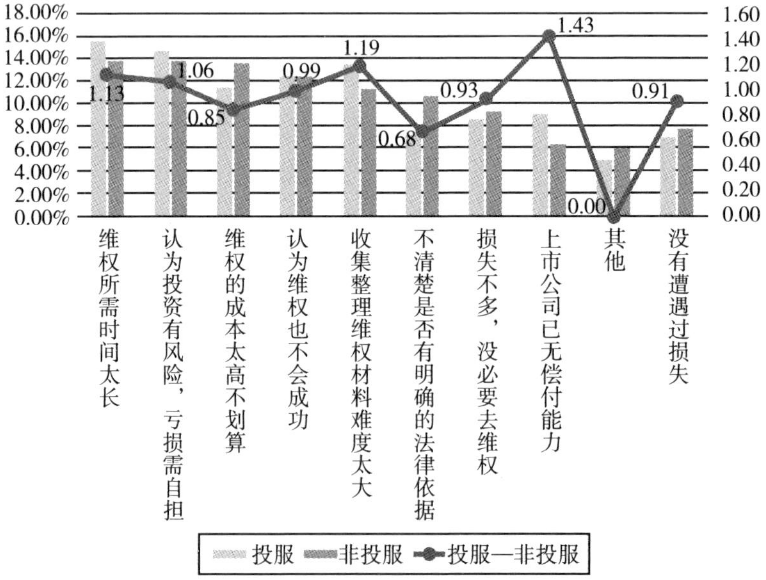

图39　投服—非投服对比

5. 个人投资者维权建议

健全投资者维权的法律法规、完善投资者保护机构布局、简化程序和缩减维权时间是个人投资者对改进现有维权工作的三大建议。针对提升维权工作效果,有维权经历和无维权经历的个人投资者的建议大致相同,主要集中在完善投资者保护机构布局和缩短维权时间两方面。同时,相较无维权经历的个人投资者而言,有维权经历的个人投资者对专业金融审判机构建设更关注。具体见图 40。

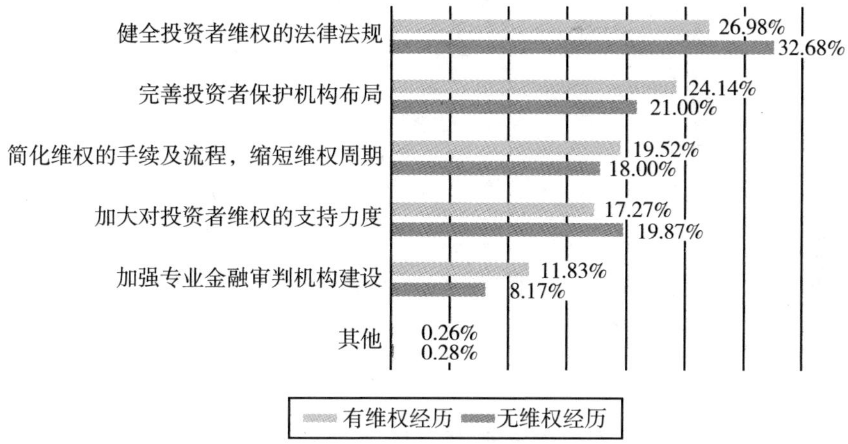

图 40　维权改进建议

相较非投服样本而言,投服样本更关注完善投资者保护机构的布局和缩减维权时间。投服样本建议完善投资者保护机构布局和缩减维权时间的比例分别是非投服样本的 1.25 倍和 1.17 倍,说明投服样本认可投保相关机构的工作成效。具体见图 41。

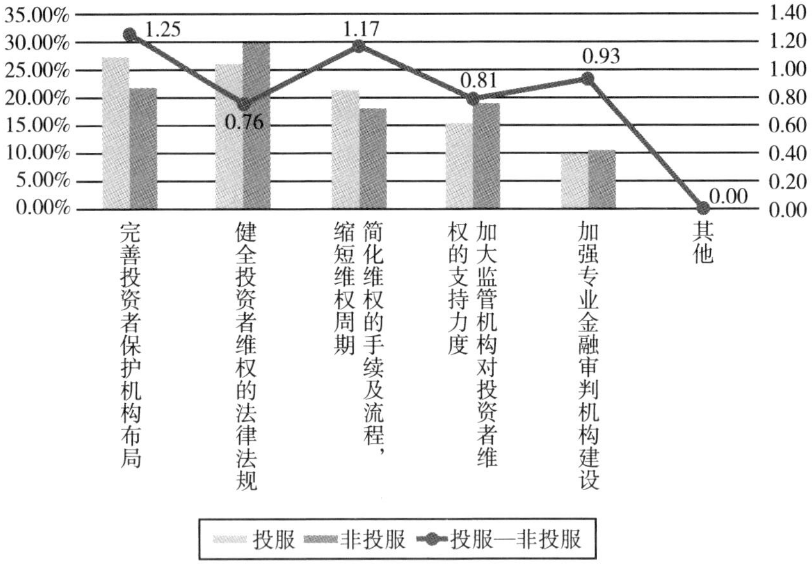

图 41　投服—非投服对比

(六)个人投资者投教情况

1. 投教工作普及和评价

本次调查发现,受访个人投资者接受过的与投教有关的知识主要为证券基础知识和风险知识,占比为 42.35% 和 46.32%,涉及个人投资者权益方面的知识最低,仅为 35.03%。具体见图 42。

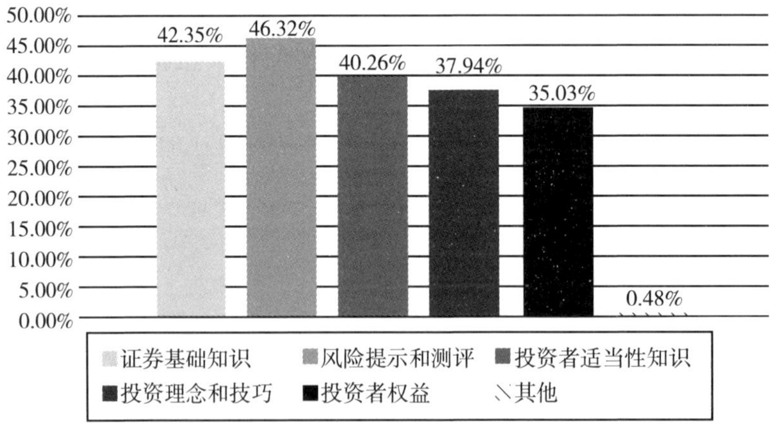

图 42　接受的投教知识分布

相对非投服样本,投服样本接受的与投教有关的各方面知识都好于非投服样本,特别是个人投资者适当性知识和个人投资者权益知识,投服样本这两项占比为 49.94% 和 44.34%,非投服样本这两项占比为 37.65% 和 32.52%。具体见图 43。

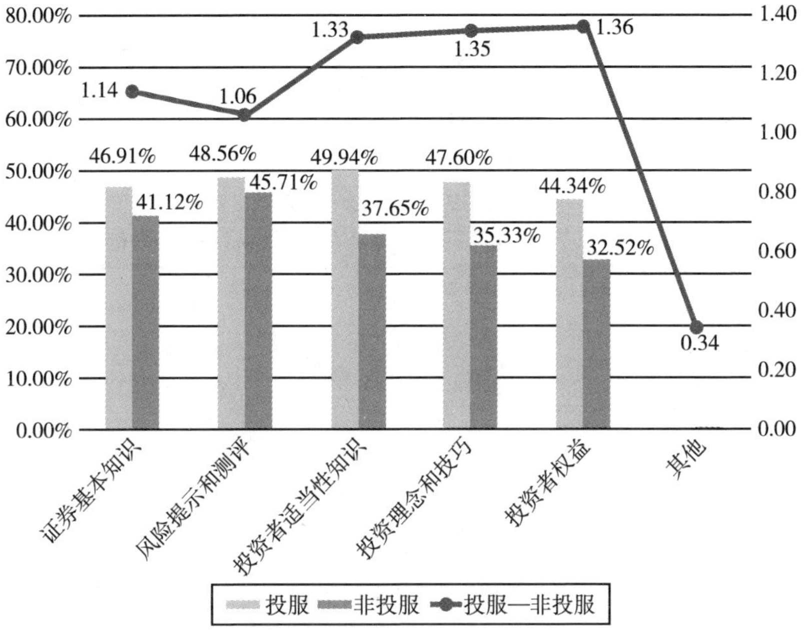

图 43　投服—非投服对比

2. 个人投资者教育需求

本次调查发现,81.30%的受访个人投资者认为需要加强对个人投资者的权益教育。若按作用大小分,25.88%认为作用很强,27.05%认为作用较强,28.37%认为有一定作用。具体见图 44。

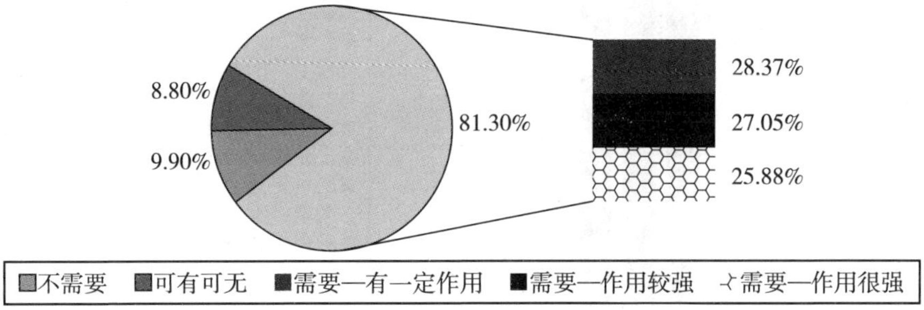

图 44　个人投资者对投教工作的认可度

与非投服样本相比,投服样本对投教工作的认可和评价更中肯。一是认为投服样本中不需要和可有可无的占比低于非投服样本,投服样本中这两项占比为 7.21% 和7.02%,非投服样本为 10.62% 和 9.27%;二是认为投服样本中作用较强的占比大于非投服样本,其中投服样本占比 31.95%,非投服样本占比 25.73%。具体见图 45。

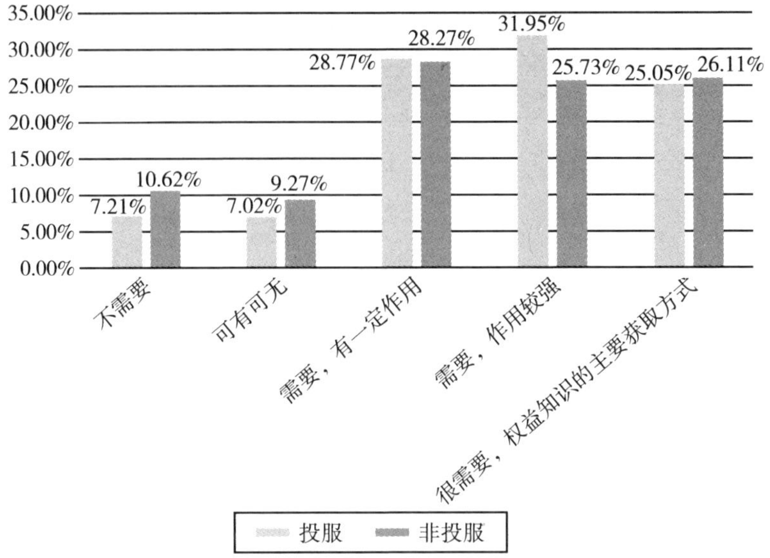

图 45　投服—非投服对比

个人投资者喜欢权益教育样式的多样化。在多种受个人投资者喜爱的样式中，有奖知识竞猜这种活动最受喜爱，如投服中心举办的"股东来了"中的有奖作答环节。具体见图 46。

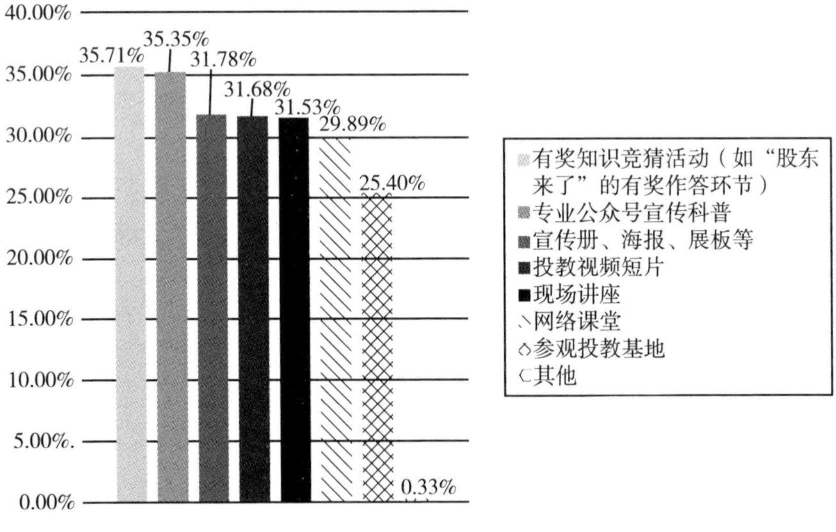

图 46　投资者偏好的投教方式

与非投服样本相比，投服样本对有奖知识竞猜这种投教方式有明显的偏好，投服样本中该选项占比 46.03%，非投服样本占比 32.93%。具体见图 47。

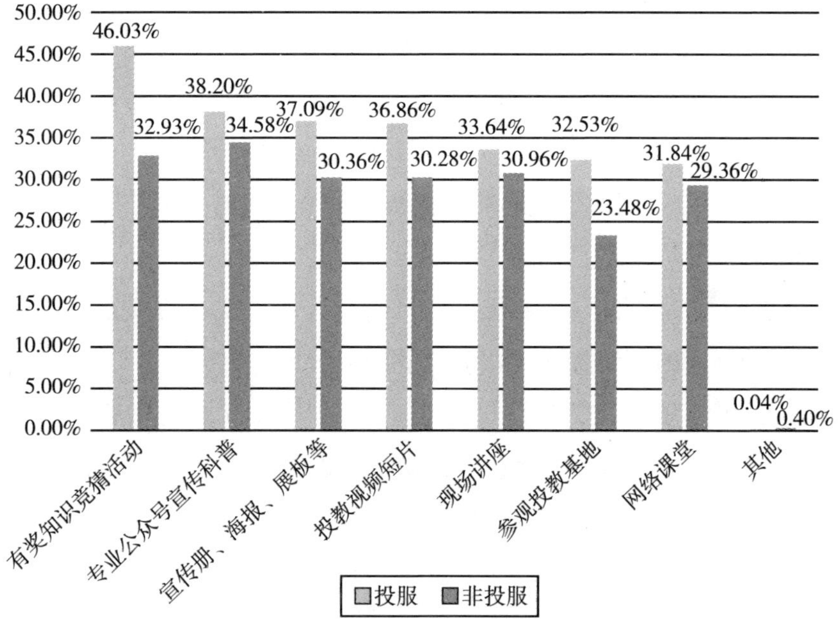

图 47　投服—非投服对比

三、主要发现和相关建议

(一)主要发现

1. 受访个人投资者的持仓资金较 2018 年有所增加

调查发现,受访个人投资者的持仓资金主要集中在 10 万～50 万元,该资金段占总体持仓资金的比例从 2018 年的 38.75% 上升到 2019 年的 53.30%。

2. 受访个人投资者的首要信息获取渠道是网络财经媒体

调查发现,2019 年度个人投资者信息获取渠道分布如下,22.48% 为网络财经媒体,17.55% 为券商 App 和券商研报,17.00% 为自身技术分析,17.00% 为投资顾问,13.33% 为社交渠道,12.41% 为电视财经媒体。

3. 个人投资者喜好寓教于乐的权益知识投教活动

调查发现,投资者教育内容上,81.30% 的受访个人投资者认为要加强权益知识教育。投教形式上,受访个人投资者最喜欢寓教于乐的形式,如投服中心举办的“股东来了”活动,投服样本对此的认可度为 46.03%,非投服样本对此的认可度为 32.93%。

4. 个人投资者行权意识显著提升

调查发现,相较2018年,2019年受访个人投资者中行使过股东权利的占比有了非常大的提高,从2018年的11.03%大幅上升到2019年的54.89%。在分样本中,投服样本的行权比例为74.38%,非投服样本行权比例为49.65%。

5. 个人投资者维权意愿进一步增强,但选择诉讼维权时仍面临时间成本、资金成本较高等困境

调查发现,个人投资者维权状况进一步好转,具体表现在两个方面:一是个人投资者维权意愿增强。因虚假陈述、市场操纵受损后,80.99%的个人投资者愿意去维权,该比例是2018年的1.22倍。二是个人投资者维权能力增强。2019年仅有2.20%的个人投资者不了解维权途径,较2018年减少1.87%。

但是,时间成本和资金成本较高等维权问题仍然突出。例如,在放弃诉讼维权的投资者中,14.11%的个人投资者放弃的原因为时间长,13.32%的个人投资者放弃的原因为资金成本高。

6. 现阶段A股市场股权文化相对缺失

调查发现,现阶段上市公司及大股东等市场主体侵害个人投资者的现象仍时有发生;个人投资者股东意识相对薄弱,例如,在未行权的个人投资者中,41.88%表示未行权原因是没有遇到需要行使权利的情况,23.14%表示未行权原因是他们以为只有大股东才有而散户没有这些权利,14.40%表示未行权原因是自身认为没有必要行使这些权利。

(二)相关建议

基于上述调查结果,为了更好地保护个人投资者合法权益,既要做好事后维权,又要做好事前教育,进一步提升个人投资者自身的“知权、行权、维权”意识,本文建议如下。

1. 建议监管机构在制定和发布政策法规时,继续加大在专业的网络财经媒体上的宣传和解释力度

资本市场上每一项政策法规的发布都会牵涉广大投资者的利益,特别是此次新修订的《证券法》中专设了个人投资者保护专章,应该有针对性地做好宣传和解读。考虑目前个人投资者首要的信息获取渠道仍是专业的网络财经媒体,建议在新政策法规推出时,继续加大在专业的网络财经媒体上的宣传和解释力度,增强个人投资者维护自身合法权益的信心,提升个人投资者对资本市场的参与度。

2. 建议进一步加大对权益类投教活动的投入与支持

由于个人投资者对投教活动需求度和认可度都较高，特别是投服中心举办的权益类投教活动已受市场广泛认同。因此，本文建议监管系统有关单位和市场经营机构在投放证券基础知识和风险防范类投教产品的同时，有针对性地加大对个人投资者权益知识教育力度，并同时利用专业财经媒体和大众媒体进行宣传推广。通过这些组合措施，提升个人投资者的权益知识水平。

3. 推进中国特色股权文化建设

股权文化涵盖维护股东利益、股权价值评估、投资者权益保护和股权投资在人们生活中的地位等一系列价值的认同。我国 A 股市场应当逐步形成监管部门规范指导、上市公司主动建设、投资者保护机构示范引领、投资者切身践行的整体机制，共同培育中国特色股权文化，促进资本市场健康、稳定、持续发展。

投教园地

INVESTOR

统筹协调　多方协作　不断开创投资者教育与保护工作新局面

——江西辖区投资者教育保护工作实践

江西证监局机构处

摘　要：截至2019年12月底，江西辖区证券账户数736.66万户，自然人账户736.26万户，占比99.94%。在资本市场快速发展的形势下，投资者结构呈现新的趋势和特征，新入市投资者年轻化趋势明显，投资风格激进，老龄投资者也在不断增多，风险防范能力薄弱，辖区投资者保护工作面临新的问题与挑战。投资者保护工作涉及自律监管、行政监管、司法救济等各个方面，是一个系统性、专业性的工程，需要集合社会各方力量，形成充分覆盖和有机联系的工作体系。江西证监局充分协调多方资源，形成工作合力，构建上下联动、左右协调、依托基层、多方参与的多层次、全方位行业调解协作体系，多措并举提升辖区投资者保护工作水平，助力资产市场改革稳定发展。

关键词：协调　投资者　投资者保护

近年来，中国证券监督管理委员会江西监管局（以下简称江西证监局）认真贯彻落实证监会投资者保护工作的相关决策部署，始终以保护投资者特别是中小投资者的合法权益为工作核心，不断深入开展辖区投资者教育，优化投资者服务，创新投教新模式，结合市场热点、重点和投资者关切的问题，开发具有特色的原创投教产品，拓宽产品发布渠道，开展多样化的投资者教育活动，深入推进投资者教育纳入国民教育体系，充分发挥投教基地作用，调动各方力量，多方施策，为投资者营造健康有序的市场环境。

一、内外结合,构建多方联动的投教工作新格局

江西证监局不断创新工作机制,集合各方资源,形成工作合力,切实提升投保工作效果。一是加强内部协作联动,明确机构监管处牵头负责投保工作,各业务处室明确投保工作联系人,强化各处室协调配合及信息共享机制,充分调动全局监管资源,抽调投保工作的针对性、有效性、协同性,强化投保工作的组织保障。自2017年起,江西证监局施行各处室干部轮值信访接待岗位的制度,丰富了辖区投资者保护工作制度体系和实践创新。二是强化外部沟通交流。积极与投服中心、中国证券投资者保护基金有限责任公司(以下简称投保基金公司)、沪深两大证券交易所合作,发挥各自优势,共同举办各类型专题投教宣传活动、共享投资者保护相关数据资源,深入推进投资者保护工作;与江西省公安厅签署合作备忘录,与辖区各级法院定期开展交流,在投资者教育、打非防非活动、证券期货纠纷化解方面建立协作机制,持续开创投教保护工作新局面。三是充分发挥行业协会及各市场主体作用。优化整合辖区投教资源,指导辖区行业协会面向公众广泛开展投教活动,并组织会员积极参与,实现辖区各市场主体全面开展投教宣传工作的良好氛围。压实辖区经营机构投诉处理主体责任,督促经营机构完善投诉处理和客户服务内生性约束机制,充分发挥经营机构合规人员作用,强化经营机构社会责任意识,妥善化解矛盾纠纷,及时有效保护投资者合法权益。

二、以调促和,优化证券期货纠纷多元化解机制

江西证监局不断创新工作方式,完善辖区调解工作机制,加大调解宣传力度,推动辖区证券期货纠纷调解组织向投资者提供独立、公正、专业、高效的调解服务。一是持续完善调解工作机制。指导江西省证券期货业协会组建江西地区投资者保护咨询队伍,推动江西省证券期货业协会纠纷调解中心在辖区11个设区的市设立地市纠纷调解分中心,建立地市证券期货行业协调人制度,为规范行业行为、加强投教宣传、及时处理化解矛盾提供了制度保障。目前江西辖区已经初步形成了由中国证券业协会、中国期货业协会与投服中心特聘调解员组成的横向到边,各设区市地市证券期货调解纠纷分中心负责人和投资者保护咨询小组成员组成的纵向到底,上下联动、左右

协调、依托基层、多方参与的多层次、全方位行业调解协作体系。二是不断提高调解工作质量。建立辖区调解人员信息库,加强调解人员动态管理,采取邀请专家讲解、以案释法、参观学习、编辑案例、座谈交流等多种方式,持续加强辖区调解人员业务培训,提高调解人员业务水平。2017 年以来,在辖区培训调解员及投资者保护咨询员近 2000 人次。三是大力推动诉调对接落地。高度重视,高位推动诉调对接工作,局领导亲自带队前往江西省高级人民法院,积极推动辖区诉调对接落地。通过与江西省高级人民法院、南昌市中级人民法院的协调沟通,推动南昌市中级人民法院将中国证券业协会、中国期货业协会、投服中心、江西省证券期货业协会及其调解员纳入证券期货纠纷特邀调解组织及调解人员名册,对调解组织接受法院委托委派或者自主调解达成的调解协议的效力确认工作提供支持。加强与南昌市仲裁委员会的沟通协调,了解受理证券期货类案件相关情况,探讨仲调对接机制,建立长期合作关系。同时,指导江西省证券期货业协会调解中心与南昌市东湖区公证处就调解协议进行公证确认加强合作。目前,辖区已成功实践调解协议公证确认案例 1 起、司法确认 1 起,确保了调解协议的执行力。

三、积极探索,不断提高投教宣传能力

江西证监局围绕设立科创板并试点注册制、新《证券法》施行、新三板和创业板改革等市场热点,开发多元化的投教产品,组织开展多种形式的投资者保护活动,持续深入开展投教宣传。一是组织、引导辖区市场主体开展全方位、多层次的投教活动,开发符合实际需要的原创产品。根据不同层次投资者的特点,辖区市场主体采取在投放传统易拉宝、横幅、海报、宣传折页、案例汇编等实体产品之外,积极通过微信公众号、朋友圈、微博等网络媒介发布图文、漫画、微电影、网络直播、精品课程等线上产品。投教内容设计安排上,结合市场热点、重点和投资者关切问题,依托本土特色适时推出如《三清山上初识科创板》《滕王阁上初识科创板》投教漫画等有吸引力的投教产品,宣传效果显著。二是依托投资者网站、投资者教育基地等投教平台,多渠道多途径进行宣传,开展走进校园、走进上市公司、走进社区、讲座课堂、健步走、知识竞赛等多种形式的投教活动,进一步扩大受众面,增强影响力,以点带面推动市场主体提高投资者服务意识。三是有效借助媒体,扩大投教宣传的影响力。一方面,与省内广电部门建立合作机制,由局领导亲自带队,各处室负责人积极参与,以辖区著名栏

目为载体,与投资者进行连线,介绍监管工作,解答热点问题;另一方面,加强与各类报刊的合作,在《中国证券报》《上海证券报》《证券时报》《江南都市报》《江西日报》《南昌晚报》等多家媒体上刊登投资者保护工作及投教内容,有效增强投教影响力。

四、建立长效机制,推动投资者教育纳入国民教育体系

近年来,江西辖区积极探索把投资者教育纳入国民教育的不同方式和途径,在辖区校园中普及推广证券期货知识。一是立足高校,重点推动投资者保护内容纳入高校课程体系。通过广泛调研,分析不同院校学生的特点和学习需求,指导辖区投教基地面向财经专业高校、综合性高校和职业院校有针对性地设计不同课程。目前,辖区已有江西财经大学、江西科技师范大学等10余所高校将投资者教育相关课程纳入学校课程体系,覆盖了超过200个班级,近2万名学生。二是积极探索,推动资本市场国民教育深入开展。提高教育覆盖面,指导辖区部分证券经营机构利用自身资源,发挥自身优势,主动走近中小学生,通过试点开设选修课、组织青少年游戏活动、与互联网教育平台合作等方式,推动投资者教育融入中小学课程。辖区中航证券投教基地组织留学生赴上市公司开展活动,在中老年大学进行宣传教育,设计从幼儿至中老年人的分阶段投教课程,积极探索投资者宣传教育的新领域。三是勇于创新,激发学生自我学习兴趣。一方面,指导辖区投教基地创新与高校合作方式,在高校设立了大学生投资者教育基地,组建投资者教育主题学生社团"智慧财经俱乐部",以主题分基地为依托,面向学生开展讲座、竞赛、演讲等多种活动,开启学生自我教育、自我学习的投教新尝试;另一方面,推动辖区证券期货经营机构结合年轻学生喜好,组织开展年轻学生喜闻乐见的活动,提高学习效果。例如,辖区中航证券以其网络投教基地的优势,录制大学生投教专题在线课程,开展网络直播,进行主题微培训,方便学生登录投教基地进行在线学习。瑞奇期货投教基地通过组织投教作品比赛,用年轻人喜欢的语言和方式传播正确的理财观念,让抽象的知识具体化、形象化,同时丰富了投教基地的产品。四是强化互动,积极培育吸引优秀人才。引导辖区证券期货经营机构在推进资本市场国民教育的过程中,注重培养资本市场优秀人才,促进行业持续健康发展。近年来,辖区投教基地分别通过知识竞赛、征文比赛、投教作品大赛、模拟交易、考察调研、实习指导等互动形式在省内高校开展投教活动,内容涵盖证券、期货、基金、银行、法律法规等多个方面知识,活动受众从入学新生至研究生,培养了一批具备

较高资本市场理论素养的优秀学生。

五、加强引导，发挥投教基地大本营作用

江西证监局多措并举，持续推动辖区投教基地规范运行，充分发挥投教功能，提高投资者教育水平。一是加强投教基地日常监管。建立投教基地月报制度，详细掌握投教基地日常运行情况。加强日常监测，将投教基地纳入舆情监测范围，及时发现处理违法违规问题，有效防控风险。以年度考核为抓手，对投教基地全方位把脉，督促其不断完善提高。搭建投教基地交流平台，促进投教基地相互学习，及时向其传递监管政策。目前，江西证监局正积极推进辖区6家投教基地的持续建设与运营，指导1家投教基地获国家级投教基地命名，致力于把投教基地打造成公益性、常态化投资者教育平台，让投资者拥有“一站式”的教育服务场所，集中、系统、便利地获得更加公平的教育服务，发挥投教大本营作用。二是充分发挥投教基地投教功能。推动投教基地通过组织专题讲座、大讲堂、沙龙研讨等活动，开展专项主题投资者教育活动，向投资者深入宣传投教知识；定期组织知识竞赛、模拟大赛、辩论赛等赛事活动，检验投资者对相关知识的掌握程度，深入了解投资者的需求，转变投教宣传方式；举办健步走、马拉松、羽毛球比赛等文体活动，进一步丰富投资者保护活动形式。通过一系列的投教宣传活动，发挥了投教基地的宣传作用。2019年9月联合中航证券投教基地走进江西科技师范大学举办“大学生如何识别、防范金融风险”为主题的投教知识讲座，理工学院990余名大一新生参加了此次学习交流，共享了有益经验，推动了辖区投资者教育工作的创新有效开展。三是支持打造投教基地特色品牌。根据辖区投教基地所在区域、行业特点、自身优势，加强政策引导，鼓励投教基地打造特色品牌。支持中航证券升级改造为国家级投教基地，进一步扩大投教基地社会影响；支持中航证券投教基地与江西科技师范大学合作办学；支持瑞奇期货投教基地联合省内高校编写特色校测，开设“投资者教育”特色选修课程；支持共青城市私募积极创新园投教基地依托园内“一站式服务”优势，前置私募基金从业人员风险教育，创新设立户外投教知识长廊，大力开展投资者风险防范宣传。

下一步，江西证监局将以党的十九大精神为指引，全面落实证监会的决策部署，始终将保护投资者合法权益作为根本使命，多措并举，深耕投资者教育和保护工作。一是整合多方资源，共同推进投教工作，提高中小投资者风险防范意识和投资水平。

二是进一步指导辖区投教基地的建设和运营管理工作,引导投教基地积极提供公益性教育服务,切实发挥投资者教育大本营的作用。三是及时根据时事热点,不断创新投教形式和内容,扩大投教受众面,提升投资者的接受度和认同度。四是进一步强化调解组织、市场机构以及司法系统等单位和部门的协调配合力度,加大对调解组织和调解工作的宣传,积极推动调解组织与人民法院的有效对接,依法、规范开展调解工作,有效通过调解渠道化解矛盾纠纷。五是结合日常投诉举报、信访接待过程中发现、汇集的焦点和热点问题,及时总结投资者行权维权方面的典型案例,形成案例分析和警示教育,为投资者进行专题教育和风险揭示。

新时期私募维权现状评述

王沥平[*]　张震宇[**]　洪　苗[***]

摘　要：随着我国私募市场逐渐规范，私募产品逻辑进入回归投资属性的新阶段，原来的私募投资者主张与私募基金或私募机构存在民间借贷关系，进而要求前述主体到期兑付本金加收益的维权方式受到冲击。相较违约之诉，侵权之诉成为更常见的投资者追究私募机构责任的维权途径。但因基金底层资产流动性差，无法快速变现回收投资款以推进基金清算分配程序的难题致使投资者无法确定损失，从而难以获得救济。即使投资者胜诉，亦缺乏申请判决强制执行的可能性。在前述困境下，管理人如果确实存在严重不规范行为，投资者能否利用合同解除规则脱离投资关系的问题受到关注。本文以有限合伙型基金为原型进行实证研究，以类型化的方式对法院判决要旨予以总结评析，并进一步提出私募基金风险投资建议。

关键词：私募基金　投资者维权　合同解除　有限合伙型

一、私募市场规范发展对投资者维权方式的冲击

我国私募基金领域发展起步较晚，2012 年修订后的《证券投资基金法》首次将私募基金纳入规制调整范围，方赋予其正式法律身份。此后，私募基金进入飞速发展阶段。但囿于细化的规则供给及合规监管领域经验的匮乏，私募基金体量急剧膨胀的同时，产生了大量资金池、刚兑等无序市场状况，私募基金的“投资属性”很大程度被投资者“抛诸脑后”，投资私募基金与借贷一时难以区分。2017 年以来，我国整体经

* 中证中小投资者服务中心调解员、浙江证券业协会调解员、中伦律师事务所律师。

** 中证中小投资者服务中心调解员、浙江证券业协会调解员、中伦律师事务所律师。

*** 中伦律师事务所律师。

济形势下行,防范金融风险,去杠杆的宏观金融政策逐步落地。私募市场在经历一场场兑付危机、"爆雷"洗礼后,回归私募基金投资本源,回归私募基金管理人"受人之托,忠人之事"的本职越来越多地成为市场和监管的共识,私募行业的发展在不断趋于理性和规范。

在上述大背景下,私募基金投资人的维权理念亦将面临巨大冲击。投资者主张与私募基金(此处主要指基金存在组织体形式的情况下,如有限合伙型基金)抑或与私募基金管理人之间存在民间借贷关系,[①]进而要求前述主体到期兑付本金加收益的请求得到支持[②]的空间将极大程度地被压缩,甚至几乎没有得到支持的可能。投资者的维权路径将主要锁定于基于私募基金管理人募集、投资、投后管理、退出阶段存在的失职行为,进而要求其承担相应违约或侵权损害赔偿责任,否则投资者须自担投资风险,即所谓"卖者尽责、管者尽责、买者自负"。

在以"投资属性"为基点的产品逻辑下,私募基金所投底层资产的流动性及可变现性将成为投资者维权破局的关键。若底层资产系债券或股票等流动性好的标准化产品,除非遇上停牌或退市等极端事件,在绝大部分情况下,此类底层资产易于变现,基金清算分配程序易于推进,投资者损失易于核算鉴定。若私募基金管理人确实存在失职行为导致投资者前述损失,则投资者的维权之路将会行进得较为通畅。

二、底层资产流动性欠缺对投资者维权的现实阻碍

(一)当前司法实践情况概述及要点评析

若私募基金所投底层资产为非标准化债权或股权等流动性较差的资产,则维权进程可能经年累月,司法实践中亦存在多种不同的处理方式。笔者梳理了实务中较有代表性的两类判决阐述方式,具体呈现如下。

① 此处特别说明,部分案件中投资者未必径直定性其提起权利主张的基础法律关系为借贷,而仅基于交易文件中相关表述主张私募基金管理人应履行合同项下的本金、收益兑付义务,此类权利主张与债权人要求还本付息的诉求基本一致,但系其在定性上模糊处理。此种处理方式与径直定性为借贷关系的处理方式之间的差异性此处不再另行展开,但应意识到此种权利主张逻辑亦明显区别于风险自担的私募投资本质。

② 类似判决参见(2019)粤0303民初921号、(2019)粤0303民初4473号。

表1　实务中两类典型的判决阐述方式

代表案件	被告	产品①所投底层资产	起诉时底层情况	判决结果	裁判理由②
(2018)粤01民终13452号	有限合伙型基金、基金管理人、代销机构	某有限责任公司49%股权(附回购等增信保障)	底层交易主体违约后,有限合伙对外提起诉讼,后调解结案,法院作出具民事调解书,底层案件处于法院强制执行过程中	驳回投资者诉讼请求	投资者既未主张解除案涉合伙协议、解散合伙企业或要求退伙,也未要求对合伙企业进行清算等。投资者就涉案投资是否还能收回款项及收回的款项金额,目前均处于不确定状态。投资者在出现合伙投资风险时直接以物权保护为由要求案涉被告承担侵权赔偿责任,赔偿其投资本金及相应利息等,事实及法律依据不足
(2019)沪0115民初10860号	集合资产管理计划管理人、信托计划管理人	集合资产管理计划投资信托计划后,再由信托公司对外与某上市公司开展股权收益权转让及回购交易(附上市公司实控人夫妇等的担保增信)	信托公司原状返还后,由案涉资管计划管理人通过诉讼向违约的上市公司主张回购并要求相关担保方承担连带保证责任,底层案件二审判决已生效	案涉资管计划管理人对投资者就资管计划经清算后未兑付的损失在本金300万元范围内承担20%的补充赔偿责任	就投资者的实际损失数额,可在案涉资管计划经清算明确剩余资产价值的基础上予以确定,但应在投资者投资本金300万元范围内

上述两例案件中投资者均提起侵权之诉进行维权,但实际上若维权对象仅为基金管理人,则存在侵权与违约竞合的情况时,投资者择一均可。综观现实情况,投资者通常期望拉更多投资链条中的参与机构入局,包括产品购买时涉及的代销机构,基

① 因关于该问题的分析展开,资管产品与私募基金投资者面临的情况相同,因此,此部分笔者罗列案例不局限于私募基金领域而有所扩张,特别说明。

② 本表所列案件最终裁判结果的呈现与管理人履职状况、基金或资管产品的底层回收情况等各项因素均密切相关,为聚焦论述重点,本部分所列裁判理由主要围绕“基金或资管产品的底层回收情况”展开,其他部分可能予以概括或不专门论及,特别说明。

金对外投资涉及多层嵌套时该嵌套产品的管理人等。一方面,该类机构提供服务过程中可能的确存在部分不规范行为,且与投资者损失产生之间存在因果关系;另一方面,列其为被告可在一定程度上对其施加压力,便于投资者该项投资涉及纠纷各环节事实的查明。因此,综合考虑前述因素,又因投资者与该类机构之间通常无书面协议关系,侵权之诉成为投资者维权过程中更常见的选择。

在该维权进路下,因基金底层资产流动性差,无法快速变现回收投资款,基金清算分配程序难以推进,[①]投资者无法准确量化自己已产生的投资损失,通常诉请要求赔偿全部未收回的投资本金及利息(或基金合同载明的预期收益)。如表1所示,就此法院可能直接基于损失是否产生及未确定而径直驳回投资者诉讼请求。此类判决方式在投资者以违约损害赔偿为进路的维权选择下亦较为普遍,如(2018)最高法民终173号[②]等。另外,法院可能先根据管理人的过错情况在案件中酌定其应赔偿的具体比例,并表述以"投资者在基金实际清算后未兑付的损失"(该结果将在未来被确定)为基数。较之被直接驳回诉讼请求,该类"胜诉判决"似乎对投资者更有利,但实际上该操作方式将问题从审判端抛到了执行端,该类判决几乎没有申请强制执行的可能性,投资者仍需经历漫长的等待过程。

(二)关于维权核心要件"损失确定"的理解与反思

"损失何时确定?"这是一个值得探讨的问题。私募基金开展无对赌回购安排的纯股权投资,若基金到期后,股权无法转让变现,是否须等待至标的公司清算,还是可在投资者起诉时通过引入第三方评估机构评定股权价值确定损失?私募基金开展债权投资,若管理人积极维权获得胜诉判决,但债务人无财产可供执行,是否须在债务人破产清算后最终确定损失,还是可以法院终本执行裁定书确定基金投资损失?在该类以投资为基础的特别侵权案件中,损失的确定系强调不可逆的终局性还是会在一定程度上兼顾维权效率,实质在于将等待的成本分配由哪方承担(投资者或基金管理人)?笔者认为,对此需要裁判者结合各方在交易过程中的具体情况具体判断,若基金管理人勤勉尽责,则投资风险毫无疑问完全由投资者承担。

---

① 结合笔者自身经验,基金合同中通常约定现金清算分配为原则,即使设置非现金分配为补充亦可能存在前提条件未实现或因底层资产及增信措施等拆分存在现实难度而实际上难以推进。

② 裁判原文表述如下:"因案涉项目的两年信托期已届满,且未合法延期,李某某可向新华信托公司主张清算并分配。在新华信托公司尚未对案涉项目进行清算的情况下,不能确定因其违约延期的行为给李某某造成损失以及损失的大小,故在本案中李某某关于新华信托公司应当向其赔偿信托资金本金,并按照22.3%的年利率计算利息的请求不能成立。"

当然，除上述两种方式外，结合笔者实务经验，司法实践中，若基金管理人在交易文件中存在类似刚性兑付的表述或募投管退进程中过错明显，同时基于维护社会稳定的考虑，裁判者亦可能通过对各项事实的梳理、罗列、堆积，径直认定投资者的损失即为其全部未收回投资本金及利息（或基金合同载明的预期收益），如（2018）粤0104民初35901号、（2019）粤01民终8838号等。这类判决通常价值判断先行，确定裁判结果后再组织构建论证过程，因此，其论证过程的严密性、可推敲性值得商榷。这与笔者开篇所论私募基金在我国的发展历程相呼应，此类裁判与现实背景密切相关（投资者投资私募基金抑或对外借贷的真实意思表示案发后难以准确鉴定区分），体现出较强的过渡期色彩，在私募市场逐渐发展完善后将逐渐压缩其存在空间。

三、私募维权进程中合同解除规则的尝试与实践

如上所述，在基金底层退出障碍的情况下，投资者侵权或违约损害赔偿的维权路程遥遥无期。若管理人确实存在重大不规范的行为时，投资者难免心有不甘，其试图寻找一种维权方式可以使其不受基金后续运行结果的影响。

《合同法》第97条规定，“合同解除后，尚未履行的，终止履行；已经履行的，根据履行情况和合同性质，当事人可以要求恢复原状、采取其他补救措施，并有权要求赔偿损失”。投资者系使用现金投资，故是否可将现金返还作为一种恢复原状的方式进行主张，给予投资者莫大想象空间。

（一）当前司法实践情况概述及要点评析

投资者可否径直运用合同解除规则使自己釜底抽薪地从投资关系中脱离？本文以有限合伙型基金为原型亦对此进行了充分观察。笔者以“基金”“有限合伙”“解除”为关键词进行案例检索、梳理、汇总后，将合同解除规则在投资者维权案例中的适用分为三大类。

1. 鉴定“合伙”为借贷关系，支持合同解除规则的适用

该类判决通常根据投资者与有限合伙基金之间签订的合伙协议不具备风险共担的特质即投资者向基金投入资金后，无论合伙企业是否盈亏，投资者均向基金收取固定投资收益，从而认定投资者与基金之间实际构成借贷关系。合伙企业未按期偿还投资者本金及利息，即认定投资者与基金之间的合同目的不能实现，进而支持合同解除规则的适用，判定基金偿还投资者本息，并由普通合伙人承担连带责任。（2017）云

0111 民初 9737 号等案件均持该裁判思路。

2. 明确系合伙关系,但关于"合同目的不能实现"的理解存在争议

该类判决均通过投资者与有限合伙型基金之间签订的合伙协议、入伙协议等文件认定双方之间确形成合伙关系而非借贷关系,但就"合同目的不能实现"这一合同解除要件的理解存在巨大差异。一类判决认为,"依据合伙协议有限合伙人投资满一年可以申请退伙,且投资者投资后,基金未按协议约定履行给付投资收益的义务,致使投资者合同目的不能实现,投资者依法享有法定解除权",如(2019)京 01 民终 4201 号;另一类判决则认为,基金按约投向底层,即认为成立合伙企业的目的基本实现,因客观存在的障碍导致投资者无法收回投资款和获得收益系投资者应当预见的商业风险而非其合同目的不能实现,投资者不能据此主张合同解除,(2016)冀 0606 民初 1974 号、(2018)川 0191 民初 14987 号、(2017)沪 01 民终 13694 号等案件均持该裁判思路。

3. 明确合同解除规则在有限合伙型基金中无法适用

上述两类判决无论是从投资者与有限合伙型基金之间的法律关系重新鉴定出发,还是从何为"合同目的不能实现"这一合同解除要件的理解出发,均未超出合同解除规则可以在有限合伙型基金维权中运用这一范畴。但实际上,该观点本身也在经历着巨大的冲击。巨杉(上海)资产管理有限公司与上海乐昱创业投资管理中心、上海海通创世投资管理有限公司等合伙协议纠纷案历经一审、二审及再审裁判,最高人民法院最后明确有限合伙人不能通过行使《合同法》第 94 条第 4 款规定的法定解除权,以解除合伙协议的方式,使自己退出合伙企业。最高人民法院认为投资者入伙后能否退出合伙企业应适用《合伙企业法》而不是《合同法》加以判断。再者,如准许投资者不依《合伙企业法》有关退伙、解散的特别规定退出合伙企业,可能会损害其他合伙人、合伙企业和合伙企业债权人的权益。

最高人民法院认定投资者必须走退伙或解散路径。退伙、解散首先须满足合伙协议或《合伙企业法》中载明的具体情形。上述前提条件是否满足须将规定内容与投资人及合伙企业实际情况进行逐一比对、综合判断。但即使被论证满足相关前提条件,底层无法退出的障碍亦是退伙或解散选择面临的核心难题。投资者绕了一圈似乎又回到了原点。

(二)关于合同解除规则的适用反思

通过对上述三大类、四小类主要裁判观点的梳理罗列,可以看出合同解除规则在

投资者维权历程中的运用亦伴随裁判者对私募基金本质及有限合伙企业这种组织体的深入理解而逐步发生着变化。在对基金投资与借贷关系混为一谈的理解项下，合同解除规则的适用似完全不存在障碍；在裁判者开始意识到私募基金的投资属性后，其对于何为私募投资的合同目的实现进行了深刻反思，其对投资风险及投资获益的非必然性亦有了更丰满的认识，并最终回归到对私募基金所属法律组织体的完整认知。

四、新时期私募投资风险提示

由上述所论，逐渐趋于规范的私募投资市场，所谓的投资者维权实质上是限定在管理人（基金销售外包情况下还包括基金募集机构）失职语境下，投资者所产生投资损失的二次分配。建立在历史经验教训的基础上，投资者当然应更加深刻地领会“风险自担”的含义，并更加谨慎自身的投资选择。笔者结合大量实践观察及司法实务经验，提供如下意见供投资者决策参考。

（一）加强对基金产品底层的关注

当前市场上大部分投资者选择私募基金产品时缺乏对产品底层的细致关注，对管理人宣传的产品信息认知停留在较为宏观的层面，如管理人较为理想的历史业绩、较有发展前景的投资领域、交易主体或增信主体较为强大的股东背景（如大型国企央企等）等。本文建议着眼于具体项目细化观察考量点，如底层投资标的的流动性及后期可能的处置方式、处置后果，交易主体或增信主体的注册资本及实缴情况、资产情况及负债情况、舆论情况等。向管理人咨询认购时通过前述方面的深入对话亦可进一步检验其对项目的了解把握程度及其专业度。

（二）谨慎投资多层嵌套产品

当前市场上“爆雷”产品涉及多层嵌套的占大多数，此类产品资金流向涉及环节较多，不易监管，极易出现资金池、资金挪用等不规范情形。并且在管理人怠于向底层追索的情况下，若不涉及多层嵌套，投资者尚有通过派生诉讼进行权利主张的可能性［如（2016）最高法民终756号案件］，而在多层嵌套情况下，最上端的投资者运用派生诉讼追到最底层的可能性微小，基本只能被动等待各层产品清算后层层向上分配。并且中国人民银行、中国银行保险监督管理委员会、中国证券监督管理委员会及国家外汇管理局2018年4月27日联合印发的《关于规范金融机构资产管理业务的指导意见》中明确强调消除多层嵌套。若市场上管理人发行的新产品仍涉此类,则其规范性有待商榷,投资者应谨慎选择。

(三)关注基金合同中的重要条款设置

基金合同中与投资者退出密切相关的条款包括基金议事规则、基金分配规则等。基金底层变现能力尚可的情况下亦有可能因基金不合理的议事规则设置导致基金底层退出及清算僵局,如可考虑就决策沉默的投资者(指事项表决时不同意也不反对的投资者)的沉默行为设置明确的前置意思指向,或直接事先说明"沉默"的投资者将被剔除表决有效计算基数,从而推动部分投资者积极决策。就分配规则而言,本文建议充实非现金分配的细化落实举措,如底层资产系债权且附带增信的情况下,增信是否具有拆分落实可能性等。投资者可在这些方面作考量并积极与管理人沟通优化基金合同。

(四)积极做好基金"投后管理"工作

部分投资者购买基金产品后对基金后续投资运行情况缺乏关注,导致维权时筹码有限。对此,笔者建议主动关注基金对外投资进展,对涉及的投资协议文本等进行获取保存。同时,也建议积极参与基金份额持有人会议、获取管理人的定期信息披露报告,并在认为存在风险时要求管理人进行重大事项信息披露等。一方面,给予管理人积极规范投资管理的压力;另一方面,亦为自身后续通过派生诉讼等直接或间接的方式维护自身权益做好铺垫。

规范良性的私募市场有赖于投资者与基金销售机构、基金管理人等专业机构的合力塑造,只有投资者在投资选择过程中不断趋于理性,基金销售机构、基金管理人在募投管退过程中不断趋于规范,"卖者尽责、管者尽责、买者自负"才能真正实现。

I 域外视野

INVESTOR

德国投资者保护体系初探及启示

肖　赞*　刘菲菲**

摘　要：德国是欧盟重要的经济大国，随着英国“脱欧”计划，德国作为欧盟新金融中心的重要地位也将进一步凸显。作为一个以专业投资者为主的成熟金融市场，德国在投资者保护和服务方面积累了丰富经验。本文试图通过介绍德国金融领域主要的市场主体，包括欧盟、德国联邦及地方金融监管部门、中介机构、投资者、行业协会等主体在投资者保护方面的做法，探讨德国资本市场投资者保护体系的经验和特点，尝试提出相关建议，供我国资本市场参考。

关键词：德国　投资者　保护

德国是欧盟重要的国家之一。面对国际金融危机和持续发酵的欧洲债务危机，德国以其强大的制造业实体经济、巨额外汇储备和独特的发展理念，表现出较强的抗风险能力，保持了自己在欧盟和欧元区经济的“引擎”和“稳定锚”的地位。随着英国“脱欧”计划，更凸显了德国成为欧盟新金融中心的重要地位。作为发达的资本市场，德国投资者结构已十分成熟和完善，据不完全统计，德国资本市场投资者中，95%以上为专业投资者，个人投资者仅占有不到5%的比例，其投资者结构呈现“个人低、机构高；国内低、国际高”的特点。德国资本市场投资者保护，既侧重于对弱势投资者的保护，也致力于为投资者提供服务，监管当局工作重心在于从制度设计上防范不正当行为破坏市场的公平和公正，以避免投资者利益受到损害。[①]

---

* 中国期货业协会投资者教育部，主管（副主任级）。

** 中国期货业协会会员一部，主管。

① 本报告为笔者在德国德意志交易所集团交流培训两个月期间，结合培训内容和走访调研后形成的研究报告。报告中的相关信息、数据、图表主要源于上课培训资料、德交所2018年年报、相关监管部门官方网站等，引用及参考有关研究成果已标注。报告内容仅代表个人观点。

一、欧盟金融监管体制改革

2008 年爆发的全球金融危机,推动欧盟对原有金融监管系统的改革。2011 年 1 月 1 日起,欧盟建立了一套全新的金融监管架构。宏观层面,由欧洲央行牵头,由成员国中央银行行长组成一个欧洲系统性风险委员会(European Systemic Risk Board, ESRB)。它的主要功能是监测和评估整个欧洲金融系统的风险,及时向欧盟及各成员国发出风险预警,加强宏观审慎监管。微观监管层面,ESRB 下设 3 个新的欧洲金融监管权力机构(European Supervision Authorities, ESAS),包括总部设在英国伦敦的欧洲银行监管局(European Banking Authority, EBA)、总部设在德国法兰克福的欧洲证券与市场管理局(European Securities and Markets Authority, ESMA)和总部设在法国巴黎的欧洲保险监管局(European Insurance and Occupational Pension Authority, EIOPA)。这 3 家机构的功能是负责对欧盟境内的单个金融机构协调、监控和仲裁,在某些领域和某些特殊情况下可行使超国家权力,如对欧盟境内注册的评级机构进行直接监管,在紧急状态下可临时禁止或限制某项金融交易活动等。[①] 欧洲证券与市场管理局(European Securities and Markets Authority, ESMA)负责监管欧盟资本市场,制定统一的制度和规则,监督各成员国的金融监管部门监管所在国金融机构实施这些制度,以防范金融系统性风险。

欧盟关于金融市场的监管主要通过《金融工具市场指令》(Markets in Financial Instruments Directive, MiFID)和《金融工具市场监管条例》(Markets in Financial Instruments Regulation, MiFIR)。2018 年 1 月 3 日,修订后的 MiFID Ⅱ在欧盟全面实施。MiFID Ⅱ更加强调完善金融市场功能和结构,加强投资者保护,优化投资者适当性管理,将结构性产品纳入复杂产品范畴,增加对投资者的信息披露内容,严格限制各类诱导客户交易的行为。[②]

投资者分类。MiFID Ⅱ定义的"客户",是指接受投资公司提供投资和/或辅助服务的自然人或法人。MiFID Ⅱ明确将投资者分为专业客户(professional clients)和零售客户(retail clients)。专业客户是指拥有相关专业知识、投资经历、专业特长,并能据此自主投资决策、识别风险的客户。专业客户里面又细分出专业能力更强的合格

---

① 参见符瑞武:《新一轮欧盟金融监管体制改革的实践与启示》,载《华北金融》2011 年第 29 期。

② 参见李怡芳、李丹:《欧盟 MiFID Ⅱ监管改革研究》,上海证券交易所资本市场研究所 2017 年版。

对手方(eligible counterparties)。专业客户主要是经核准并受监管的金融市场运营实体;合格对手方包括投资公司、信贷机构、保险公司、可转让证券集全投资计划及其管理公司、养老基金及其管理公司、欧盟立法或者成员国家法律核准或受其监管的其他金融机构。[①] 专业客户和合格对手方以外的其他投资者可视为非专业客户,即零售客户。在欧盟,一般认为专业投资者并不属于投资者保护范畴,而主要是针对零售客户进行特别保护。

产品及服务分类。欧盟将产品分为非复杂金融产品和复杂金融产品两大类。通过对投资产品或服务作出不同风险等级的划分,投资公司需要在进行销售时,将投资者类别与所推荐产品和服务的等级进行匹配,以评估其销售行业是否满足适当性要求。服务或活动可分为包括接收或传送指令、执行指令、自营、投资组合管理、投资咨询、包销等。

适合性(suitability)和适当性(appropriateness)评估。MiFID Ⅱ要求金融机构开展适合性和适当性评估,从而判断向投资者提供何种类型的投资建议。适合性评估是指金融机构从投资目标、投资风险、投资经验及知识等方面,综合考虑其推荐的交易或产品是否适合投资者的财务状况和投资需求。同时,金融机构还需向投资者提出风险警示,并确保其充分理解。适当性评估关注投资者的理解水平、相关知识和经验,并不关注财务状况和投资目标。

金融机构职责。金融公司需履行投资者合法利益保护的首要职责,不得违规销售任何被评定为不匹配的产品或服务,同时,需要建立内部的适合性和适当性评估制度、程序、信息系统及有关记录要求。金融机构履行对投资者的适当性保护原则是对零售客户要求给予全面、充分的保护;对专业投资者要求给予十分有限的甚至较低水平的保护;对于合格对手方则无任何保护且无须履行商业义务。当对投资者类别难以作出准确判断时,应选择更高保护等级。[②]

二、德国金融市场投资者保护实施主体

德国作为一个以专业投资者为主的成熟金融市场,在投资者保护和服务方面积

① 参见袁熙:《欧盟投资者适当性制度报告》,载中国证券业协会编:《创新与发展:中国证券业2012年论文集》,中国财政经济出版社2013年版。

② 参见陈勇:《德国及欧盟投资者适当性制度概要》,载中国证券业协会编:《创新与发展:中国证券业2014年论文集》,中国财政经济出版社2015年版。

累了丰富经验,包括德国联邦金融监管局、地方交易所监管部、有关行业协会、第三方机构(信息服务机构、律师事务所、会计师事务所、投资银行)等主体,在投资者保护领域各司其职、协调配合,共同构筑了一套权责清晰、界限明确、理念内化的投资者保护体系。

(一)德国联邦金融监管①

德国联邦金融监管局(Federal Financial Supervisory Authority,BaFin)隶属于德国财政部,是德国联邦综合金融监管机构。目前,BaFin 监管对象约 4000 余家,包括信贷和金融服务机构、保险公司和养老基金、支付机构、资管公司等。主要职责包括制定相关法律、政策、市场准入和监管,以及金融机构日常经营监管等。BaFin 可直接对发现的违规行为作出罚款、提出起诉、撤销董事会有责任成员的任职资格、吊销营业执照等处罚。

1. BaFin 投资者保护组织机制

1975 年欧盟理事会关于欧洲经济共同体消费者保护和信息政策初步方案的决议,赋予 BaFin 在投资者保护方面的权力。自 2008 年金融危机以来,消费者保护一直是欧洲监管的中心。《个人投资者保护法》在 2015 年 7 月 10 日正式开始施行。BaFin 的消费者保护局于 2016 年成立,现有 8 个部门,约 150 名工作人员,主要针对国内投资者保护。另外,BaFin 在国际政策、金融稳定和监管司(Department IFR,即 International Policy,Financial Stability and Regulation)内设立了一个专门的国际消费者保护司(Division IFR7),主要从事国际投资者保护政策的制定、国际合作以及召开国际会议等。此外,BaFin 还设置了内部消费者保护委员会、消费者咨询委员会、消费者保护论坛、消费者纠纷仲裁委员会等。同时,BaFin 还需协调其他参与投资者保护的各方,包括消费者组织的金融市场监管机构、防止不正当竞争中心、私人争端解决实体和监察员等。

2. BaFin 投资者保护法定职责

对于欧盟规则的成员国在消费者保护和金融活动方面的任务,BaFin 在德国境内需要落实的任务主要包括以下几方面:(1)针对整个内部市场的消费金融产品或服务,在促进市场透明、简便、公平方面发挥领导作用;(2)监督新的和现有的财务活动,并可采纳指南和建议;(3)如金融活动构成严重威胁,可发出警告;(4)设立消费者保

---

① 主要参见 BaFin 培训讲师课件和 BaFin 官方网站:https://www.bafin.de/EN/Verbraucher/verbraucher_node_en.html;jsessionid=8D811BC403237E2DA68DFD081628F65A.1_cid394,最后访问日期:2020 年 6 月 11 日。

护和金融创新委员会，向欧洲议会、理事会和欧盟委员会提出建议，可邀请国家数据保护局作为委员会观察员；(5)可暂时禁止或限制某些金融产品的销售、分销或销售。

3. BaFin 投资者保护实践

(1)为投资者提供信息服务。BaFin 认为投资者应当能够获取信息、了解情况、知晓风险，从而作出有利决定。因此，BaFin 在其官网上设置了“消费者”专题，并提供大量信息，包括银行业务和贷款、证券和投资以及保险和退休准备金的基本信息，常见问题解答、投诉渠道、BaFin 消费者帮助热线，相关杂志如 *Bafin Journal*(仅限德语)和英文时事通信(包括有关消费者主题的专家文章，如数字化)、*Bafin Perspectives*(半年期杂志)，还制作和向有学习困难的人提供关于消费者保护问题的小册子。

(2)市场监测和现场检查。BaFin 通过分析和评估金融市场上来自内部和外部的定性和定量信息，以识别、分类和优先处理金融相关的问题产品和行为。监测后的判定均建立在所有数据来源的调查结果之上，包括通过书面调查、审慎监管、现场检查以及对企业、经销商和其他市场参与者的采访等。BaFin 进行现场检查，重点检查遵守产品监督和治理规则情况，许多现场检查是根据员工和投诉登记处获得线索的，在正常营业时间内，BaFin 可以进入机构的营业场所。

(3)对产品的规定。BaFin 可适时监督银行、储蓄机构、经营机构遵守行为规则的情况，包括适宜性报告和投资建议的适宜性、产品信息表、电话录音义务(录音)，监测德国各类银行、证券机构的产品。BaFin 可以在严重情况下限制或完全禁止某些销售行为和产品的销售，如对消费者利益有重大损害或金融市场的运作或完整性受到威胁的产品或服务。

(4)受理投资者投诉。投诉是 BaFin 监管活动的重要信息来源，BaFin 会定期评估登记在册的投诉，这些投诉可以作为市场监测工具和违规行为的线索，BaFin 可以知道是否有公司正在或试图通过监管规则的漏洞来侵害他们的客户。从登记册中获得的知识可能导致正式警告和行政罚款程序。BaFin 每年要处理约 2 万余件有关保险公司、银行和金融服务机构的投诉。

(二)地方交易所监管部——以黑森州为例

1. 黑森州监管职责

德国行政州拥有较大的自主权，黑森州交易所监管部门(Exchange Supervisory Authority)隶属州政府。BaFin 侧重行为监管，州政府侧重主体监管，主要负责对交易所的场所监管，包括交易所的设立和许可、高级管理人员任免、交易所运营商义务的履行、交易所规则修改以及交易行为监管等。对于交易所的监管,德国法律规定,州政府交易所监管机构和联邦金融监管局需紧密协作,交换相关信息,协助对方履行其法定职责。①

2. 黑森州投资者保护相关安排

虽然 BaFin 和州政府在交易所监管上各有侧重,但两者在监管内幕交易和市场操纵等方面仍然有所重叠。黑森州政府的交易所监管机构,针对存在市场风险以及可能影响投资者利益的交易行为(misbehavior)时,可以行使如下权利:要求交易所、交易会员及其客户、发行人提交指定资料和信息,如大额持仓信息、金融产品头寸变动、自动化交易的策略等;向交易所和交易会员发布指令,如为阻止违法行为的发生而采取的措施,为完善交易、清算或市场监察等方面的管理而采取的措施;有权进入交易所和交易会员的办公室;有权针对交易会员和发行人启动纪律惩戒程序等。

德国交易所必须根据州政府监管机构要求,监管交易所交易和结算业务。因此,产生了设立于交易所内部的交易监察办公室(Trading Surveillance Offices of the Stock Exchanges,TSO)。以德意志交易所(Deutsche Börse AG,以下简称德交所)交易监察办公室为例,虽然其是交易所的一个机构(2019 年有 27 人),但其职员由黑森州政府委任,交易所发放薪酬,直接向州政府负责,接受州政府领导。交易监察办公室可以记录并调取所有交易和结算业务数据,并有权对市场交易行为进行调查,处于查处违法违规行为的第一线,是监察数据的来源。同时,根据《有价证券交易法》的规定,如果涉及内幕交易或市场操纵等违法行为,交易监察办公室有义务根据 BaFin 要求提供相关数据和协助。②

此外,交易监察办公室还设有对外的"投资者热线"(Investor Hotline),该热线提供免费电话热线或邮箱,可以直接受理投资者或市场经营机构的咨询或投诉。交易监察办公室设置了专门的热线处理流程,现有多名工作人员进行接听和反馈,并根据投诉和建议进行分析和调查。

(三)行业自律组织

德国金融行业协会数量较多,领域分得较细,内部组织健全,为相关领域企业提供信息和服务,成为政府和企业之类相互沟通的桥梁和纽带。行业协会主要致力于

---

① 参见陈晗、蔡征:《德国证券市场的交易运作机制及监管监察架构》,载《上海证券报》2018 年 4 月 23 日,第 7 版。

② 同上。

推动行业沟通交流,开展行业大众教育和投资者教育,同时,部分行业协会在投资者纠纷解决机制中发挥积极作用。

1. 申诉专员纠纷解决机制

金融监管部门充分发挥金融行业协会在化解金融纠纷中的作用,德国金融行业协会普遍采用了一种被称为申诉专员的纠纷解决机制,协会会员单位自愿加入该解决机制,协会聘任独立的申诉专员,根据金融消费者提交的书面投诉申请材料和金融机构的书面回复,作出裁决或提出和解方案。纠纷解决的资金源于协会会员,不收取消费者的费用。德国有十几家不同的金融行业协会都设立了这种纠纷解决机制,如德国私人银行协会、德国保险行业协会、德国投资基金协会等。德国金融纠纷申诉专员制度的调处流程简单快速,具有较高的公信力,保护了金融消费者的权益,给予了客户多样化的选择来解决争议,缓解了诉讼压力。[①]

2. 致力于行业交流和公众教育

德国行业协会通过积极举办行业会议,设置议题、邀请嘉宾演讲、行业展示等形式,配套全方位的媒体宣传,以扩大行业知名度,提升行业影响力。例如,德国衍生品协会(Deutscher Derivate Verband,DDV)每年会组织“德国衍生品日”大会,2019 年的会议主题聚焦欧洲政局和金融衍生品市场发展等话题,会议规模约 250 人,会上发放投教书籍等。例如,法兰克福金融协会(Frankfurt Main Finance,FMF)主要致力在全球范围内推动法兰克福金融市场发展,每年会召开法兰克福金融峰会、定期金融早餐会等,推动建立法兰克福金融科技生态体系、组织开展金融知识培训、加强国际交流与合作、注重金融国民教育,也积极与高校合作普及金融市场专业知识。

(四)金融市场第三方服务机构

1. 投资银行:积极履行证券发行核实职责

德国立法中的《交易所法》和《招股说明书法》等多部法律对资本市场上市申请材料的底线要求作了规定。投资者选择投资对象前,主要依据可获得的上市公司公开信息做出投资决策,监管部门对上市公司上市申请材料和临时信息的及时、真实、全面严格要求。证券的上市发售一般是由银行团承担,银行团通常会参与上市申请说明书的制作;即使没有参与制作,它们通常也会对这些材料进行比较专业的审核。另外,在资本市场上,投资者一般是与银行等机构签订证券买卖合同,通常会对银行

① 参见《德国金融纠纷申诉专员制度:结构严谨、影响广泛》,2013 年“中德金融纠纷调解实践国际研讨会”会议资料,载中国网:http://finance.china.com.cn/stock/20131218/2055244.shtml,最后访问日期:2020 年 6 月 11 日。

等机构具有特殊的信赖。因此,银行等机构在和投资者协商合约时负有真实、全面告知的义务。如果上市申请说明书含有不实陈述,而投资人因此受有损失,则这些机构如果不能证明其已履行应尽的告知义务,并没有故意或过失的过错,亦应承担损害赔偿责任。①

2. 专业机构:附对第三人具保护作用职责

证券的上市发行涉及非常专业的经济及法律知识,因此,德国公司上市过程中,各类专业服务中介机构如会计师事务所、律师事务所等专业机构直接或间接参与上市申请资料的制作。德国司法实务上根据"附对第三人具保护作用的合同"的理论,确定这些专业机构对上市申请说明书不实陈述的民事责任。② 依据这一理论,这些中介机构作为上市公司或银行等承销机构的合同债务人,在提供评估意见或制作上市说明书时,即负有提示和保护投资者知情权等责任。

3. 信息媒介:信息披露服务和财经资讯

为了进一步规范信息披露,德国颁布了《有价证券招股说明书法》对招股说明书内容进行了详细规定。同时,规定上市需执行强制性信息披露,并满足重大性、真实性和完整性要求。根据德国《证券交易法》的规定,上市公司需执行持续信息披露义务和即时信息披露义务,要准备和公布年度财务报告、半年度财务报告和季度声明,即时向公众披露与其直接相关的任何内幕信息。目前,德国上市公司即时信息披露通常经由专业的信息披露服务商,如总部位于德国慕尼黑的EQS集团进行发布。发行人将需要披露的信息上传至其平台,设置披露范围,平台自动将信息发布到有关监管机构、交易所网站以及欧洲有关公开媒体。

4. 德国投资者保护基金

尽管德国金融市场以专业投资者为主体,但对于占比不到5%的个人投资者,德国监管部门、自律组织及中介机构通过制度安排、项目设置等形式进行保护。欧盟在1997年发布《投资者赔偿计划指令》,该指令可以看作建立单一金融服务市场框架的一个组成部分,其要求成员国设立投资者赔偿计划,旨在帮助投资者避免在投资公司无力偿还资金或归还代为持有的证券时发生损失的风险。

德国于1998年实施《存款保护和投资人赔偿法》,该法从赔偿机构、投资者求偿

① 参见主力军:《德国〈交易所法〉关于上市公司的上市申请材料不实陈述之民事责任介绍》,载《比较法研究》第6期。

② 参见李格格:《附保护第三人作用合同的研究》,重庆大学民商法学专业2011年博士学位论文,第25页。

的程序及请求权的范围作出了具体的有可操作性的规定。根据该法德国设立了投资者保护基金,主要分为证券投资者赔偿基金和德国银行赔偿基金。其中,证券投资者赔偿基金主要依据联邦法律《存款担保与投资者赔偿法》设立,由德国复兴信贷银行负责管理,独立运营,但需向 BaFin 负责并接受 BaFin 监管。证券投资者赔偿基金会员包括德国境内所有从事证券交易的公司,包括不吸引存款的信贷机构,为投资者提供 90% 赔付,限额为 2 万欧元,赔偿对象主要是证券投资者,特别是那些散户投资者,但不包括保险公司、大中型股票公司和国企等。目前,该项赔偿基金使用率较低,体现德国投资者整体投资风格保守,同时相关投资风险教育和保护比较健全。

(五)交易所集团——以德交所为例

德交所是欧洲金融市场的重要主体之一,业务范围涵盖现货市场和衍生品市场的各个环节。德交所作为资本市场体系中的重要环节,既要积极开发客户,提升客户服务,也需认真履行投资者保护主体责任。2017 年德交所通过了一项扩展的商业行为准则,包括保密和敏感信息的处理、防范利益冲突、个人账户交易监管,以及防止内幕交易和市场操纵、打击贿赂和腐败、风险管理、提升环境意识、平等机会和防止不良行为等。除根据黑森州要求在其交易所内设置交易监察办公室外,德交所也积极推动商业在提供前后端服务、服务市场和保护投资者方面作出努力。

1. 多样化的前后端配套服务

德交所围绕其全面的产品与金融服务,形成了配套交易环节的前后端业务体系。这些多样化的服务,既是德交所重要的利润贡献点,也是服务客户、披露信息、保护投资者的重要途径。一是清算服务,德交所为所有类型的交易提供多样的高效清算,为顾客减少风险头寸,提高融资与资本效率。二是抵押品和流动性管理服务,德交所为金融机构提供最优的流动性和抵押品管理,开放式的架构提供了充足的流动池。三是市场数据服务,主要针对个人及机构投资者,投资者可免费获取大量基础信息,包括从各个交易系统中生成的(实时)价格数据,历史市场数据,以及由内部现券及衍生品交易所获得的分析性指标。四是技术服务,德交所为交易、清算、结算、托管和市场数据服务提供支持与保障。

2. 市场执业准入培训和考试

近 10 年来,德国监管机构 BaFin 要求金融行业向私人客户提供财务建议的员工应具备一定资格。MiFID Ⅱ新规定出台后,提出要对中介机构的从业人员开展知识和能力评估。德交所专门成立了资本市场学院(the Capital Markets Academy),该学院成立近 30 年,主要通过课堂和在线培训,提供公共和私人考试,并颁发证书,以此推动金融从业者“从市场,为市场”,更好地服务于市场发展。其教育对象主要有以下三类:一是散户投资者,主要侧重于从了解金融知识到理性的投资决策;二是交易所员工,包括交易、清算和结算岗位人员;三是专业投资者,主要是针对银行、资产管理公司和机构投资者以及监管机构、律师、服务提供商等,侧重于相关政策、规则的培训。

三、结　　语

投资者是资本市场最重要的参与主体,保护投资者合法权益,是资本市场坚持“人民性”的直接体现。党的十八大以来,习近平总书记多次强调要做好投资者权益保护工作,明确提出尽快形成融资功能完备、基础制度扎实、市场监管有效、投资者合法权益得到有效保护的多层次资本市场体系的工作要求。“他山之石,可以攻玉”,通过分析德国不同市场主体在投资者保护方面的实践,对我国资本市场的投资者保护工作提供一定的借鉴。

(一)进一步增强基础法治供给,保护投资者合法权益

中国证监会主席易会满提出,保护好投资者尤其是中小投资者合法权益,必须坚持法律保护、监管保护、自律保护、市场保护、自我保护的大投保理念,进一步完善投资者保护的法律制度体系,加强投资者教育与服务,积极倡导理性健康的投资文化。① 一是加强资本市场基础性制度建设。在我国业已形成的证券、期货、基金等市场法治体系基础上,继续推动新《证券法》的落实,增强投资者保护;推动以信息披露为核心的注册制改革;进一步推动“期货法”的立法工作,为期货行业提供基础制度保障。二是健全完善投资者损害赔偿救济制度。投资者合法权益应该得到充分保护,尤其是因违法侵权行为受损的投资者,可通过赔偿救济制度,快捷获取经济赔偿或补偿。同时,继续推动多元化的纠纷解决机制,推广“示范判决 + 纠纷调解”实践。三是推进具有中国特色的集体诉讼制度。当前试点股票发行注册制改革不断推进,新《证券法》将证券集体诉讼的适用主体规定为投资者保护机构,有效地解决了以往代表人选定困难的问题。后续可借鉴国际经验,推动实行“默示加入”和“声明退出”机制,以此

① 参见易会满:《努力建设规范透明开放有活力有韧性的资本市场》,载《人民日报》2019 年 9 月 11 日,第 16 版。

推动提高上市公司质量,保护投资者合法权益。

(二)进一步提升资本市场中介服务机构素质,维护行业信誉

中介机构的专业化水平直接体现资本市场的成熟程度。随着我国资本市场的发展,对中介机构专业性服务需求增大。拟上市公司需要投资银行类金融机构提供上市辅导,民众的多元化投资理财需求需要资产管理机构去实现,专业的律师事务所、会计师事务所对于信息数据的准确性提供权威意见。因此,一方面,中介机构首先应当认真履行职责,发挥专业优势,当好"看门人",把好入口关,对市场和投资者负责;另一方面,中介机构应当不断练好"内功",提升服务能力和水平,展现专业素养,以此提升资本市场的专业稳健水平。对于监管部门而言,可通过完善法制、加强引导和自律协作等多项举措,强化对中介机构的管理。对于中介机构的违法违规行为,监管部门可加大惩处力度,提升震慑力。

(三)进一步落实投资者适当性制度,强化理性投资理念

资本市场有其自身的发展演进规律,不同性质、不同发展阶段的市场,会相应提供复杂程度各异的产品,需配套不同的发行、交易、信息披露等基础制度。我国投资者适当性制度建立以来,在实践过程中不断完善,很好地发挥了投资者保护第一道防线作用,后续仍需督促落实。一是进一步发挥经营机构投资者适当性主体作用,加大对经营机构的培训、检查力度,对于明确违反适当性制度要求的行为要予以重罚,提高经营机构合法经营意识。二是加强投资者的监督参与,畅通投资者诉求的公益服务渠道,加大投资者宣传教育,让投资者树立理性投资理念,提高自身风险防范意识。三是尝试探索通过第三方中立机构评估金融产品和服务的风险等级,有利于增强评级结果的客观性,有效减少纠纷的发生。

(四)进一步推进资本市场科技监管,提升市场运行效率和质量

近年来,我国证券期货市场的科技创新步伐加快,监管科技基础能力建设提速,但与国际上发达金融体系相比,我国资本市场科技投入仍相对较少、创新力度有待提升,亟须增强科技创新意识,加大金融科技研发和投入力度。同时,随着金融科技推进资本市场进行创新,应当加快完善金融科技相关的法律法规和监管制度,推动监管协作,从而促进金融科技和资本市场的良性互动发展。

(五)进一步加强资本市场文化建设,营造积极健康的发展氛围

健康成熟的市场文化、投资文化、监管文化和企业文化是资本市场稳定发展的根基。资本市场诚信文化和理性投资意识也是在发展中逐步优化的。目前,我国资本

市场中法治诚信和契约精神还有待进一步深化,投资者理性投资思维也还有待加强。一是要加强行业文化建设,优化资本市场文化生态。市场主体应准确把握行业文化建设规律,以问题为导向,不断提升行业文化“软实力”。二是继续实施差异化的投资者教育,建立健全投资者教育工作长效机制,根据投资者的群体特征和接受程序,利用现代网络技术,有针对性地提供不同内容的教育和服务。同时,要做好金融知识国民教育工作,将教育对象从投资者扩展到社会大众,增强社会大众对资本市场的认识,树立积极正面的行业形象。三是加强对投资者国际化金融市场的教育,了解境内外法律法规,提升金融市场对外开放下的国际化意识,为下一步“走出去”做好准备。

公司法的公共执行模式：域外经验及其启示

曾　思*

摘　要：我国2020年《证券法》第94条豁免了投资者保护机构提起诉讼时持股比例与期限的要求，允许其为了公共利益而非私人利益提起股东诉讼。这一模式类似我国香港特别行政区和澳大利亚公司法的公共执行模式。相对而言，域外公司法的公共执行的手段更为宽泛，公共执行机构享有更大的调查权，同时法院提供的救济措施较为丰富，包括罚金与剥夺董事任职资格等制度。投资者保护机构要在上市公司治理中发挥更大作用，离不开我国法律下对于执法手段与救济措施等相应制度的完善。

关键词：公司法的公共执行　信义义务　小股东保护

一、公司法的私人执行与公共执行

按照法与金融理论的观点，法律对于保护资本市场中的小股东，降低公司融资成本，促进投资与资本市场的发展极为重要。① 上市公司的小股东与董事以及公司大股东之间存在代理成本，容易受到公司不当行为的影响。对此，各国法律均通过多种方式向小股东提供保护。而法院对董事以及大股东的信义义务审查是其中重要一环。

我国《公司法》第20条、第21条、第22条以及第147条，以及《上市公司章程指引》等规则构建了董事以及控股股东信义义务的法律基础。《公司法》第151条也提

---

*　香港中文大学助理教授，耶鲁大学法学博士。作者感谢周媛博士的研究协助。本文受中华人民共和国香港特别行政区研究资助局杰出青年学者计划(Early Career Scheme)资助，项目编号：CUHK24613819。

①　La Porta R. ,Lopez-de-Silanes F. and Shleifer A. ,"The Economic Consequences of Legal Origins", *Journal of Economic Literature*,2008,46(2),285.

供了股东提起代表诉讼的机制。但是,在司法实践中,针对上市公司的股东代表诉讼十分罕见。[①] 这一方面,可能是因为上市公司涉及股东人数众多,利益纠纷复杂,法院一般采取较谨慎的态度;另一方面,则可能是因为股东提起诉讼的门槛较高。按照《公司法》第 151 条规定,股份有限公司只有连续 180 日以上单独或者合计持有公司 1% 以上股份的股东才可提起诉讼。此外,由于董事或大股东违反信义义务下受损害的主体是公司,而非股东,股东只是基于其在公司中的持股间接受到影响,股东代表诉讼的结果仅为公司获得损害赔偿,提起诉讼的股东不能直接受偿。这也在一定程度上降低了对股东提起代表诉讼的激励。[②]

2020 年新《证券法》第 94 条修改扩大了投服中心的权力,豁免了其持股期限与比例的要求,允许其在董事或控股股东违反义务侵犯公司合法权益时提起诉讼,追究其不当行为的责任。投服中心在每一家上市公司中均持有一手股票,可以作为股东提起诉讼。但作为证监会下属机构,投服中心追求的是公司治理完善的公共利益目标而非一己之私利。因此,尽管投服中心采用的是"持股行权"的模式,只是《证券法》在其提起诉讼时豁免了其持股期限与比例的要求,投服中心的起诉仍与一般的股东诉讼不同,带有公共执行的特点。投服中心形式上是依据公司法股东权利起诉,然而实质上则类似监管机构,对上市公司的不当行为进行监督。

事实上,我国香港特别行政区与澳大利亚早已建立起了上市公司股东保护的公共执行模式,由法律授权监管机构代表上市公司股东提起诉讼,追究董事或大股东的不当行为。我国新《证券法》下的投服中心起诉与这一模式十分类似,但有待进一步完善。本文以我国香港特别行政区以及澳大利亚公司法为例,说明公共执行模式的运作方式,以为我国内地发展这一模式,完善资本市场法治提供借鉴。

二、我国香港特别行政区公司法的公共执行模式

我国香港特别行政区公司法同时采用了私人执行模式与公共执行模式。在我国香港特别行政区公司法下,董事负有对公司的信义义务,需要"为公司的最大利益行

---

① See Donald Clarke and Nicholas Howson, "Pathway to Minority Shareholder Protection: Derivative Actions in the People's Republic of China" in D. Puchniak et al. eds., *The Derivative Action in Asia: A Comparative and Functional Approach*, Cambridge University Press, Spring 2012, 243 – 9.

② 参见黄辉:《中国股东派生诉讼制度:实证研究及完善建议》,载《人大法律评论》编辑委员会编:《人大法律评论》(第 1 辑),法律出版社 2014 年版,第 232 页。

事”，不得将自己置于利益和职责冲突的位置。① 这一规则类似我国内地的董事忠实义务。此外，我国香港《公司条例》中还通过成文法的形式规定了董事“以合理水平的谨慎、技巧以及努力行事”的义务。② 这一义务必须同时满足客观与主观标准——董事不仅需要展现出任何人在执行董事职能时所具备的知识、技巧以及经验，其决策者还需要达到该董事本身具备的知识、技巧以及经验的水平。尽管大多数在我国香港上市的公司并未在香港注册，然而《公司条例》第 722 条允许香港法院审理针对在我国香港上市公司的派生诉讼。此外，《香港联交所上市规则》也有对董事义务的规定。因此，在香港上市的所有本地和非本地公司的董事均受香港有关法律下董事义务规则的约束。

在公司决策对部分股东利益造成不公平侵害的情况下，小股东还可能提起不公平侵害（unfair prejudice）之诉。③ 公司严重的不当经营行为可能构成不公平侵害。因此，不公平侵害制度与信义义务所规制的不当行为存在一定的重叠。④ 但是，与派生诉讼不同，不公平侵害之诉为直接诉讼，小股东可以以其个人名义而非公司名义提起。同时，小股东在不公平侵害之诉中所能获得的救济途径更广，既可以要求董事或大股东对公司承担损害赔偿，也可以请求法院发布命令，要求公司作出某些决策，包括决议无效、利润分配、修改章程、罢免董事、任命新董事以及股份回购。⑤ 在英国法传统上，不公平侵害之诉一般仅能由具有较强人合性的封闭公司的股东提起。⑥ 然而，我国香港法院在著名的“瑞洲公司案”（Continent Ltd. v. Cheng Chee Tock Theodore）一案中发展了这一原则，认为上市公司的决议同样可能构成对股东的不公平侵害。⑦

除由股东提起的诉讼以外，我国香港公司法下的不当行为还可能受到香港证券及期货事务监察委员会（以下简称香港证监会）的追究，这一公司法执行模式可以被

① 我国香港法下董事的信义义务类似内地的董事忠实义务。See Stefan Lo，Charles Qu，*Law of Companies in Hong Kong*（3rd，ed.），Sweet & Maxwell 2018，p. 288.

② 参见我国香港特别行政区《公司条例》第 465 条。

③ 参见我国香港特别行政区《公司条例》第 724 条。

④ Stefan Lo，Charles Qu，*Law of Companies in Hong Kong*（3rd，ed.），Sweet & Maxwell 2018，p. 487.

⑤ 但是，倘若股东仅仅因公司利益受损而间接受损，法院一般不会允许对股东的直接赔偿，而是只会要求对公司的损害赔偿。See Stefan Lo，Charles Qu，*Law of Companies in Hong Kong*（3rd，ed.），Sweet & Maxwell 2018，p. 498.

⑥ See Stefan Lo，Charles Qu，*Law of Companies in Hong Kong*（3rd，ed.），Sweet & Maxwell 2018，p. 478.

⑦ 在该案中，一家上市公司的章程违反了交易所规则，然而在股东反对之下，公司无法通过修改章程的股东会决议。支持公司修改章程的股东提起诉讼，认为公司的行为构成了不公平侵害，理由在于股东可以合理地预期公司将会符合交易所规则，因而可以在公司的决策违反这一预期的情况即为一种不公平行为。See Luck Continent Ltd. v. Cheng Chee Tock Theodore［2013］HKEC1209，para. 83.

称为公共执行模式。[①] 香港证监会是经《证券及期货条例》及附属法例授权,负责监管香港证券及期货市场的法定机构。[②] 香港证监会的核心决策机构是董事局,董事局成员有固定任期,由我国香港特别行政区行政长官或行政长官授权财政司司长委任。香港证监会的主要监管目标包括维持和促进证券期货业的公平性、效率、竞争力、透明度及秩序,其主要职能包括制定及执行市场法规,诸如调查违规个案及市场失当行为等。尽管香港证监会主要是证券法下的执法机构,主要确保信息披露的真实以及市场的公平,然而实践中大量案例里,香港证监会同样执行公司法,针对董事违反其信义义务或公司不公平侵害股东利益的行为进行规制。

我国香港特别行政区公司法的公共执行模式的特征可以从以下几个方面进行说明。

第一,执法依据。根据我国香港特别行政区《证券与期货条例》第214条第1款的规定,香港证监会觉得对上市公司的事务的经营或处理方式涉及:(1)欺压全部或部分股东;(2)涉及对该上市公司或其股东作出亏空、欺诈、不当行为、或其他失当行为;(3)侵害股东的知情权;(4)对全部或部分股东造成不公平的损害,那么香港证监会就有权申请原诉法庭根据该条作出相应的命令。该条涵盖的情形十分宽泛,包括董事违反信义义务以及上市公司不当侵害股东利益的情形。

例如,在香港证监会诉张某某案中,法院认为,大凌集团董事张某某在收购交易中的行为未能满足足够的注意与审慎义务,依据《证券与期货条例》第214条第1款第b项,剥夺了其董事资格,同时要求其承担了赔偿责任。[③] 在近期的另一个案例中,圆美光电有限公司(圆美光电)的主席兼执行董事郑某某于2015年4月向圆美光电出售了一个公司集团的股份,并担保该公司集团能在截至2016年12月31日的两个年度最低盈利3400万元。倘若盈利达不到这一水平,郑某某愿意补偿圆美光电,补偿数额为最低盈利保证不足之数的9.513倍。然而,在2016年12月22日,圆美光电对外转让了所收购的公司集团的一部分股权,使其从该公司集团的交易中获得了2650万元的盈利,大幅减少了郑某某所需支付的补偿数额。香港证监会认为这一交易中郑某某存在利益冲突,然而他参与了交易的决策,也没有作出相应的披露,因此

---

① Donald, David C. and Paul WH Cheuk, "Hong Kong's Public Enforcement Model of Investor Protection", *Asian Journal of Law and Society*, Vol. 4, No. 2, 2017, pp. 349 – 385.

② 参见香港《证券与期货条例》第5条第1款第o项。

③ 参见《执法消息》,载证券及期货事务监察委员会网站:https://www.sfc.hk/edistributionWeb/gateway/TC/news-and-announcements/news/enforcement-news/doc?refNo=12PR23,最后访问日期:2020年5月6日。

违反了作为圆美光电董事的信义义务。香港证监会据此起诉了郑某某。①

除董事义务之外,香港证监会还会依据《证券与期货条例》第 214 条规制公司不公平侵害股东利益的行为。该条规定,如果香港证监会觉得对上市公司的事务的经营或处理方式涉及欺压股东,或者对全部或部分股东造成不公平侵害,那么香港证监会就有权申请原诉法庭根据该条作出命令。例如,在 2012 年的一个案例中,上市公司神州医疗科技有限公司(现称神州东盟资源有限公司)的前行政总裁李某某曾开出两张支票,款项收款人被记录为两家供应商。香港证监会调查后发现,该笔款项实际上被转移到李某某及其关联方,等于挪用公司资产。李某某既违反了对公司的信义义务,也对股东造成了不公平侵害。法院因此颁令李某某赔偿公司损失,并取消了其董事资格。②

第二,执法手段。香港证监会的执法手段多样,有强大的调查权与自由的起诉权。根据《证券及期货条例》第 179 条的规定,如果香港证监会觉得有情况显示上市公司的董事或股东对上市公司或者其他股东作出亏空、欺诈、不当行为或其他失当行为的,或者认为其业务经营存在压迫股东(oppressive to its members)的情形,便有权要求上市公司、其关联公司、认可的财务机构或其他任何人,在指定的时间和地点交出与该行为相关的记录或文件。香港证监会要求提供资料的权力和调查权让香港证监会在觉察到市场违法违规行为后,可以迅速出击先发制人,避免对方销毁证据掩藏不法行为。

第三,法院救济。根据《证券及期货条例》第 214 条第 2 款的规定,如果法院认为上市公司确实符合该条第 1 款的描述作出了不当行为,法院可以作出一系列命令。该条第 2 款授予了原诉法庭很大的自由裁量权。首先,香港证监会可以请求法院颁布命令,取消违反注意义务或信义义务董事的任职资格。③ 在 2007 年至 2014 年,香港证监会成功申请了 28 起限制董事任职资格的法庭命令。这一救济途径成为香港证监会规制公司不当行为的主要手段,其重要性超过了对董事派生诉讼。④

---

① 参见《执法消息》,载证券及期货事务监察委员会网站:https://sc. sfc. hk/gb/www. sfc. hk/editributionWeb/gateway/TC/news-and-announcements/news/doc? refNo = 19PR95,最后访问日期:2020 年 5 月 6 日。

② 参见《执法消息》,载证券及期货事务监察委员会网站:https://www. sfc. hk/edistributionWeb/gateway/EN/news-and-announcements/news/doc? refNo = 12PR103. Re Medical China Ltd. [2012] HKEC 1407,最后访问日期:2020 年 5 月 6 日。

③ See "Who We Are and What We Do-SFC", 2004, p. 23, Accessed May 2th, 2020, https://www. sfc. hk/web/doc/EN/speeches/public/annual/rep04/full_list_e. pdf.

④ See Donald, David C. and Paul WH Cheuk, "Hong Kong's Public Enforcement Model of Investor Protection", *Asian Journal of Law and Society*, Vol. 4, No. 2, 2017, pp. 349 – 385.

例如,在敏实集团案中,香港证监会起诉敏实集团有限公司(敏实)前主席兼执行董事秦某某。在敏实子公司时铭公司[Decade(HK) Limited]收购两家公司的交易中,秦某某承认其作为董事并未促使Decade通过谈判获得最优价格,且未披露其余卖方的亲属关系,因而违反了信义义务,及以适当和合理的技巧、小心谨慎和勤勉尽责的态度行事的普通法责任。秦某某被法院要求赔偿Decade人民币1200万元的损失及利息,并且被剥夺董事资格。

其次,根据《证券及期货条例》第213条的规定,如果香港证监会认为任何人已经、正在或者可能违反任何有关条文,可以申请原诉法庭作出该条第2款中规定的命令。该条第2款中规定的命令包括禁止令,要求某人按照法庭的指示做某行为,禁止某人取得或处置某财产,以及宣布某交易合同无效等。因此,倘若公司的一项决议可能对公司小股东造成不公平侵害,则法院可以禁止该决议的执行。此外,根据其第213条的规定,法院还可以要求公司起诉追究董事的责任。在香港证监会起诉朗迪国际控股有限公司一案中,法院认为董事违反了向朗迪公司负有的信义义务与注意义务,判决剥夺董事的任职资格,同时命令朗迪国际控股有限公司起诉董事以追究其责任。①

第213条授权的宽泛性与灵活性还可以以香港著名的"洪良国际案"为例说明。在该案中,上市公司承认其在证券发行中存在欺诈行为。法院首次依据《证券及期货条例》第213条要求上市公司回购股份,在很大程度上避免了对股东的损害。也有学者认为,责令回购制度可以极大地提升赔偿的效率。② 强制责令回购作为一种股东保护的措施也在我国新《证券法》中以条文的方式获得了肯定。这一救济手段在我国香港规范下实际上是在《证券及期货条例》宽泛授权下的香港证监会与法院根据案件情况,以保护投资者为目的发展出来的制度。尽管该案涉及的是欺诈发行问题而非本文所关注的传统公司法所处理的信义义务问题,《证券及期货条例》第213条下香港证监会在打击上市公司不当行为时权力的宽泛性可见一斑。

此外,虽然《证券及期货条例》第214条并没有明确规定原诉法庭可以命令被告对其行为导致的损害进行赔偿,但214条第2款第e项设置了兜底条款,允许法院"作出它认为适当的其他命令"。原诉法庭也可以要求被告进行赔偿。例如,在香港

---

① 参见《执法消息》,载证券及期货事务监察委员会网:https://sc. sfc. hk/gb/www. sfc. hk/edistributionWeb/gateway/TC/news-and-announcements/news/doc? refNo =10PR28,最后访问日期:2020年5月2日。

② 参见曹斌、吴锦宇:《证券发行欺诈投资者保护的国际新模式——香港洪良国际案例的法经济学分析》,载王卫国主编:《金融法学家》(第5辑),中国政法大学出版社2013年版,第462页。

证监会诉张某某案一案中,法院就根据《证券及期货条例》第214条的要求被告承担了损害赔偿。①

在由香港证监会起诉的案件中,受到责任追究的董事不仅需要补偿证监会起诉的诉讼费用,还需要补偿上市公司的诉讼费用。例如,前述香港证监会起诉上市公司神州医疗科技有限公司的案件中,法院颁令李某某及李某谷须支付香港证监会以及神州医疗科技有限公司花费的费用。

香港公司法的公共执行模式的重要性被认为超过了私人执行模式。② 我国香港特别行政区针对上市公司的股东诉讼数量有限。从2007年到2014年,股东提起的派生诉讼并胜诉的案件数量仅为20例。而同一时期由香港证监会请求法院剥夺董事资格的案例则达到28例。此外,由监管机构发起调查被认为是公共执行模式与私人执行模式相比的一个重要优势。由于我国香港特别行政区大量上市公司注册地并不在香港,对其展开调查往往需要跨法域的监管协作,而香港证监会作为监管部门可以更容易地获得相应的证据,而股东往往不具备这一能力。③

但是,香港的公共执行模式也存在一定的不足。有学者指出,香港证监会受到其资源约束,无法对所有的上市公司不当行为进行追究,因而会倾向于将其资源投入到行为明显不当、容易胜诉的争议案件,或是明显涉及公共利益的事件中。而证券市场上仍有大量不当行为并未受到追究。④

三、澳大利亚公司法的公共执行模式

与我国香港特别行政区类似,澳大利亚也同时采用私人执行与公共执行两种模式追究董事违反信义义务的责任。澳大利亚公司受2001年澳大利亚公司法的约束。公司董事负有普通法上的信义义务与和法定义务。信义义务包括忠诚义务、勤勉义务以及避免利益冲突的义务。法定的董事义务则要求所有董事"合理谨慎地行使其

---

① 参见《执法消息》,载证券及期货事务监察委员会网站:https://sc.sfc.hk/gb/www.sfc.hk/edistributionWeb/gateway/TC/news-and-announcements/news/doc?refNo=12PR23,最后访问日期:2020年5月2日。

② See Donald, David C. and Paul WH Cheuk, "Hong Kong's Public Enforcement Model of Investor Protection", *Asian Journal of Law and Society*, Vol. 4, No. 2, 2017, pp. 349-385.

③ See Wan Wai Yee, Christopher Chen, and Say H. Goo, "Public and Private Enforcement of Corporate and Securities Laws: An Empirical Comparison of Hong Kong and Singapore", *European Business Organization Law Review* 20.2, 2019, pp. 319-361.

④ Ibid., pp. 319, 328.

权力并履行义务,以实现公司利益最大化以及合适的目标”。[①] 股东可以就董事违反董事义务的行为提起派生诉讼追究其责任。[②]

澳大利亚公司法的公共执行机构为澳大利亚证券及投资委员会(Australian Securities and Investments Commission,ASIC)。澳大利亚法允许证券及投资委员会起诉董事。证券及投资委员会是澳大利亚的独立的公司监管者,负责规制“澳大利亚公司,金融市场,金融服务机构和从事交易的专业人士”。[③] 证券及投资委员会拥有多项执法权力。

澳大利亚法允许证券及投资委员会针对董事的不当行为提起诉讼。[④] 倘若法院认定董事存在不当行为,可以要求其承担多种责任。第一,数额最高可达到20万澳元的民事罚金。倘若董事实质性损害了公司或其股东的利益,或实质性影响公司向债权人履约的能力,法院可以要求董事支付罚金。值得注意的是,民事罚金属于惩罚性责任而非补偿性责任,其数额并不一定与公司的实际损失挂钩,而是可以由法院裁量。[⑤] 在1993年前,澳大利亚公司法中仅有刑事规范而无民事罚金。[⑥] 民事罚金制度的引入被认为是一项重大创新,因其丰富了董事违反信义义务的规制手段,同时可以避免过于严苛的刑罚增加董事的任职风险。对于监管者而言,民事罚金的证明标准远低于刑事责任,因而也能更有效地规制上市公司董事的不当行为。

第二,董事的行为倘若对公司造成损害,法院也可以要求董事赔偿公司损失,数额不超过公司受损的上限。这一救济与私人执行模式下的股东救济类似。与罚金不同,损害赔偿的责任并无上限。历史上上市公司获得的损害赔偿数额曾高达9200万澳元。[⑦]

第三,法院还可以下令剥夺董事的任职资格。根据澳大利亚《公司法》第206C

---

① Corporations Act 2001 s 180(1),181(1)(Austl.).

② See Jones R. M. and Welsh M.,“Toward a Public Enforcement Model for Directors' Duty of Oversight”,*Vand. J. Transnat'l L.* Vol. 45,2012,pp. 343,375.

③ Our Role,AUSTL. SEC & INV. COMMISSION,Accessed April 26th,2020,https://asic.gov.au/about-asic/what-we-do/our-role/.

④ Corporations Act 2001 s 1317J(Austl.).

⑤ See Michael Gillooly and Nii Lante Wallace-Bruce,“Civil Penalties in Australian Legislation”,*University of Tasmania Law Review*,Vol. 13,No. 2,1994,p. 270.

⑥ See Corporation Act 1989 s 232(e)(Austl.).

⑦ See Jones R. M. and Welsh M.,“Toward a Public Enforcement Model for Directors' Duty of Oversight”,*Vand. J. Transnat'l L.* Vol. 45,2012,p. 343.

条第2款的规定,法院可以综合考虑董事行为的适当性以决定剥夺任职资格的期限,法律并未规定剥夺任职资格期限的上限。澳大利亚法院在近年的案例中曾多次永久性剥夺某些董事的任职资格。[①]

倘若董事违反其义务,可能同时承担上述三种责任形式。例如,在涉及一家澳大利亚著名的电信业上市公司案件中,证券及投资委员会起诉一家上市、公司的财务与审计委员会主席,认为其未采取合理行动监督公司集团的财务状况,并且未向公司董事会建议停止公司相关交易。[②] 法院认为该主席违反了注意义务,剥夺其任职资格4年,同时要求其向公司支付2000万澳元的损害赔偿以及证券及投资委员会花费的诉讼开支。在另一起案件中,一家上市公司向一名外部董事所控制的公司在无对价的情况下支付了1000万澳元。法院判令剥夺该董事任职资格20年,要求其赔偿公司损失并支付45万元的罚金。[③]

四、制度启示

我国新《证券法》扩大了投服中心的权力,豁免了其持有股票的期限与比例的要求,可以更方便提起股东诉讼,追究上市公司的不当行为,丰富了监管措施,值得赞许。但是,现有制度还存在一定不足,可从以下两个方面加以完善。

第一,我国《公司法》提供的执法依据与救济手段还存在一定的局限。在董事违反诚信义务时,投服中心可以依据《公司法》第147条诚信义务的规则以及派生诉讼的规则提起诉讼,要求董事赔偿公司损失。这一规则与我国香港特别行政区类似。另外,我国《公司法》第22条规定了大股东关联交易损害公司利益时的决议无效制度。这也可以为公司挽回损失,保障股东利益。但是,单纯宣告决议无效仅仅是避免了公司利益的损害,并未对大股东起到惩罚与威慑作用。依据我国《公司法》第20条与第21条的规定,救济途径一般也仅是损害赔偿,其结果是利益归于公司。尽管损害赔偿以及决议无效可以弥补股东的损失,上市公司大股东并未因此受到必要的惩罚,可能继续采取更为隐蔽的掏空行为。并且要证明公司利益受损极为困难,需要耗费大量诉讼资源。倘若诉讼结果仅仅为交易无效,理性的大股东与董事极有可能选

① See Jones R. M. and Welsh M. ,"Toward a Public Enforcement Model for Directors' Duty of Oversight",*Vand. J. Transnat'l L.* Vol. 45,2012,pp. 343,377.

② Ibid. ,p. 343.

③ Ibid.

择进行更多的违反信义义务的交易。

我国《公司法》可以考虑在提供补偿性救济以外还采用一定程度的惩罚性措施,以规制公司大股东的掏空行为。一个可能的选项是剥夺董事的任职资格。[①] 在许多上市公司中,董事往往也是大股东或公司的实际控制人,[②]剥夺其任职资格可以在一定程度上威慑不当行为。同时,继任的董事尽管可能在一定程度上受到大股东的影响,但是考虑其任职资格也可能会被剥夺,他们也不会轻易听从大股东的指令,其不当行为同样会受到遏制。

除剥夺董事任职资格之外,罚金制度也值得我国考虑。尽管剥夺董事任职资格可能在一定程度上实现规制效果,在证券市场违法行为难以发现的情况下,董事面对强大的经济利益驱使仍然可能铤而走险,仅仅剥夺任职资格可能仍不足以遏制董事违反信义义务的行为。对于一些较严重的不当行为,罚金制度可能更有效。在董事通过关联交易损害上市公司利益的情况下,倘若董事不仅仅需要赔偿公司损失,还需要支付一笔罚金,这就会显著降低其参与不当行为的动力。

当然,罚金制度也存在相应的问题。一个潜在的弊端可能在于其扩大了董事的任职风险,因而董事可能通过责任保险机制转移这部分风险,最终加重上市公司的负担。而剥夺董事的任职资格的优势则主要在于这一责任形式难以通过保险转移。[③] 因此,这两种责任承担形式各有利弊,需要根据违法的严重程度搭配使用,以实现对违反信义义务行为的有效规制。

第二,我国公共执行模式下的投服中心缺乏足够的调查权与执法权,这一制度仍有必要进一步完善。我国内地公共执行模式由投服中心作为公益诉讼机构,与监管机构相比缺乏调查上的行政权力。在目前所采用的"持股行权"模式下,法律并未对投服中心的调查权有专门授权,投服中心仅能依据其股东信息权获得公司信息。强大的监管机构的调查权对于规制资本市场的不当行为不可或缺。

在现行《公司法》与《证券法》体系下,投服中心倘若需要获取相应的信息,必须按照我国《公司法》第 97 条关于股东知情权的规定,查阅公司的"章程、股东名册、公司债券存根、股东大会会议记录、董事会会议决议、监事会会议决议、财务会计报告"。然而,这一权利并未延伸至具体交易的文件与材料。此外,实践中多有公司通过章程

---

① See Donald David C. and Paul WH Cheuk, "Hong Kong's Public Enforcement Model of Investor Protection", *Asian Journal of Law and Society* Vol. 4, No. 2, 2017, pp. 349 - 385.

② Ibid.

③ Ibid.

限制股东知情权，如对股东查阅设置一定的持股期限与比例的要求。[①] 理论上，公司法对股东信息权的行使需要平衡股东利益与公司利益，防止股东通过滥用其信息权骚扰公司。[②] 公司的会计账簿可能包含商业秘密等敏感信息，倘若对股东查阅权不加限制，则有损害公司商业利益之虞。[③] 但是，对股东信息权加以限制的理论并不适用于投服中心。与一般的股东不同，投服中心作为专业中立的公益性诉讼机构会秉持中立的立场，并不会轻易滥用其信息权，因此，在制度设计上其获取公司信息的权利应当与一般股东权利有所区别，以降低信息成本，提高诉讼效率，有效执行公司法。

① 参见李建伟：《“实质性剥夺”股东知情权的公司意思效力研究》，载《中外法学》2018年第5期。
② 同上。
③ 同上。

美国《“获准投资者”定义审查报告》介评

——兼论对我国的启示*

张异冉**

摘　要:获准投资者旨在为证券非公开发行筛选发行对象。美国各界关于获准投资者定义的讨论主要围绕财务门槛的设置、财务门槛是否能够衡量自然人金融成熟性与自然人金融成熟性的其他方案等议题。该审查报告建议修订获准投资者定义——调整当前财务门槛并引入新的定义方式。该审查报告对我国的启示是,建构多层次的证券发行制度,要明确筛选发行对象的有关制度的功能定位,增强制度之中概念与定义的统一性,丰富定义方式并提高定义精准度,通过定义的适当设置维持市场流动性。

关键词:获准投资者　定义　财务门槛　特定对象　合格投资者

一、审查报告的写作背景

美国《1933 年证券法》要求任何证券发行都必须由发行人向美国证券交易委员会(The Securities and Exchange Commission,SEC)注册,以此向投资者披露关于证券的实质信息(material information)。同时,立法者认识到在特定场合没有注册的实际需要或者想要利用注册制度保护的公共利益过于遥远,①因此创设若干类可以豁免注册的证券发行并授权 SEC 进行具体规定。《D 条例》(Regulation D)是 SEC 根据法律授权颁布的法律文件,其中整合了多类豁免注册的证券发行。围绕《D 条例》已经形

* 本文系中国社会科学院国情调研重大项目“互联网金融风险的法律规制”(编号:GQZD2020007)阶段性成果。

** 法学博士,中国社科院法学所博士后研究人员,助理研究员。

① H. R. Rep. No. 85,73d Cong. ,1st Sess. 5.

成一个规模庞大且充满活力的融资市场。据2014年的统计数据显示，发行人当年援引《D条例》的豁免条款发行证券的次数总计超过3万次、募集资金超过1.3万亿美元。[①] 相较主要服务于大额融资的注册发行(registered offering)，《D条例》既能够为大额融资的发行人所利用，也能够帮助中小企业筹措资本，[②]具有应用场景多样、服务范围广阔的特点。

获准投资者(Accredited Investor)是《D条例》中的核心要素(central component)。发行人在依据《D条例》的规定发行证券之时，只有获准投资者才有资格认购证券，即只有获准投资者才能向封闭公司(private companies)、对冲基金、私募股权基金和风险投资基金等项目进行投资。相应地，上述证券发行人及中介机构也可以根据获准投资者的认定标准寻找投资者。投资者参与未注册发行(unregistered offering)面临较高的投资风险，因为发行人不用提交注册声明(registration statement)，SEC雇员自然也不会审查注册声明包含的信息，并且某些《证券法》上的法律责任条款不适用于未注册发行。[③] 在《初创企业促进法》(Jumpstartour Business Startups Act，以下简称《JOBS法案》)生效后，获准投资者的重要性大幅提升。《D条例》根据《JOBS法案》的要求在506规则中增加(c)段[paragraph (c)]，构建一种新的豁免注册的发行，即506(c)发行[506(c) offering]。506(c)规则发行取消了对一般性劝诱的禁令(ban on general-solicitation)，只要向获准投资者发行证券，并由发行人采取合理步骤验证投资者资质，该次发行即可豁免注册。

要在便利融资的同时充分保护投资者利益，恰当地定义获准投资者是问题的关键。30余年来，通过膨胀效应使获准投资者的群体数量急剧扩张，通信技术的发展和投资者沟通方式的变迁拓展了投资范围，金融产品的创新在提供更多投资机会的同时也让金融市场变得更加复杂。因此，自《D条例》颁布起没有修订的获准投资者

---

① 统计只涵盖事后向SEC提交Form-D的发行，还有部分未提交的发行未被统计在内。See Scott Bauguess, Rachita Gullapalli and Vladimir Ivanov, "Capital Raising in the U. S.: An Analysis of the Market for Unregistered Securities Offerings, 2009 – 2014", pp. 6 – 7, Accessed https://www.sec.gov/dera/staff – papers/white – papers/unregistered – offering10 – 2015. pdf.

② 有观点认为，豁免注册的证券发行程序简便，主要为中小企业提供融资机会，但实际上，以《D条例》506规则为代表的证券非公开发行并未对发行人的类型进行限制，只要发行人在发行证券之时符合规定的行为要件，即可享有豁免注册的待遇。例如，公众公司(public companies)可以根据《D条例》506规则发行证券筹措资金，这在美国法上被称为"Private Investment in Public Equity(PIPE)"。

③ See SEC, "Report on the Review of the Definition of 'Accredited Investor'", 2015, p. 2, Accessed https://www.sec.gov/files/review – definition – of – accredited – investor – 12 – 18 – 2015. pdf.

定义可能已不合时宜。① 2010年7月生效的《多德－弗兰克法》分别要求SEC和美国政府问责办公室(Government Accountability Office,GAO)审查和评估获准投资者定义的合理性。其中,GAO负责审查关于自然人的财务指标和其他指标是否适当,以及满足有关指标要求被认定为获准投资者的主体是否拥有应对投资私募基金所蕴藏风险的能力,涵盖上述内容的报告于2013年7月发布。② 根据《多德－弗兰克法》的规定,SEC应当定期对获准投资者定义中关于自然人的部分进行评估,③基于公共利益和经济运行状况,考量是否需要修改或调整认定标准以保护投资者。2015年12月SEC发布了包含10个部分、长达116页的首次审查报告。④

二、获准投资者定义概述

(一)获准投资者的内涵、意义与目标

明确获准投资者的内涵是定义获准投资者的前提,只有清晰界定获准投资者的内涵才能为定义获准投资者提供根本指引。《D条例》501规则规定的所谓获准投资者"定义"实际上只是在列举获准投资者的认定标准。审查报告对获准投资者概念进行抽象概括,揭示了获准投资者概念的内涵。审查报告开篇即指出,获准投资者是具有金融成熟性(financial sophistication)和有能力承担投资损失风险,或者在证券法注册程序非必需的情况下有能力保护自己的投资者。

获准投资者的定义在美国证券发行制度中占有重要地位。审查报告首章第二节指出获准投资者定义是《D条例》的核心要素,其原因在于《D条例》包含多种证券发行类别,依据《D条例》进行的任何交易都要求认购人是获准投资者,因此,获准投资者定义的重要性不言而喻。从多层次市场的角度来看,以一定标准定义的投资者在

---

① 30余年来,SEC仅对获准投资者定义进行了两次修正:一是1988年取消了自然人15万美元的最低认购额度且认购总价额不超过净值20%的标准,并在收入标准中增加了配偶共同收入;二是2011年规定在计算净值时扣除主要住所价值。

② See GAO,"Alternative Criteria for Qualifying As An Accredited Investor Should Be Considered",2013,Accessed https://www.gao.gov/assets/660/655963.pdf.

③ 审查报告主要围绕获准投资者定义中以收入和净值认定自然人的内容进行讨论。实际上,如果自然人是发行人内部人——发行人的董事(director)、执行官(executive officer)、普通合伙人(general partner)等,也可以成为获准投资者。See 17CFR 230.501(a)(4).

④ 尽管审查报告以SEC名义发布,但SEC不对其中的有关分析、结论或建议持任何立场。可以认为,审查报告是一份带有咨询和参考性质的文件。See SEC,"Report on the Review of the Definition of 'Accredited Investor'",2015,Accessed https://www.sec.gov/files/review-definition-of-accredited-investor-12-18-2015.pdf.

区分证券发行的层次(特别是证券发行公开与非公开的区分)方面具有基础性的作用。

在定义获准投资者之时应当提出明确的监管目标。准确识别符合获准投资者概念内涵的投资者是定义获准投资者的基本原则,而如何具体设置有关认定标准需要做到宽严适度。审查报告指出,标准过宽可能与 SEC 保护投资者的理念相冲突,标准过严可能限制投资者数量,进而损害市场流动性。不仅如此,定义中的认定标准应当界限分明,使市场主体享有稳定的预期,保证投融资双方对有关市场的信心,从而起到减少融资成本、促进企业资本形成的效果。

(二)获准投资者定义的源与流

回顾获准投资者产生发展的历程可知,美国《1933 年证券法》中"不涉及公开发行的交易"条款是证券非公开发行制度的法律基础,也是定义获准投资者的依据。获准投资者定义产生的过程展现了从抽象原则到具体规则的"跨越",而定义的修订和 SEC 有关修订的提案则代表了制度设计者完善规则的努力。要把握获准投资者定义的源与流,应当关注以下三个阶段。

一是证券非公开发行的立法和有关司法判例。美国《1933 年证券法》的立法资料显示国会的主要目的是在要约销售证券时(向投资者)提供完全和公平的信息披露。然而,国会认为,在特定情形下,由证券法提供的保护是不必要的。美国国会众议院(House)报告指出:"证券法谨慎地(carefully)豁免其适用……特定类型的证券交易适用(证券法注册)没有实际需要或公众利益过于遥远。"美国《1933 年证券法》第 4(a)(2)条是对第五节注册制度的豁免条款,其中规定:"第五节的条款不需要适用于……发行人不涉及任何公开发行的交易。"美国《1933 年证券法》没有定义何为"不涉及公开发行的交易"。因此,豁免的范围被留给法院进行裁决和 SEC 进行解释。在"美国证监会诉洛尔斯顿公司案"中,美国最高法院确立了决定第 4(a)(2)条适用的基本原则,即《证券法》第 4(a)(2)条的适用取决于受影响的(affected)特定类别(class)的人是否需要证券法的保护——向那部分有能力保护自己的人发行证券就是不涉及公开发行的交易。

二是《D 条例》颁布前的三个豁免规则(Rule)。(1)146 规则。SEC 在 1974 年颁布旨在为第 4(a)(2)条豁免的适用提供更大确定性的 146 规则。[①] 146 规则对于投

---

① See Transactions by an Issuer Deemed Not to Involve Any Public Offering, Release No. 33 – 5487 (Apr. 23, 1974) [39 FR 1526].

资者的要求是发行人合理相信投资者在金融方面具有必要的知识和经验,足以评估未来投资的风险和收益,或者投资者能够承受投资的经济损失;如果向不具备金融方面必要知识和经验的人发行,其必须雇用了有能力提供必要知识和经验的代理人。(2)240 规则。1975 年 SEC 颁布了 240 规则,便利没有其他可用发行豁免的小企业筹措资本。240 规则提供了一个有限的发行豁免(a limited offering exemption),发行人在发行前后不得超过 100 名权益所有者,12 个月内销售证券的总数也受到限制。(3)242 规则。1980 年 SEC 颁布 242 规则,在美国《1933 年证券法》第 3(b)(1)条之下创设了一个有限的发行豁免。242 规则首次将获准投资者概念引入美国联邦证券法律体系,其定义的获准投资者指的是在证券发行中购买 10 万美元以上证券、发行人的董事或高管等主体。

三是《1980 年小企业投资促进法案》与《D 条例》。国会为回应联邦证券法律改革,便利小企业接入资本市场,通过了《1980 年小企业投资促进法案》。法案在《1933 年证券法》第 2(a)(15)条中增加了获准投资者概念,将其定义为银行、保险公司、小企业投资公司、员工权益计划等主体,并授权 SEC 基于下列因素定义额外种类的获准投资者:金融成熟性、净值、知识和金融方面的经验,或者管理下的资产数额。在法案的推动下,SEC 于 1982 年正式颁布《D 条例》,确立了针对注册要求的两个豁免和一个非排他性安全港,取代了原有的 146 规则、240 规则和 242 规则,即以 506 规则取代 146 规则,提供了美国《1933 年证券法》第 4(a)(2)条之下的非排他性安全港;504 规则和 505 规则分别取代 240 规则和 242 规则,提供了美国《1933 年证券法》第 3(b)(1)条之下的注册豁免。

需要说明的是,获准投资者最初的定义包含购买至少 15 万美元证券且总认购价额不超过净值 20% 的自然人,但 SEC 在 1988 年废除了上述标准,因为认购规模不足以单独确保投资者的金融成熟性或接触关键信息的可能,并且该标准与另一个 100 万美元的净值标准存在不协调。

综上所述,判例法从立法资料寻找依据,确立了筛选有能力保护自己的投资者这一原则。但是,最高法院的裁判忠于立法原意严格进行法律推理所得出的结论较抽象——“有能力保护自己”存在非常大的解释空间,而市场主体更需要的是能够直接指导实践的具体规则。相较判例法,SEC 根据法律授权相继颁布的 3 个规则更加明确具体,起到了促进有关实践的作用。对于美国豁免注册的证券发行制度而言,《D 条例》的问世具有极大的建构意义。审查报告对此评价道:《D 条例》将 SEC 众多豁免架构统一到一个拥有共同定义、概念和条件的法律文件，简化了既有的规则，实现联邦和州两个层面豁免注册的证券发行制度的统一，而获准投资者概念的提出更具有里程碑意义。

（三）美国联邦证券法律体系中的相关概念

除获准投资者之外，美国《1933 年证券法》和其他法律框架还使用不同的概念以识别不需要适用有关法律中投资者保护制度的主体。这些不同于获准投资者的概念服务于特定的规制目标，可以为获准投资者定义的调整提供有意义的参考。因此，审查报告对五个主体及其定义进行考察。

1. 美国《投资顾问法》205 – 3 规则的合格委托人（Qualified Client）

符合合格委托人认定标准的主体具备金融经验并有能力承受业绩报酬（performance fees）有关的风险以便有机会与他们的投资顾问协商适当的报酬安排，故合格委托人得以豁免《投资顾问法》禁止向委托人收取业绩报酬的规定，要认定自然人为合格委托人，必须满足下列两个条件之一：在签订投资顾问合同之时由投资顾问管理至少 100 万美元资产；在签订投资顾问合同之前，能够合理地相信其净值超过 200 万美元（包括与配偶共同持有的资产）。

2. 美国《投资公司法》第 2（a）（51）（A）条的合格买家（Qualified Purchaser）

美国《1996 年国家证券市场改善法案》（以下简称《改善法案》）基于《投资公司法》的立法意旨将主体的投资额度作为标准衡量其财务状况，为发行人从投资公司的定义处创设了一个例外，即发行人可以将其证券销售给合格买家。《改善法案》的立法文件指出，上述豁免适用于私下投资公司（private investment companies），这些投资公司只能由拥有高度金融成熟性、能够评估投资池（investment pool）风险，从而不需要《投资公司法》保护的投资者组成。要成为合格买家，自然人需要满足已持有的投资额不低于 500 万美元的要求。

3. 美国《1934 年证券交易法》第 3（a）（54）条的合格投资人（Qualified Investor）

《格拉姆 – 里奇 – 布莱利法案》（Gramm-Leach-Bliley Act）在《证券交易法》之中增加了合格投资人概念，以使银行在向合格投资人销售特定证券之时，豁免其向 SEC 注册为“经纪 – 自营商”（broker-dealer）的义务。要成为合格投资人，自然人需要拥有不少于 1000 万美元的资产支持证券和贷款参与（loan participations），或者其他项目的投资额度不低于 2500 万美元。

4. 美国《商品交易法》第 1a(18)条的合格合约参与人(Eligible Contract Participant)

合格合约参与人有权参与特定衍生品与互换交易。要成为合格合约参与人,自然人需要拥有高于 1000 万美元的投资额,或者拥有高于 500 万美元的对冲基金投资额。

5. 美国《1933 年证券法》144A 规则的合格机构买家(Qualified Institutional Buyer)

合格机构买家是针对机构而非针对自然人的概念,旨在提供另一类能够定义具有金融成熟性的投资者。总计投资非关系发行人(non-affiliated issuers)的证券超过 1 亿美元的主体可以认定为合格机构买家;银行和其他特定金融机构还需要拥有至少 2500 万美元的净值。此外,已注册的"经纪 - 自营商"总计投资非关系发行人的证券超过 1000 万美元即可认定为合格机构买家。

上述五个概念中的前四个适用于自然人,最后一个概念只适用于机构。由五个概念的定义方式可知,在美国联邦证券法律体系之中,定义具备金融成熟性或有能力承担风险的投资者,不仅使用收入和净值两个财务门槛作为衡量指标,还使用投资额或拥有的金融资产作为衡量指标;在具体的指标设置上,有关规则根据不同主体的特征额外增加或减少衡量指标的类型或额度,以类型化处理的方式提高了认定标准的精准度。①

三、各界关于获准投资者定义的讨论

(一)关于获准投资者当前定义的讨论

依据当前定义方式,要认定自然人为获准投资者,投资者必须通过两种资产测试(assets test)之一:第一,近 2 年中每年收入超过 20 万美元或与配偶合计超过 30 万美元,并且可以合理期待本年度的收入达到相同水平;第二,除主要住所的价值,自然人投资者个人或与配偶合计的资产净值(net worth)超过 100 万美元。在自然人以外,《D 条例》501 规则列举的特定实体(entities)须资产超过 500 万美元方可成为获准投资者;银行、已注册的投资公司等机构投资者则无须接受资产测试即可被认定为获准

① 文章只列举了前 4 类投资者中关于自然人的认定标准,关于机构或实体(entities)的认定标准可以更加充分地说明这一点。See SEC,"Report on the Review of the Definition of 'Accredited Investor'",2015,pp. 21 – 31,Accessed https://www.sec.gov/files/review – definition – of – accredited – investor – 12 – 18 – 2015.pdf.

投资者。

当前定义获准投资者主要依靠收入和净值这两类财务门槛作为衡量标准。就自然人而言,如此的定义方式实际上推定富有的人就是获准投资者,甚至可以说定义获准投资者的标准只包括自然人是否富有。对此,业界存在不同观点。审查报告在综合各方面意见的基础上进行了讨论,有关的论述可以归结为以下两个方面。

1. 什么样的人是富有的人?

有观点认为,当前获准投资者定义过于宽泛,因为定义中的财务门槛未随货币贬值而上浮,并且在计算净值时包含了退休金等须被剔除的特定财产。这实际上是在既有的财务门槛之下提出的关于门槛数额如何确定与财产基数如何计算的问题。

(1)门槛数额问题

《D 条例》自 1982 年颁布实施起确立 20 万美元个人收入和 100 万美元净值的门槛,在 1988 年增加 30 万美元合并收入,并在 2011 年将个人主要住所价值从净值计算中剔除。在通货膨胀效应下,1982 年的 20 万美元(个人收入)大约相当于 2014 年的 43 万~49 万美元,1988 年的 30 万美元(合并收入)相当于当前的 52 万~60 万美元。1982 年的 100 万美元净值相当于 2014 年的 216 万~245 万美元。截至 2014 年,通货膨胀导致美国有资格认定为获准投资者的数量从人口数量的 2% 剧增到人口数量的 10%。通货膨胀效应提升了一种可能性,即当前获准投资者的"池子"(pool)中可能涵盖最初并不打算将其认定为获准投资者的自然人。

有论者倾向基于投资者保护的考虑提高财务门槛。反对提高门槛的评论者则认为由于豁免发行市场对经济的至关重要性,提高门槛将减少获准投资者的规模,并对市场和寻求外部资本的小企业产生不利影响。提高财务门槛可能限制部分投资者的投资渠道,特别是与他们既有投资组合不相关的时候,因此会限制投资者分散投资损失风险的能力。有论者还考虑提高财务门槛可能对国内不太富有的区域造成不适当的影响。此外,尽管获准投资者群体规模的剧烈扩张,但审查报告的执笔者没有找到证据表明依据当前财务门槛的数额有资格成为获准投资者并参与"《D 条例》市场"的自然人需要注册制度保护。

(2)财产基数问题

支持剔除退休金资产的论者认为,退休金资产与成熟度无关,并且私下市场的非流通性特征让依靠投资作为日常收入来源的退休人员面临风险。针对《D 条例》没有定义"收入"概念的问题,一些观点认为,"收入"而非"可支配收入"可能并不足以衡量自然人承担投资风险的能力。

对于上述问题,一方面,有观点认为,在美国全国范围内,从净值计算中剔除退休金资产比提高收入或净值门槛更合理,因为后者可能对不富裕地域造成不当影响。[①]不过,剔除退休金资产可能造成意想不到的后果,使寻求达到净值门槛的人不愿为退休金投资计划(retirement plans)供款,甚至鼓励他们从退休金投资计划中提取资产,并且定义"退休金资产"应当包括或排除哪些资产可能面临困难。另一方面,有观点建议排除特定的收入来源或使用"可支配收入"这样的替代概念,从而更适当地识别拥有足以承担投资风险的自然人。

2. 富有的人必然具有金融成熟性?

有观点认为,适用于自然人的定义方式不足以涵盖获准投资者应当包括的主体,因为具有金融成熟性的自然人可能因不够富有而不被认定为获准投资者。另有观点认为,当前获准投资者的定义既过于宽泛又比较狭窄,因为金融成熟性足够高的自然人可能不被认定为获准投资者,而富有但金融成熟性不足的自然人却可被认定为获准投资者。许多观点质疑财务门槛和金融成熟性之间的关系,认为收入和净值两项指标无法正确界定应当被认定为获准投资者的自然人。但是,审查报告梳理已有的研究成果,发现大量的研究能够证明自然人的富有程度与金融成熟性之间存在相关性。

(1)一项针对美国自然人投资者的研究找到证据,证明收入或净值更高的自然人相较更低的自然人不参与绝大多数非理性投资行为。[②](2)有研究梳理了大型经纪商提供的超过5万名投资者从1991年至1996年的交易记录,发现更富有的和受雇于专业职位的自然人投资更为理性——他们不倾向于在遭受投资损失时期望能够收回损失从而延迟售出。(3)一项2009年的研究基于其构建的衡量金融成熟性的指标,[③]使用瑞典的全部人口作为数据集合进行研究,得出金融成熟性随着自然人财富增长而大幅增加的结论。该项研究还总结了现有经验文献,指出越来越多的经验文献记录了家庭特征与投资错误之间的横向相关性——更富裕,成员受到更好教育的家庭倾向于表现出比其他家庭具有更好的投资多元化、更少的投资惯性、更弱的持有损失股

① 审查报告指出,相比美国东北部、中西部和西部,美国南部的净值平均数和中位数更低。

② 文献指出非理性投资行为包括但不限于:(1)期望行情转好,迟延售出处于损失中的投资;(2)股票组合(stock portfolios)的多样性有限;(3)有限的资产市场(asset market)参与;(4)退休金账户投资的不合理多元配置;(5)退休金账户配置的现状偏差(status quo bias);(6)过度交易(excessive trading)。

③ 如投资种类的充足性、投资过程中是否存在风险惯性和滞后售出等不合理行为。

票和售出盈利股票的倾向性。(4)自律监管组织的金融素养调查得出了相似的结论。美国金融业监管局(Financial Industry Regulatory Authority,FINRA)下设的投资者教育基金会在2012年的一项调查中发现,在金融知识测验的5个问题之中,高收入者平均正确回答3.5个,而低收入者平均只正确回答2个。

审查报告指出,上述研究所发现的自然人的富有程度与其金融成熟性之间存在关联的原因还不是十分清楚。可以推测,更高净值和更高收入的自然人可能基于从前的投资经验作出更理性的投资决策,或者他们因教育水平、从社会交往中学习等其他有利因素形成了更合理的投资习惯。此外,某些外部因素也可能解释更富有的自然人拥有更高的金融成熟性——他们可能享有更多的获取有关信息与投资技能的途径,也可能更频繁地聘请专业投资顾问。审查报告最后指出,无论得出有关结论的原因为何,上述实证研究足以支撑继续使用财务门槛作为界定获准投资者的一种方法。

(二)定义获准投资者的其他方案

许多论者建议,投资限额可以作为衡量自然人金融成熟性和保护自己能力的指标,用投资限额作为衡量指标可能比单纯的收入或净值指标更准确。GAO报告指出,在市场参与者之间也存在这种观点。但是,部分论者担忧,实施任何类型的投资限额可能增加获准投资者定义的复杂性,并导致难以管理的局面。许多观点坚持认为,收入和净值不是能够准确衡量金融成熟性的指标,而建议采用一些替代标准来定义获准投资者。其中,一些观点从宏观上提出应当在获准投资者定义中包含其他衡量成熟度的标准;另一些观点提出基于教育程度、职业、投资经验、与发行人的关系、金融中介机构的使用和金融专业知识等的认定获准投资者的其他方法。尽管上述标准与投资者承受投资风险的能力无关,但一些论者认为它们可以有效识别不需要注册制度保护的人。

1. 投资限额

有论者建议以收入或净值为基础,设定一定比例的自然人投资额上限。这一建议与501规则最初的定义相似。[①] 允许自然人参与非公开市场,但受投资上限限制,如此,可以限制任何一项特定投资的潜在损失,同时大幅扩大获准投资者群体。尽管投资限额可能有助于限制损失,但他们不能代表金融成熟性,也不能识别能够保护自己的自然人。因此,除非结合其他相关标准,否则不能作为识别不需要注册制度保护

① 只要某人购买证券15万美元以上且购买金额不超过净值的20%,该投资者即可被认定为获准投资者。

的自然人的有效指标。

有论者建议,在当前定义下应限制获准投资者的投资数额。采用投资限额的方法,可以促进投资多样化并帮助保护投资者以防遭受难以承受的损失。尽管这种方法不会影响获准投资者的群体规模,却可能会减少可用于非公开市场的资本额。论者提出的方法如下:(1)相同比例投资限额适用于所有获准投资者。这种方法可以保护投资者免受重大损失,但可能会对承受投资风险能力非常强的投资者产生过度限制的情况。(2)随着净资产或收入的增加,逐步降低直至取消投资限额。这种方法可以保护风险承受能力不高的获准投资者,并对承受投资风险能力非常强的获准投资者影响较小。单独或结合使用上述方法时,投资限额可能适用于每个发行人、每项投资或总投资。

2. 教育背景

有论者表示,特定教育背景比财务指标更适当地反映投资者的金融成熟性,并建议使用相关领域高级学位(商科、经济或金融、法律等专业的硕士或博士)等标准来充实获准投资者定义。虽然某些类型的学位可以说明自然人拥有金融和投资领域的知识,但问题在于上述做法将面临管理上的难题,例如,SEC是否需要考虑区分不知名学校的金融硕士学位与金融强校的硕士学位?不仅如此,学位持有人可能选择各异的职业道路,例如,公司证券律师和环境律师都拥有法律学位,但是他们关于金融和投资的知识很可能不在相同层面。

3. 商业经验与专业认证

有论者建议获准投资者定义须考虑个人在金融和商业方面的经验,包含诸如经营企业,或者持有注册会计师(Certified Practising Accountant,CPA)、注册金融分析师(Chartered Financial Analyst,CFA)、注册金融规划师(Certified Financial Planner,CFP)、投资顾问代表或者经纪-自营商注册代表等牌照。论者的理由是,在当前获准投资者定义下,尽管可能不被认定为获准投资者,也不能参与有关交易,但拥有有关资格的个人可以就定向发行向投资者提供建议。

上述提议面临的挑战是哪些资格或认证足以说明个人符合获准投资者的内涵,但特定资格或认证也可以证明投资者的金融成熟性,例如,FINRA管理了大量旨在测试自然人关于证券和投资领域知识的测试,自然人必须通过上述测试才能被认定为CPA、CFA和CFP。如果自然人通过为其他目的而设的第三方测试,进而被认定为获准投资者,那么SEC需要确定测试是否足以说明自然人拥有参与非公开市场所需知识。此外,获得了有关资格和认证的自然人可能没有在有关领域执业。就这部分个人而言,资格、认证与金融成熟性的相关性在获得资格和认证后逐渐降低。

4. 专业人士协助

有论者提出,接受专业人士建议的个人可以被认为是获准投资者。专业人士有能力评估特定发行的风险和收益,并帮助委托人理解有关的风险和收益。但是,《D条例》已经包含了一种机制,即使自然人缺乏独立判断有关风险所需的知识和经验,也可以使用有能力评估投资的预期收益和风险的“认购人代理人”条款参与506(b)规则发行。① 发行人在向非获准投资者的自然人销售证券之时,必须提供包括财务信息在内的关于发行人的特定信息。将由专业人士提供建议的自然人增加到获准投资者之中可能存在不妥之处,因为发行人必须向有关个人提供关于发行人的额外的信息。

5. 相关投资经验

部分论者建议在定义获准投资者之时考虑自然人投资经验,特别是投资者属于向初创企业提供资本的天使投资人。有市场调查报告称,2014 年美国约有 31.6 万多名活跃的天使投资人,帮助了 7.3 万余家初创企业。据统计,天使投资人平均有 9 年投资经验和 10 项投资。天使投资人有能力对投资进行筛选——尽职调查、协商投资条款并确定估值。参考域外立法例,英国允许个人声明自己是“自我认证的成熟投资者”,其中包括至少在过去 6 个月内已成为商业天使网络或企业联盟的成员,或在最近两年内对一家非上市公司进行了多次投资。

6. 发行人特定雇员

有论者建议拓展获准投资者定义,将发行人的特定雇员(knowledgeable employees)包含在内。部分论者特别建议应包含《投资公司法》3c-5 规则之中定义的私募基金特定雇员(knowledgeable employees),该定义包括执行官、董事、受托人、普通合伙人、咨询委员会成员或者其他扮演类似角色的自然人。应当说明的是,501 规则第(a)(4)条已经包含了执行官、董事和普通合伙人。使用上述方式拓展获准投资者定义,将允许受托人、投资顾问委员会成员和特定投资基金的专业人士参与到有关的私下发行当中。主张采用上述方式的理由是私募基金的特定雇员(knowledgeable employees)拥有有关投资经验和充分获取信息的渠道。

---

① 506 规则(b)段允许不超过 35 名非获准投资者参与发行,前提是他们单独或共同雇佣投资代表(purchaser representative),这部分投资代表拥有金融和商业方面的知识和经验使他们有能力评估未来投资的收益和风险。

7. 专门测试

论者建议通过测试考察自然人关于投资和市场的知识从而筛选获准投资者。获准投资者测试可以成为一个通用标准,不论财富、学历、专业经验或任何其他因素,任何自然人都可以通过测试的方式成为获准投资者。参加并通过有效设计的获准投资者测试,可能反映自然人的金融成熟性、对私下发行及所涉风险的理解。当然,要注意测试的时效性(例如,在通过测试的 5 年内有效)或者注重持续教育,从而确保投资者紧跟市场发展、警惕市场风险、知晓监管规则的变化。有学者指出,采用“执照”模式可以提高在市场之中与投资相关的知识水平。获准投资者测试是否可行取决于许多因素,如开发、管理测试的费用以及参加测试的人数等。

四、审查报告关于修订获准投资者定义的建议

审查报告指出,在获准投资者扮演为市场提供资本的关键角色之时,对获准投资者定义的任何修改都必须考虑投资者受到的影响和围绕《D 条例》形成的市场的资金供应量。以此为原则,审查报告综合各方面的意见,从修订当前财务指标和引入新的衡量指标两个方面提出关于修订获准投资者定义的建议。

(一)调整当前定义方式

1. 在保留收入和净值门槛的同时设置投资限额

保留当前获准投资者定义中的收入和净值门槛,同时限制获准投资者可以投入私下发行的资金数额。在当前收入或净值门槛之下限制自然人的投资数额可以为承受财务损失能力较弱的投资者提供保护。与此同时,保持现有的门槛而非简单地在通货膨胀的情况下提高门槛不会缩减获准投资者的群体规模。审查报告建议基于自然人收入或净值的一定比例设置投资限额,如自然人前 1 年收入的 10% 或者净值的 10% 。

2. 调整收入和净值门槛但不设投资限额

新增根据通货膨胀调整后的收入和净值门槛,例如,50 万美元的个人收入门槛、75 万美元的合并收入门槛和 250 万美元的净值门槛足以反映通货膨胀。由于受到通货膨胀的影响,相应地调整财务门槛可以与 SEC 1982 年和 1988 年的政策选项相符合。如果采纳上述调整后的门槛,满足新的收入或净值条件的自然人不用受上一段提到的投资数额限制。

3. 收入和净值门槛随通货膨胀适时浮动

将获准投资者定义中的所有财务门槛与未来的通货膨胀挂钩,每 4 年提升大约 1 万美元将定义中的所有财务门槛与通货膨胀挂钩,从而实现财务门槛数额的适时浮动。如此,可以与 SEC 在 2007 年修订提案中的意见相符,也与《多德 - 弗兰克法》关于“合格代理人”定义和《JOBS 法案》关于众筹、初创企业的有关规定相符。之所以规定每 4 年提高财务门槛,是因为《多德 - 弗兰克法》要求 SEC 自 2014 年起至少每 4 年审查一次获准投资者定义。

4. 将配偶相当者纳入财务计算

在获准投资者定义中增加配偶相当者(spousal equivalents)概念。获准投资者定义曾经试图简化财务计算方式——基于共同净值(joint net worth)认定依靠共同财产生活或者共同持有财产的投资者为获准投资者。允许配偶相当者以共同财产作为财务门槛计算时的基础财产,可以在婚姻、民事结合(civil unions)和同居者(domestic partnerships)①之间提供一致的监管待遇。为了促进 SEC 规则之间的一致性,可以将配偶相当者定义为与家族办公室规则、会计师独立标准和众筹规则中相同的“大致相当于配偶的同居关系”。

5. 纳入发行人的现有投资者

在相同发行人未来发行证券之时,将发行人现有投资者之中符合当前获准投资者定义的主体纳入获准投资者的范围。如此,可以防止因获准投资者定义的可能变更而使发行人的现有投资者无法参与发行人的未来发行。上述做法不适用于发行人的附属主体(affiliates)②发行证券的场合。

(二)引入其他定义方式

当前关于自然人的获准投资者定义只使用收入和净值两种财务指标,但使用收入和净值的单一标准都不足以界定自然人拥有金融成熟性。因此,需要基于两个原则对获准投资者定义进行优化调整:一是准确界定有能力承受损失的自然人,二是提供更多路径以认定自然人的获准投资者身份。审查报告提议,在收入和净值这两类财务门槛以外增加下列获准投资者的定义方式。

---

① 民事结合与同居者大致是指,虽不具有传统婚姻关系但在人身关系和财产关系上与传统婚姻关系存在相似性的自然人之间的结合状态,如非婚同居者与同性伴侣。

② 《D 条例》501 规则对“affiliate”的定义是,直接或通过中间主体间接控制的特定主体。

1. 最低投资额

要衡量自然人金融知识和市场投资经验,既有的投资额是比收入和净值更有意义的衡量指标。尽管对具体界定方式存在分歧,但大量观点表达了支持以投资额认定获准投资者。“投资”的定义应当基于《2a51 - 1(b)规则》的规定,以此与证券法律体系相协调,并提供一个可预见的框架。

2. 专业资格

将持有特定专业资格的自然人认定为获准投资者,以此为识别自然人的金融成熟性提供一个相对客观的标准。例如,SEC 可以增加一类通过 FINRA 的 7 系列(Series 7)、65 系列(Series 65)或 82 系列(Series 82)考试的获准投资者。由于考试涵盖了有关内容,通过上述考试可以说明自然人具有相应领域的成熟性。

3. 相关投资经验

SEC 可以将至少投资了 10 项不同发行人依据美国《1933 年证券法》第 4(a)(2)条或有关的“安全港”(safe harbor)规则进行的非公开发行定义为获准投资者。[①] 如前所述,天使投资人平均已经参与了 10 项豁免发行,拥有相关投资经验可以作为衡量自然人金融成熟性的客观指标。拥有较丰富投资经验的投资者已经掌握了有关私下市场及其固有风险的丰富知识和经验,包括尽职调查、谈判投资条款以及进行估值确定等。

4. 发行人特定雇员

以私募基金的特定雇员(knowledgeable employees)作为获准投资者,允许其向雇主基金的投资项目进行投资。私募基金的特定雇员具有丰富的投资经验,有足够的方式来获取必要的信息并基于充分的信息作出关于其雇主基金的投资决策。因此,将获准投资者定义扩展至特定雇员,可以保证投资者有能力保护自己。特定雇员应当根据《投资公司法》3c - 5 规则认定,以此确保与整个法律体系相协调。

5. 专门测试

在获准投资者定义中增加一类通过获准投资者测试的自然人。创制获准投资者测试,可以让自然人通过相对客观的方式证明自己的金融成熟性并取得获准投资者资格,且不用考虑自然人的财富、教育背景或专业经验等因素。获准投资者测试有助于减轻发行人的合规负担,因为验证自然人是否通过测试不需要花费大量时间或成

① 要求投资项目数量超过 10 项旨在确保投资者拥有相对充足的投资经验。

本。审查报告认为,新设的获准投资者测试需要考察自然人的金融投资知识和对非公开发行及其相关风险的理解。FINRA 的 7 系列和 82 系列考试涵盖上述考察要点,可以作为获准投资者测试的模板。

五、审查报告的启示

(一)准确把握有关制度的功能定位

为高风险的证券发行筛选投资者是获准投资者制度的重要功能,而在向无须注册制度保护的投资者发行证券之时相应减轻监管强度则是获准投资者制度功能的“硬币另一面”。在证券发行注册制下,任何证券发行都必须通过披露信息的方式向监管部门进行注册,除非存在法定豁免。非公开发行的股票、基金份额、债券等豁免注册则是法律的例外规定。豁免注册义务的发行人不用公开披露信息,这要求投资者需要具备相关的知识、经验和承受风险的能力。符合资质要求的投资者不需要注册制度保护,取消政府部门直接介入、让投融资双方自由博弈不会害及公共利益。

我国不存在获准投资者概念,与之相对应的概念是特定对象与合格投资者。[①] 前者可见于《证券法》、《证券投资基金法》、《上市公司证券发行管理办法》和《非上市公众公司监督管理办法》等的规定,后者可见于《证券投资基金法》、《私募投资基金监督管理暂行办法》和《区域性股权市场监督管理试行办法》的规定。尽管我国尚未全面构建豁免注册的证券非公开发行制度,但协调发行对象资质与发行监管强度的关系始终是一个重要的议题。从宏观上来看,发行对象保护自己的能力越强,政府部门就可以采取越多地减轻对证券发行的监管强度的措施,这在多层次股票市场建设的过程中尤为重要。

(二)提高有关概念及定义的统一性

当前,我国存在概念使用不够统一的问题。对于特定对象与合格投资者两个内涵一致的概念,《证券法》《证券投资基金法》《私募投资基金监督管理暂行办法》《上市公司证券发行管理办法》《非上市公众公司监督管理办法》等使用特定对象概念,

---

① 笔者认为,我国法律体系之中的特定对象与合格投资者两个概念的内涵是一致的。中国证监会发行监管部曾撰文指出:特定对象有判断和承担风险的能力,不需要获得与普通公众投资者同等的保护。(参见中国证监会发行监管部:《完善证券发行监管制度,推动中国资本市场发展——中国证监会发行监管部学习〈证券法〉、〈公司法〉体会》,载《证券时报》2005 年 11 月 24 日,第 7 版。)而《证券投资基金法》和《私募投资基金监督管理暂行办法》均指出合格投资者具备相应风险识别能力和风险承受能力。

《证券投资基金法》《私募投资基金监督管理暂行办法》《区域性股权市场监督管理试行办法》等使用合格投资者概念,并且《证券投资基金法》和《私募投资基金监督管理暂行办法》同时使用特定对象与合格投资者两个概念。在上述法律文件之中,大部分未对特定对象进行定义或者虽有定义但不完善,[①]对合格投资者的定义比较明确。具体而言,《证券法》《证券投资基金法》《私募投资基金监督管理暂行办法》均未具体定义特定对象,《上市公司证券发行管理办法》在第 37 条、《非上市公众公司监督管理办法》在第 42 条对特定对象进行定义;《证券投资基金法》第 88 条阐明合格投资者内涵、《私募投资基金监督管理暂行办法》第 12 条对合格投资者进行定义,《区域性股权市场监督管理试行办法》第 13 条对合格投资者进行定义。可见合格投资者概念的实操意义更强,特定对象概念的实操意义较弱。基于此,本文建议在法律层面统一使用特定对象概念,在规章及更低位阶法律文件使用合格投资者概念并进行具体定义,以此统一概念的使用方式并保证定义的灵活性与适应性。

我国还存在有关概念定义方式不统一的问题。就特定对象而言,《上市公司证券发行管理办法》第 37 条只规定特定对象应符合上市公司股东会规定的条件;《非上市公众公司监督管理办法》第 42 条规定,自然人属于发行人的原股东或内部人,或者拥有不低于 200 万元至 100 万元不等的金融资产且具有 2 年以上的相关投资或从业经历。[②] 就合格投资者而言,《私募投资基金监督管理暂行办法》第 12 条对将自然人认定为合格投资者的标准进行规定:投资单只私募基金金额不低于 100 万元、金融资产不低于 300 万元或最近 3 年个人平均收入不低于 50 万元;《区域性股权市场监督管理试行办法》第 13 条规定,自然人拥有不低于 50 万元的金融资产且具有 2 年以上相关投资或从业经历可被认定为合格投资者。不仅如此,有关定义中的金融资产的计算方式也不一致。[③] 从制度理性的角度来看,相同概念采用一致的定义方式是最优解,但考虑不同市场的实际情况,适当的区别也是必要的。因此,在照顾不同市场具体情况的同时提高定义方式的统一性应当成为改革的方向。

---

① 《上市公司证券发行管理办法》第 37 条规定,特定对象应符合上市公司股东会规定的条件;《非上市公众公司监督管理办法》第 42 条对特定对象的定义有两条:一是发行人的原股东或内部人;二是符合有关投资者适当性管理办法的人。可见有关规则未能完全给出特定对象的定义。

② 《非上市公众公司监督管理办法》第 42 条对特定对象的定义转至《全国中小企业股份转让系统投资者适当性管理办法》的有关规定。

③ 例如,就定向发行的特定对象而言,依据《全国中小企业股份转让系统投资者适当性管理办法》第 6 条的规定,金融资产涵盖申请开通交易权限前 10 个交易日投资者名下证券账户和资金账户内的日均资产额;根据《私募投资基金监督管理暂行办法》第 12 条的规定,私募合格投资者的金融资产涵盖银行存款、股票、债券、基金份额、资管计划、银行理财、信托计划、保险产品、期货权益等。

(三)丰富定义方式并提高定义精准度

证券市场存在信息不对称、高风险等特征,有必要由政府部门进行适度监管,但证券市场本质上是一种商品交易市场,市场主体的自由度越高,市场的活跃度也就越高。具体到特定对象/合格投资者的定义方面,提高制度供给的充足性可以扩大市场主体的自治空间,使更多的自然人进入市场,在提供给自然人分享市场发展红利的同时为市场带来更多的流动性。理论推演与实证研究均显示,现实中有大量自然人虽然无法通过收入和净值等财务门槛的“测试”,但并不代表他们的相关知识和经验欠缺、无法识别市场风险。因此,有必要采用更充分的定义方式,畅通上述自然人投资者认证为特定对象/合格投资者的渠道。

如前所述,我国特定对象/合格投资者的定义方式包括金融资产数额、投资经验/从业经历、最低投资额和年均收入,其中投资经验/从业经历不适用于私募合格投资者,最低投资额与年均收入不适用于定向发行的特定对象与区域性股权市场的合格投资者。可见,有关概念定义方式的多元性尚显不足。笔者建议,丰富我国特定对象/合格投资者的定义方式,吸纳更多的认定标准。此外,鉴于单一的财务门槛可能无法精准识别具有风险识别能力、风险承受能力的投资者,制度设计者可以考虑综合运用收入、净值、投资低限、投资限额、金融资产、投资经验或相关经历、专业资格认证、与发行人的特殊关系等能够考察自然人风险识别能力、风险承受能力的各项指标。

现实当中存在一种情况:如果财务门槛长期未获调整,在通货膨胀效应的影响之下,有资格被认定为特定对象/合格投资者的自然人数量将会大幅增加,可能使最初特定对象/合格投资者的定义不打算纳入的自然人被认定为特定对象/合格投资者。尽管在信息充分流动的社会环境中,投资者通过获取投资知识的渠道增多,但证券市场也变得更加复杂,对投资者的技能、经验和承受风险能力提出了更高要求。因此,应当考虑吸纳财务门槛数额适时浮动的方案。

(四)适当设置定义以维持市场流动性

特定对象/合格投资者的群体规模与其定义的严格程度息息相关。特定对象/合格投资者的定义承担着为高风险的证券发行筛选发行对象的功能,理论上,定义中指标门槛越高,筛选出的投资者自我保护能力越强。但是,片面追求筛选的高标准和严要求势必限缩投资者的群体规模。投资者为市场带来资金,投资者群体规模越大,市场的流动性就越充裕,反之将使市场面临流动性枯竭的窘境。我国个别市场曾采用过高的特定对象定义门槛,其后果是有资格成为特定对象的投资者数量偏少,进而导致入场资金不足、市场交易清淡,相关市场因此未能实现预期的价值发现功能与服务融资功能。在改革的进程中,应当适度设置定义中指标的门槛数额,维持市场中投资者群体规模处于适当水平。此外,我国在有关概念的定义中通常叠加使用多个衡量指标,①这就在一定程度上加大了自然人成为特定对象/合格投资者的严格程度。因此,有必要适时评估这种定义方式对投资者群体规模的影响。②

投资者的地域分布问题与投资者群体规模相关。在统一市场之中设定有关指标的数额需要平衡地域差异,我国在制度建构的过程中应当对此进行充分考虑。评估投资者地域分布是基于现实考量,即区域发展不平衡导致各地区的收入和物价水平存在差异。我国区域性股权市场的发展还产生了合格投资者定义中指标数额分区域设置的问题。我国的区域性股权市场几乎遍布各省级行政区,"一刀切"地设置合格投资者定义中有关指标的数额恐有不当,因为这可能造成发达地区合格投资者群体规模庞大而欠发达地区合格投资者群体规模偏小的不平衡状态,进而影响区域性股权市场的长期健康发展。笔者认为,根据不同地域社会经济发展状况为区域性市场中的合格投资者定义的有关指标设置相应数额是一个更为合理的方案。

六、结　语

审查报告是自1982年《D条例》颁布后对获准投资者定义的首次全面评估,审查报告的内容确实全面。第一,尽管《多德-弗兰克法》只要求SEC对获准投资者认定标准中关于自然人的部分进行审查,但为了提高分析的全面性,审查报告将定义中自然人以外的部分纳入考察范围。第二,审查报告比较了美国证券法律体系中的相似概念,还将境外立法例纳入研究的范围——分别对澳大利亚、加拿大、欧盟、以色列、新加坡、英国等国与获准投资者对应的概念进行考察。第三,审查报告的主要写作基础是获准投资者定义的制定背景、变化和SEC关于优化定义的提案(proposal),也涵

---

① 例如,定向发行的特定对象使用金融资产与相关经验/从业经历两个指标叠加;私募合格投资者使用投资低限与金融资产或收入两个指标叠加。

② 审查报告也进行了相关评估:报告基于美联储消费者金融调查(Survey of Consumer Finances)的数据,根据审查报告建议修订后的定义测算可能成为获准投资者的数量,以评估获准投资者定义修订后市场流动性是否充裕。See Federal Reserve Board, 2016 SCF Chartbook, 2017, Accessed https://www.federalreserve.gov/econres/files/BulletinCharts.pdf.

盖了 SEC 就有关问题征求的意见、有关的学术论文和其他来源文献之中关于定义修订的意见。第四,审查报告讨论了在当前方法之外识别投资者金融成熟性的替代方案,评估了采纳替代方案可能产生的影响,并在评估各方意见的基础上,提出和阐述了审查报告执笔人关于修订获准投资者定义的建议。审查报告的专门撰写充分表明将自然人定义为获准投资者是非常复杂的问题。为促使我国相关定义的不断完善,笔者在本文中介绍了美国相关的共通性经验,并提出了审查报告的几点启示,以期裨益我国的理论与实践。

征稿启事

中证中小投资者服务中心(以下简称投服中心)是由中国证监会批准设立并直接管理的证券金融类全国性公益机构。《投资者》是投服中心主办、拟向社会公开连续出版的综合性出版物。宗旨是维护投资者权益,为投资者提供保护与服务。

《投资者》以法学领域探究为侧重点,展现国内外投资者权益保护的最新理论与实务动态,内容以境内为主,境外为辅;以实践为主,理论为辅。分为“政策解读”“理论探究”“公司治理”“市场实务”“投教园地”“案例探析”“域外视野”等部分,每辑根据实际情况作适当调整。

《投资者》拟每季度出版1辑,全年出版4辑。

一、征稿范围

涉及法学、经济学及其他领域,与投资者尤其是中小投资者及其权益保护相关的理论和实践性作品。要求未曾公开发表或主体部分未曾公开发表。

二、投稿须知

1. 文章应当论点鲜明、逻辑严谨、可读性强、贴近市场,具有学术深度和实践应用价值,字数在8000~10,000字为宜,特别优秀的理论文章字数不限。

2.《投资者》编委会保留对来稿进行文字性和技术性修改的权利。除作者特别说明外,其文章均为个人观点,与其所在单位、职务无关;不代表投服中心观点,文责由作者自负。

3. 来稿请附上作者的姓名、单位或学校、职称或职务、通信地址、邮编、电话、电子邮箱。

4. 请将Word文件发送至电子邮箱:tzzbjb@ isc. com. cn。文章应符合国家著作权规定、学术规范及《投资者》编辑体例要求。

5. 来稿一经录用,编委会将及时通知作者;选用后将根据文章质量及字数从优支付稿酬,并奉送样书。北大法宝法学期刊数据库全文收入本书。

6. 联系人:汤沸　　电话:021－60290620

地址:上海市浦东新区世纪大道1701号钻石大厦B座11楼中证中小投资者服务中心《投资者》编委会,邮编:200122。

投服中心

《投资者》编委会

2020年8月

编辑体例

一、标题:宋体四号字,加粗,居中。

二、作者:宋体小四号字,居中,并用上标星号(*)作为介绍作者脚注的标志,在脚注中注明作者姓名、工作单位、职务、职称。如有两名作者,第二名作者用两枚上标星号(**),以此类推。

三、摘要、关键词:中文摘要200字以内、关键词3~5个。

四、正文:宋体小四号字,首行缩进,行距1.5倍。区分标题和要点,标题层级依次为"一、……""(一)……""1. ……""(1)……"要点层级依次为"1. ……""(1)……""①……"一级标题采用小四号字体加粗;二级标题采用黑体小四号字不加粗;三级标题宋体小四号字,不加粗。引用具体法律文件应加书名号,如《证券法》《上市公司重大资产重组管理办法》。法条序号(第×条、第×款、第×项)。时间(世纪、年代、年月日等)。数量金额等用阿拉伯数字,但直接引用原文的从原文。

五、注释:一律采用脚注,全文每页重新编号,注码放标点之后,注码符号为"①②③……"非引用原文者,注释前加"参见";引用资料非原始出处者,注明"转引自";宋体五号字。

注释示例如下:

1. 著作类

(独著作品)费孝通:《乡土中国》,人民出版社2015年版,第134~135页。

(合著作品)范健、王建文:《商法的价值、源流及本体》,中国人民大学出版社2007年版,第10页。

(多人合著作品)左卫民等:《中国基层司法财政变迁实证研究(1949—2008)》,北京大学出版社2015年版,第88页。

(编辑作品)何勤华编:《律学考》,商务印书馆2004年版,第65~67页。

（中文译著作品）［英］洛克：《政府论》（上篇），瞿菊农、叶启芳译，商务印书局1982年版，第15～16页。

（台港澳作品）温洪隆：《新译战国策》（下），台北，三民书局2006年版，第18页。

（间接引用文献）参见王泽鉴：《民法学说与判例研究》，北京大学出版社2009年版，第108页。

2. 期刊论文类

（期刊）顾培东：《也论中国法学向何处去》，载《中国法学》2009年第1期。

（论文集）郭道晖：《社会权利与控制社会》，载江平主编：《比较法在中国》（2003年卷），法律出版社2003年版，第51～58页。

（学位论文）雷丽清：《中美内幕交易罪比较研究》，华东政法大学刑法学2012年博士学位论文，第12页。

3. 报纸类

陈甦、陈洁：《投服中心持股行权：理念创新与制度集成》，载《上海证券报》2017年1月4日，第7版。

4. 古籍类

《清实录》卷一四六。

5. 辞书类

《牛津法律大词典》，光明日报出版社1988年版，第99页。

6. 网络类

何海锋：《我国证券民事赔偿代表人诉讼第一案的示范意义和特征》，载天同诉讼圈网：https://mp.weixin.qq.com/s/PSR_4i4GqaAzeM9O4tvDaw，最后访问日期：2020年4月17日。

7. 外文著作类

Richard H. Thaler, *Misbehaving: The Making of Behavioral Economics*, W. W. Norton & Company, 2015, p. 6.

8. 外文期刊类

Forrest Briscoe and Katherine C. Kellogg, "TheInitial Assignment Effect: Local Employer Practices and Positive Career Outcomes for Work-Family Program Users", *American Sociological Review* 76, 2011, p. 292.

9. 外文案例类

Greebel v. FTP software, Inc. ,194 F. 3d 185(1st Cir. ,1999).

10. 外文网站类

Rick A. Fleming, "Enhancing the Demand for IPOs", Accessed July 19, 2017, https://www.sec.gov/news/speech/fleming-enhancing-demand-ipos－050917.

图书在版编目(CIP)数据

投资者. 第11辑 / 郭文英主编. -- 北京 : 法律出版社, 2020

ISBN 978-7-5197-4977-4

Ⅰ. ①投… Ⅱ. ①郭… Ⅲ. ①投资-研究-中国②投资-金融法-研究-中国 Ⅳ. ①F832.48②D922.280.4

中国版本图书馆CIP数据核字(2020)第182660号

投资者(第11辑)
TOUZIZHE (DI-11 JI)

郭文英 主编

策划编辑 陈 妮
责任编辑 陈 妮 黄 筝
装帧设计 李 瞻

出版 法律出版社
总发行 中国法律图书有限公司
经销 新华书店
印刷 固安华明印业有限公司
责任校对 马 丽
责任印制 吕亚莉

编辑统筹 法治与经济出版分社
开本 787毫米×1092毫米 1/16
印张 13.75
字数 258千
版本 2020年8月第1版
印次 2020年8月第1次印刷

法律出版社/北京市丰台区莲花池西里7号(100073)
网址/www.lawpress.com.cn
投稿邮箱/info@lawpress.com.cn
举报维权邮箱/jbwq@lawpress.com.cn
销售热线/400-660-8393
咨询电话/010-63939796

中国法律图书有限公司/北京市丰台区莲花池西里7号(100073)
全国各地中法图分、子公司销售电话:
统一销售客服/400-660-8393/6393
第一法律书店/010-83938432/8433 西安分公司/029-85330678 重庆分公司/023-67453036
上海分公司/021-62071639/1636 深圳分公司/0755-83072995

书号:ISBN 978-7-5197-4977-4 **定价**:68.00元
(如有缺页或倒装,中国法律图书有限公司负责退换)